中国科学院郑志明院士推荐

Exploration and Practice of Energy Blockchain

能源区块链探索与实践

杨东伟　主编

中国电力出版社
CHINA ELECTRIC POWER PRESS

内 容 提 要

本书简要介绍了区块链技术和产业发展现状，以能源发展面临的挑战为背景，详细分析了能源交易、能源服务、能源金融、数据管理、能源安全等五大方向25类业务的现状和特点，提出基于区块链的解决思路。充分结合国家电网有限公司及其所属单位在区块链领域的探索实践与成功案例，说明区块链技术在推动能源转型升级中的价值。

本书可供能源系统相关从业人员及对区块链技术在能源领域应用感兴趣的读者阅读参考。

图书在版编目（CIP）数据

能源区块链探索与实践/杨东伟主编．—北京：中国电力出版社，2020.8
ISBN 978-7-5198-4812-5

Ⅰ.①能… Ⅱ.①杨… Ⅲ.①电子商务—支付方式—应用—能源发展—研究 Ⅳ.①F407.2

中国版本图书馆CIP数据核字（2020）第129560号

出版发行：中国电力出版社
地　　址：北京市东城区北京站西街19号（邮政编码100005）
网　　址：http：//www.cepp.sgcc.com.cn
责任编辑：崔素媛（010-63412392）　李文娟
责任校对：黄　蓓　朱丽芳
装帧设计：张俊霞
责任印制：杨晓东

印　　刷：北京博图彩色印刷有限公司
版　　次：2020年8月第一版
印　　次：2020年8月北京第一次印刷
开　　本：710毫米×980毫米　16开本
印　　张：15.25
字　　数：158千字
定　　价：88.00元

本书编委会

主　　任　杨东伟

副 主 任　闫华锋　孙　涛　张长浩　江　昊　赵丙镇

委　　员　（按姓氏笔画排序）

丁茂生　王艳松　王晓刚　刘金波　刘宝升

刘　莹　刘　超　李　竹　李　蒙　李　键

李毅松　杨　杰　张小敏　张圣楠　张　庆

张　显　张晓东　陈　刚　周群星　赵海翔

胡　博　高　璐　梅文明　蒋　炜　曾　楠

本书编写组

主　　编　杨东伟

副 主 编　王　栋

参加编写人员　（按姓氏笔画排序）

马万里　王彬栩　王新勇　石瑞杰　玄佳兴

邢宏伟　朱　辉　伏跃红　李　坚　杨　超

来广志　吴旻荣　汪　洋　沈雪晴　张迎平

张　磊　陈智雨　赵丽花　姜栋潇　秦日臻

郭少勇　龚　政　傅　强　颜　拥　薛　真

序

千百年来，信任是人类社会发展最基础的根基。我们通过血缘关系、社会关系来建立信任。信任是一种机制，这种机制需要用很高的成本来建立，而区块链作为点对点网络、密码学、共识机制、智能合约等多种技术的集成系统，构建了一种从框架上来讲相对成熟、从技术上能够保障的全新信任机制，提供了一种进行信息与价值传递交换的可信通道，为发展数字经济提供了坚实基础。

很多国家都在战略层面加速布局区块链，开启了抢占新兴技术制高点的竞争新局面。我国高度重视区块链技术和产业发展，2019 年 10 月 24 日，习近平总书记在主持中共中央政治局第十八次集体学习时强调，要把区块链作为核心技术自主创新的重要突破口，加快推动区块链技术和产业创新发展，明确指出要探索区块链在能源电力等领域的推广应用。总书记的讲话激发了区块链技术和产业创新发展的浪潮。2020 年 4 月，国家发展和改革委员会正式将以人工智能、云计算、区块链等为代表的新技术基础设施纳入新型基础设施建设范围，再次将区块链推向新高度，加速了区块链的创新发展。

区块链热潮席卷各行各业，并呈现高速发展态势，一系列新的应用场景纷纷涌现，落地应用步伐逐渐加快，繁荣的产业生态正在加速形成。能源电力上下游产业链长、应用场景丰富，具备区块链落地应用的天然优势和广阔空间。《能源区块链探索与实践》一书介绍了区块链技术在能源电力领域的发展趋势和落地应用，阐明了区块链技术发挥的作用和价值，这些内容既是对过往实践的总结，也是对未来探索的展望。通读本书，我们可以从能源区块链大量的探索实践中感受到区块链技术在促进数据共享、优化业务流程、降低运营成本、提升协同效率、建设可信体系五方面的重要作用，可以感受到区块链带来的经济效益和社会效益。

我们也看到，区块链技术远未发展到成熟阶段，仍存在关键核心技术需攻克、应用场景待开拓的难点。本书提及的实践经验和有益探索，也完全可以在政务、城市管理等领域进行借鉴，对于解决区块链发展面临的挑战具有积极的参考价值。

能源电力领域是工业互联网和物联网的典型场景，也是区块链这种万物账本技术的关键应用路径。相信本书可以为管理者、决策者、技术从业者、科研人员等不同读者群在实际工作中提供启发，对区块链的未来发展形成更多共识。

中国科学院院士　郑志明

2020 年 7 月于北京

前 言

区块链的价值已得到广泛的肯定和重视，成为许多国家战略布局的关键领域，开辟了国际竞争的新赛道，加快推动区块链技术和产业创新发展对我国经济社会高质量发展和提升国际竞争力具有重要意义。2019年10月24日，习近平总书记在中共中央政治局第十八次集体学习时强调，区块链技术的集成应用在新的技术革新和产业变革中起着重要作用。我们要把区块链作为核心技术自主创新的重要突破口，明确主攻方向，加大投入力度，着力攻克一批关键核心技术，加快推动区块链技术和产业创新发展。总书记的讲话高屋建瓴，为我国区块链发展指明了方向，也为区块链产业带来了重大机遇。2020年4月20日，国家发展改革委对新基建作出解读，明确了新基建的内涵和外延，以人工智能、云计算、区块链等为代表的新技术基础设施成为新型基础设施建设的重要内容，进一步激发了区块链创新发展的浪潮。

区块链是分布式数据存储、点对点传输、共识机制、加密算法等计算机技术的新型应用模式，具有去中心化、公开透明、不可篡改和可追溯等特征，能够创造一种规则、有序、信任的环境，推动“信息互联网”向“价值互联网”转变，在促进数据共享、优化业务流程、降低运营成本、提升协同效率、建设可信体系等方面具有基础性、引领性作用。区块链技术创新和应用研发蓬勃发展，技术逐渐脱虚向实，从金融领域向实体经济不断延伸，在金融服务、供应链管理、数字资产交易、文化娱乐、智能制造、社会公益、医疗健康、法律科技、能源电力等多个垂直行业形成了一系列典型应用。技术升级和应用诉求多元化推动了区块链应用模式的升级，与大数据、云计算、物联网、人工智能、5G等新一代信息技术的融合成为新的发展趋势，将共同形成经济社会的新型基础设施，推动生产关系的变革，为数字经济发展提供基础支撑和新动能。

我国区块链产业处于高速发展阶段，发展动力充足，国家及各部委先后出台了一系列区块链政策文件，北京、浙江、贵州等地方政府也纷纷发布区块链政策指导文件，加强区块链顶层规划和设计，培育技术创新和产业发展新航道。高校及研发机构在区块链领域的研究快速布局，一系列区块链联盟的成立、区块链标准体系建设的加速开展，为推动区块链产业发展凝聚了强大合力。区块链产业具备的广阔空间、投入力度的不断加大以及量大面广的潜在市场，使区块链在短期内初步完成了面向当前产业链全环节的覆盖式布局。从上游的硬件制造、平台服务、安全服务企业，到下游的产业技术应用服务，以及保障产业发展的行业投融资、媒体、人才服务企业，全链条各环节的企业已经基本完备，协同有序推动区块链产业快速发展。

区块链在各行各业的应用全面推进，新应用、新模式、新业态不断涌现，能源区块链就是区块链技术与能源行业应用有效融合的产业新形态，是推动能源转型升级的有效技术手段，有助于开拓“能源+区块链”创新发展模式，促进能源可持续发展。

能源区块链是以区块链作为底层基础技术，结合能源产业转型发展趋势与行业应用特色，深度融合大数据、人工智能、5G等新一代信息技术而形成的面向能源行业的公共服务体系。当前，全球经济发展放缓、对环境可持续发展的要求更加严格，随着“四个革命、一个合作”能源安全新战略、能源体制改革、能源技术创新等重大任务不断深入落实，我国能源行业转型升级将加速开展。能源行业转变发展方式主要在于分布式转化，伴随着可再生能源被列为能源发展优先级，我国新能源新增规模将加速扩大。能源领域转型升级面临着发展不均衡、建设不同步、协调机制不健全、衍生产业缺乏政策性扶持及合理引导等问题，给绿色、低碳、循环、可持续发展的共赢共享能源生态体系建设带来一定的困难。同时，能源行业产业链长、用户数量多、业务规模大，对多主体协同、数据安全共享有着迫切的需求，急需公平公正公开的发展环境。

区块链技术的特性与能源发展趋势存在着较强的内在一致性，可为解决上述问题、推动能源领域创新发展提供高可行性解决方案。利用去中心化的分布式账本技术，通过智能合约、共识机制、加密算法等，在商业信任、价值传递、交易清算结算等多维度重塑现有的能源生产和消费模式，形成新的能源商业体系底层构架。第一，未来能源互联网中各节点都可以成为独立的产销者，以去中心化形式互相交换能源流、信息流、价值流，同时各主体平等分散决策，区块链技术去中心化的属性可以匹配该结构，实现所有节点权利义务对等。第二，区块链技术不可篡改的特征使得多元化的能源市场中无需第三方的信任机制即可实现信任点对点的价值传递。第三，基于区块链的智能合约功能可实现合约执行智能化和自动化，购售电交易、需求侧响应等都可以通过区块链的智能合约来实现。区块链技术将是能源转型和模式进化的催化剂，促进能源价值链重塑。

同时，区块链在能源行业的衍生场景和创新场景中也有着广阔的应用空间。能源企业在能源需求下降、环保压力增加、全球经济缓慢增长的新常态下，传统业务运营模式和公司治理方式都受到前所未有的挑战。而当区块链技术与能源行业传统业务和传统治理框架相结合时，可衍生出更加丰富的应用，帮助能源企业创新收入来源并降低运营成本、提升发展质量，如公司治理、智能服务、供应链管理、用户体验等衍生场景。随着能源互联网逐渐成熟，多种能源流、信息流、资金流的融合将使能源企业面临更多风险和管控挑战，区块链技术可以帮助能源互联网实现可信计量、高效协同、分布式平等决策、随时随地的自动化交易等新功能、新模式。

总体而言，能源区块链构建了一种基于算法的信任体系，可打通能源行业上下游，实现各方高效协作，提升能源行业协同效率。能源区块链的发展方兴未艾，能源企业已在能源交易、能源服务、能源金融、能源安全等领域开展了一系列探索与实践，为能源区块链解决方案的迭代优化、落地应用积累了经验。能源区块链在带动上下游产业协同发展等方面发挥了积极作用，尤其在今年新冠肺炎疫情发生以来，在助力企业复工复产中起着不容小觑的作用，但是区块链要在能源领域里大规模应用仍然存在众多挑战。这些挑战一部分来自区块链技术，一部分来自区块链的合规性应用，如区块链技术的自主研发可控、链上链下数据的协同、能源区块链的合规监管、隐私保护等。各能源企业发展区块链的程度不一致，存在着平台发展不完善、技术标准不统一等问题，开发、应用仍存在着较大的难度，制约着区块链的快速发展和应用推广。能源技术创新是突破发展瓶颈、释放动能的关键，把握“十四五”规划开启的历史机遇，借助新基建带来的东风，加速区块链技术创新和成果转化，将有望打破能源区块链现阶段面临的困境。通过建立能源行业统一的区块链公共基础设施，统一提供底层通用服务，降低区块链开发和使用门槛，加快构建“平台＋应用＋生态”能源区块链发展格局，持续开拓应用场景，完善区块链产业生态，推进能源区块链产业化进程，为能源转型注入创新活力。

本书梳理了区块链技术和产业发展现状，以及区块链政策法规及标准化建设情况，以能源发展现状及面临的挑战为背景，分析了能源交易、能源服务、能源金融、数据管理、能源安全等五大方向25类业务的现状和特点，提出基于区块链的解决思路，设计了针对性解决方案，并以实践成效说明区块链技术在推动能源转型升级中的价值。本书所论述的区块链理念和发展思路，参考了国内外一些专家学者和研究机构的相关成果，结合了包括央企首家区块链公司国网区块链科技（北京）有限公司在内的国家电网有限公司系统有关单位在区块链领域的探索实践与成功案例，希望能够对扩大区块链落地应用范围产生积极影响，也希望能够对读者提供一定的帮助。

全书共分为9章：第1章阐述区块链技术及产业的发展现状和趋势；第2章聚焦能源发展现状和能源转型升级面临的挑战，分析区块链对能源领域的创新发展带来的影响；第3章描述能源区块链平台架构，分析典型平台建设情况；第4～8章从能源交易、能源服务、能源金融、数据管理、能源安全等领域详细介绍了能源区块链的探索与实践情况；第9章分析能源区块链落地面临的挑战，并对能源区块链的发展前景进行展望。

在本书的编写过程中，工信部信息技术发展司、国家能源局科技司、北京市科委、北京市西城区科信局、中关村科技园区西城园等政府机关，中国电机工程学会、中国电力企业联合会等行业协会给予了大力支持，提出了宝贵意见，在此表示衷心的感谢。

另外，还要特别感谢国网互联网部、科技部、发展部、财务部、安监部、营销部、物资部、产业部、法律部、国调中心，北京电力交易中心，及国网宁夏、辽宁、青海、甘肃、北京、四川、湖南、山西、山东、冀北、浙江、吉林电力，以及国网信通公司、客服中心对本书的有力支持。

由于时间仓促、作者水平有限，书中难免存在不足之处，欢迎广大专家、读者提出宝贵意见和建议。

编　者

2020年7月于北京

目 录

第1章

区块链技术及发展

20 世纪 90 年代初，区块链的概念由 W. Scott Stornetta 和 Stuart Haber 提出，目的是构建一个能让所有数据在被创造的时候就被传输到每一个节点的网络，规避第三方篡改记录的行为。区块链开创了一种在不可信的竞争环境中低成本建立信任的新型计算范式和协作模式，凭借其独有的信任建立机制，可实现穿透式监管和信任逐级传递，正在改变诸多行业的应用场景和运行规则，有望成为数字经济信息基础设施的重要组成，是发展数字经济、构建新型信任体系不可或缺的技术之一。

1.1 区块链的基本知识

从广义上讲，工业和信息化部指导发布的《中国区块链技术和应用发展白皮书（2016）》给出了区块链的整体定义：区块链技术是利用块链式数据结构来验证与存储数据、利用分布式节点共识算法来生成和更新数据、利用密码学的方式保证数据传输和访问的安全、利用由自动化脚本代码组成的智能合约来编程和操作数据的一种全新的分布式基础架构与计算范式。

从技术细分领域讲，区块链涉及数学、密码学、互联网和计算机编程等多学科技术，可以理解为是一个分布于不同区域节点的去中心化的共享数据库。该数据库使用区块记录交易信息，并且各区块按照时间顺序链接在一起形成区块链，存储于其中的数据或信息具有“不可伪造”“全程留痕”“可以追溯”“公开透明”“集体维护”等特征。基于这些特征，区块链技术能够解决信息不对称问题，实现多个主体之间的协作信任与一致行动，奠定了坚实的“信任”基础，创造了可靠的“合作”机制，具有广阔的应用前景。

1.1.1 区块链的基本原理

区块链是分布式数据存储、点对点传输、共识机制、加密算法等计算机技术的新型应用模式，通过信任机制、去中心化的方式集体维护一个可靠的数据库。该技术将区块有序地链接起来形成一种链式数据结构，构成一种几乎不可能被更改的分布式数据库。这里的“分布式”不仅体现为数据的分布式存储，也体现为数据的分布式记录（即由系统参与者共同维护）。区块链上的每个节点里都存储了整个区块链的全部信息，链条上的每个节点都可以理解为整体数据的备份节点，各节点的数据由所有参与者共同拥有、管理和监督，所有参与者都可更新数据库并进行确认。去中心化、自治性、开放性、不可篡改性是区块链核心的优势和特点，可以有效降低参与者之间的信任成本。

区块链网络是基于密码学原理而构建的去中心化网络，网络中没有中心服务器和管理机构，网络节点间地位对等，同时担任客户端和服务器端角色。区块链由一系列加盖了时间戳的有效交易区块组成，每个区块都包含了前一区块的哈希（Hash）值（见图 1-1），是对前一区块的增强，并且每个区块都按照时间顺序在上一区块之后产生，包含了前一段时间内的所有交易信息和区块元数据，一旦被确认就不能进行修改操作。每个区块由区块头和区块主体组成，是内含相关信息和记录数据的集合。区块头主要

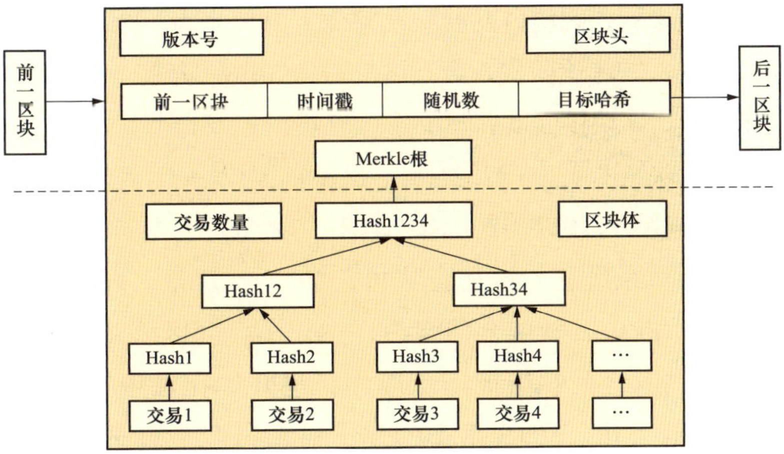

图 1-1　区块链结构

由前一区块的哈希（Hash）与 Merkle 根组成，用于保证各区块间的链接，区块主体用于记录数据信息。各区块中除了交易数据信息之外，还包含了版本号、时间戳、与上一区块的链接关系等信息，形成一条包含整个网络所有已交易信息的链条。这些数据块被实时广播到整个网络中共享，一旦通过确认并加入到链条之后便具有不可抵赖、难以篡改的特点，从而保证了整个数据库的透明性和可靠性。图 1-2 为区块头部详细信息示例。

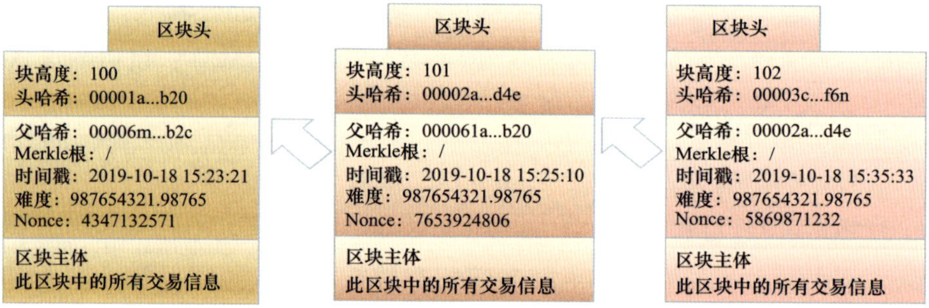

图 1-2　区块头详细信息示例

1.1.2　区块链的发展阶段

从社会功能学看，区块链发展阶段整体上可划分为三个阶段：①初级阶段，货币区块链；②渗透阶段，合同区块链；③纵深阶段，社会区块链。从标志性技术上看，区块链的发展同步分为三个阶段，分别是区块链 1.0——数字加密货币、区块链 2.0——智能合约、区块链 3.0——“区块链+”时代。

货币区块链始于 2008 年中本聪设计并发行的虚拟货币——比特币。至 2012 年比特币系统逐步被社会认可，2017 年开始，以智能合约为代表的区块链技术向金融领域全面渗透，拉开了合同区块链的序幕。区块链技术除了在供应链金融中被广泛应用，也开始在供应链管理、溯源、版权等方面崭露头角。2019 年 10 月 24 日，习近平总书记在中共中央政治局第十八次集体学习时的讲话，将区块链技术的创新发展推向了高潮。我国政府和企业共同推进区块链在社会各领域的落地应用，社会区块链进程不断加速，区块链已在金融、政务、溯源、版权、能源、医疗、交通、司法、贸易、教育、文娱、公益、农业、共享经济等多个领域落地应用。

1. 区块链 1.0——数字加密货币

2009 年初，比特币网络正式上线运行。作为一种虚拟货币系统，比特币的总量由网络共识协议限定，没有任何个人及机构能够随意修改其中的供应量及交易记录。区块链技术作为支撑比特币运行的底层技术，实际上是分布式共享账本及点对点传输的技术，是无需中介参与、能在互不信任或弱信任的参与者间维系一套不可篡改账本记录的技术。区块链 1.0 的典型特征如下：

1）以区块为单位的链状数据块结构有效实现了防篡改；

2）全网共享账本使防止双重支付成为现实；

3）非对称加密有效保障了交易安全；

4）源代码开源有利于区块链技术发展。

2. 区块链 2.0——智能合约

2014 年前后，业界开始认识到区块链技术的重要价值，并将其用于数字加密货币外的领域，如分布式身份认证、分布式域名系统、分布式自治组织等，这些应用称为分布式应用。区块链 2.0 试图创建可共用的技术平台并向开发者提供 BaaS 服务（backend as a service，后端即服务），极大提高了交易速度，降低了资源消耗。区块链 2.0 的典型特征如下：

1）智能合约使应用范围扩大到涉及合约功能的其他领域；

2）分布式应用有助于行业生产关系的变革；

3）虚拟机是实现智能合约系统最为关键和核心的技术。

3. 区块链 3.0——“区块链＋”时代

区块链的本质是信任的制造机器。随着区块链 3.0 时代的到来，区块链技术推动“信息互联网”向“价值互联网”转变，区块链已在金融、政务、溯源、版权、能源、医疗、交通、司法等多个领域落地应用，有效提升了各行业的运行效率和协作水平，从根本上推动着生产关系的变革。区块链 3.0 的典型特征如下：

1）跨链技术，有效解决区块链发展面临的性能及业务支撑瓶颈，实现价值转移；

2）隐私保护，使用环签名、群签名、零知识证明、同态加密等密码技术来保护节点身份与数据的隐私性和安全性；

3）可扩展性，提升交易的吞吐量和交易的速度。

1.1.3 区块链的关键技术

区块链技术是利用块链式数据结构来验证与存储数据、利用分布式节点共识算法来生成和更新数据、利用密码学的方式保证数据传输和访问、利用由自动化脚本代码组成的智能合约来编程和操作数据的一种全新的分布式基础架构与计算方式。从对区块链技术架构的分析可知，区块链有六大核心关键技术，分别是共识机制、数据存储、网络协议、加密算法、隐私保护和智能合约。

1. 共识机制

在分布式系统中，最重要的就是节点间的共识问题。区块链要成为公开且难以被攻破的信息系统，就必须选择独特的节点来产生区块，同时，要使记录存储在区块上的分布式信息数据不可逆。实现上述流程的技术核心就是共识机制。目前，区块链采用的共识机制有 PoW（proof of work，工作量证明）共识机制、PoS（proof of stake，股权证明）共识机制、DPoS（delegated proof of stake，授权股权证明）共识机制和 BFT（byzantine fault tolerance，拜占庭容错）共识机制。

2. 数据存储

在区块链网络中，信息数据是以区块的形式被永久地记录存储在链上。

每个区块都记录了创建期间发生的所有交易，并按照时间的顺序连接成链。区块的数据结构一般分为区块头和区块主体，区块头用来链接到前一个区块并通过时间戳的方式保证信息数据的完整性；区块主体则包含了经过验证的、区块创建过程中产生的所有交易信息。由于每个区块都对链上的信息数据进行了记录存储，所以区块链具有系统稳健化的特征，只有当 51% 以上的节点同时受到攻击时，区块链才会受到影响。

3. 网络协议

区块链网络协议一般采用 P2P（peer-to-peer，对等）协议，即对等网络。在区块链系统中，每台计算机彼此是对等的，各个节点共同提供网络服务，不存在任何“特殊”节点。因此，这形成了区块链“去中心化”的特征，即所有节点不需要通过第三方中介就可以实现信息共享和共同维护。

4. 加密算法

区块链通过采用非对称加密算法来对信息数据进行加密保护，以防止被篡改和攻击。非对称加密算法是由对应的一对唯一性密钥组成，公钥可公开发布，用于发送方加密要发送的信息，私钥用于接收方解密接收到的加密内容。由于公钥与私钥之间存在固定的依存关系，所以只有拥有私钥的用户能解密该信息，任何未经授权的用户甚至信息的发送者都无法将此信息解密。

5. 隐私保护

虽然区块链网络中的所有节点都可以对链上的信息数据进行查询和验证，但由于区块链采用的是非对称的加密算法，因此只有拥有私钥的用户能对特定的加密信息数据进行解密，这使得区块链具有较高的隐秘性，保护了用户的隐私。

6. 智能合约

智能合约是一种无需中介、自我验证、自动执行合约条款的计算机交易协议，基于可信的、不可篡改的数据自动化执行预先定义好的规则和条款，实现交易的可追踪和不可逆转。智能合约以数字化的形式写入区块链中，确保了其在存储、读取和执行整个过程透明可追踪、不可篡改。同时，基于共识机制的区块链系统保障了智能合约高效运行，可有效节省社会资源、减少交易步骤及时间，并解决交易参与方存在的信用问题。

综上，共识机制、数据存储、网络协议、加密算法、隐私保护和智能合约六大核心关键技术联合区块链架构共同构成了区块链去中心化、开放性、安全性和系统稳健化特征。

1.1.4 区块链的架构、运行机制及分类

区块链是一种建立在多种技术之上的分布式共享账本技术，而区块链本质上是一种多方参与共同维护的分布式数据库。相对于集中式数据库管理系统，区块链系统采用去中心化或者多中心化的数据管理模式依靠参与节点共同维护不断增长的数据链和非集中式的共识机制，保证了数据在基于验证基础上的可信性。因此，区块链综合运用新一代信息通信技术和密码学原理构建新型信任机制，解决了复杂网络环境下数据融通、设备安全、隐私保护、多方协同等存在的风险。现阶段，各机构基于不同视角给出的区块链定义尚未统一，但共同的认识是区块链是融合多种信息通信技术应用的分布式公共账本。以下主要描述了区块链的架构和分类。

1. 区块链系统的架构模型

区块链系统公认的基础架构模型主要分为 6 层，本书在此基础上增加了查询层，以便对区块链系统的查询处理机制进行分析。这样，区块链系统架构在本书中被扩展为 7 层，如图 1-3 所示，主要包括：①应用层，基于区块链的各类应用，如虚拟货币、区块链金融、区块链征信等；②查询层，实现对交易账本数据的访问和验证，以及对账号状态的查询；③合约层，由脚本、算法机制和智能合约所构成的可编程基础框架；④激励层，负责为奖励记账工作而进行货币发行、交易费用分配任务；⑤共识层，封装网络节点的 PoW、PoS、DPoS 和 PBFT（practical byzantine fault tolerance，实

用拜占庭容错）等各类共识算法，实现分布式共识机制；⑥网络层，封装P2P 组网机制、数据传播机制和数据验证机制；⑦数据层，封装底层数据区块的数据结构和加密机制。当前的区块链系统大多基于该系统架构进行实现，其中数据层、网络层、共识层和查询层是区块链系统的必要元素。

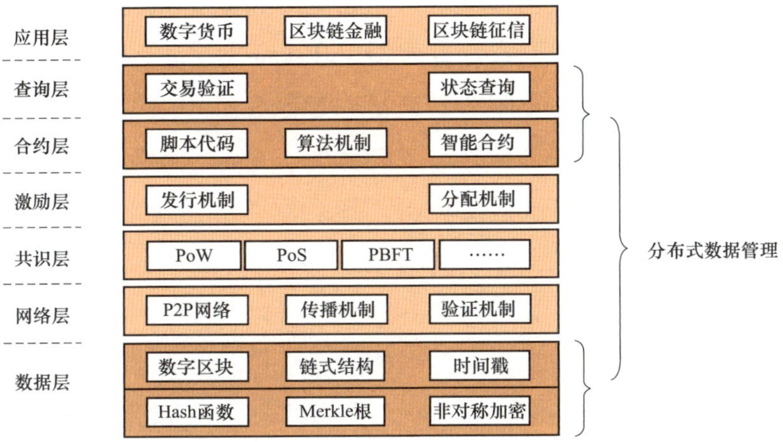

图 1-3　区块链架构模型

从功能角度出发，数据层封装了底层数据区块的链式结构，以及相关的数据加密和时间戳等技术；网络层则包括分布式组网机制、数据传播机制和数据验证机制等；共识层主要封装网络节点的各类共识算法；激励层将经济因素集成到区块链技术体系中来，主要包括经济激励的发行机制和分配机制等；合约层主要封装各类脚本、算法和智能合约，是区块链可编程特性的基础；应用层则封装了区块链的各种应用场景和案例。该模型中，基于时间戳的链式区块结构、分布式节点的共识机制、基于共识算力的经济激励和灵活可编程的智能合约是区块链技术最具代表性的创新点。

2. 区块链的运行机制

区块链技术主要是针对现有金融机构的集中式运行机制的信任问题而被提出的，其本身是由分布式存储、网络协议、加密算法、共识机制、隐私保护等多种技术所构成的。相比于金融机构的集中式机制，基于区块链技术的交易运行机制具有公开透明、去中心化、可溯源查询和不可篡改等诸多优势，从而避免了集中式记账方式中账本的真实性高度依赖于对记账方信任的弊端。以电子商务的交易记账应用为例，图 1-4 将基于清算中心的传统集中式记账运行机制和基于区块链的分布式记账运行机制的业务流程进行对比。传统集中式记账方式如图 1-4（a）所示，交易相关的账目数据集中运行在交易平台清算中心，交易的参与各方如果需要调用完整的交易信息需要访问清算中心，其弊端主要体现在完全依赖对清算中心记账方的信任，一旦记账方失信或遭受攻击，其运行结果也随之失去可信性。区块链的分布式运行方式如图 1-4（b）所示，其中账本数据是整体共享的，以区块为单位通过密码学算法链接在一起，且网络中任何一个参与方均可以运算完整的共享账本副本，而数据的安全性则也是基于密码学算法可以保证。由于所有参与方均保存有共识后的共享账本，因此任何一个参与方进行双重支付或篡改账本数据的难度变得极大，从而保证账本数据在不可信环境中的运算可信性。

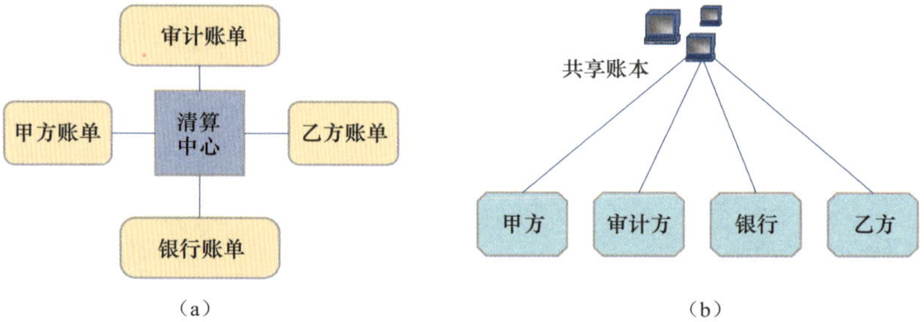

图 1-4　区块链运行机制

（a）传统集中式记账方式；（b）区块链的分布式记账方式

从网络运行角度看，区块链基于对等网络节点进行通信，构建分布式独立基础网络拓扑结构，通过所有节点共识实现公共账本系统架构的统一，其运行架构机制按照图 1-3 的七层功能模型执行，每层分别完成一项核心功能，各层之间互相配合，建立去中心化的信任机制。

3. 区块链的分类

根据开放对象的不同，区块链可以分为公有区块链、联盟区块链和私有区块链。公有区块链对所有人开放，任何人都可以参与；联盟区块链对特定组织团体开放；私有区块链对单独的个人或实体开放。

(1) 公有区块链 (public block chains)。

公有区块链（简称“公有链”）是完全去中心化的，任何人都能读取和发送交易，且交易能够在区块链上得到有效的确认，其共识过程公开透明。链上各个节点可以自由加入和退出网络，节点间的拓扑关系是扁平的，公有链网络结构如图 1-5 所示。

公有链网络结构的主要特点如下：

1) 公有链中程序的开发者没有权利干涉用户，可以更好地保护用户权益免受程序开发者的影响；

2) 公有链具有很强的开放性，任何满足一定技术条件的用户都可利用联网计算机建立自己的应用，进而形成一定的网络效应；

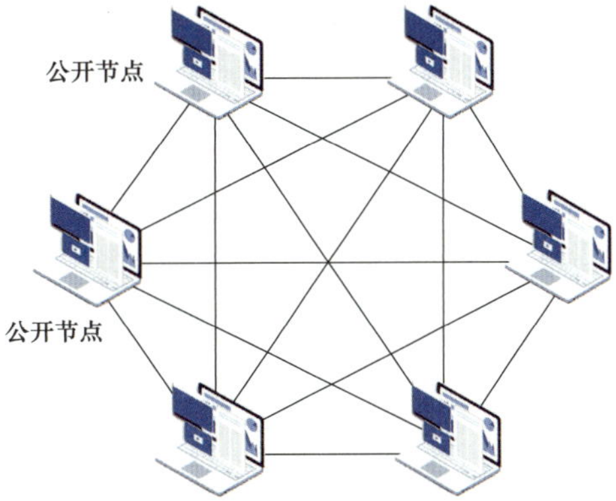

图 1-5　公有链网络结构

3) 链上的所有数据都是公开透明的，各参与者都可看到系统中所有的账户余额和交易活动，形成公开透明的分布式“总账”系统。

(2) 私有区块链 (private block chains)。

私有区块链（简称“私有链”）是对单独的个人或实体进行开放的区块链系统。系统内的每个节点的权限都需要组织来分配，对每个节点开放的数据量要视情况由组织来决定，私有链网络结构如图 1-6 所示。相较于公有链的应用，如 bitcoin 已经工业化，私有链的应用产品还在摸索当中。

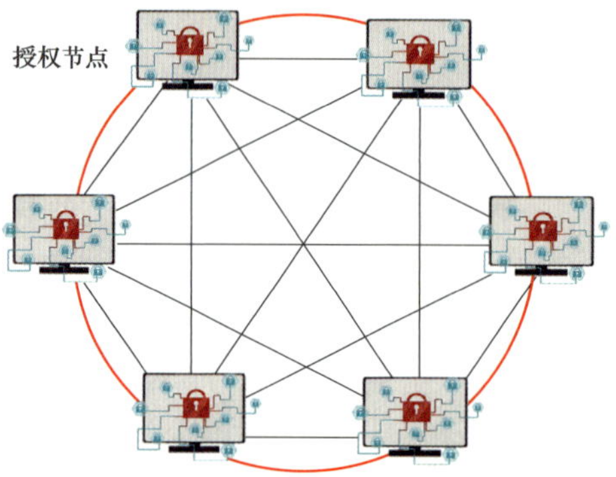

图 1-6　私有链网络结构

私有链的典型特点如下：

1）交易速度非常快，只有少量的节点具有很高的信任度，并不需要每个节点都参与验证交易，其效率接近非区块链方式的常规数据库；

2）具有更好的隐私保障，交易参与者的读取数据权限是受限的，想要公开地获得区块链上的数据是非常困难的；

3）节点的链接十分便捷，如出现故障可以采用人工的方式干预调整，且可以使用共识算法来缩短交易时间；

4）私有链上运行的交易并不需要所有网络节点的认可，只需要几个认可度高的高算力节点即可，有效降低了交易成本。

（3）联盟区块链（consortium block chains）。

由多个中心控制，系统由几个权威的机构共同分布式记账，这些节点再根据共识机制协调工作，这是联盟区块链（简称“联盟链”）。公众可以进行查阅和交易，不过验证交易的话就需要联盟内部决定。联盟链可视为“部分去中心化”，公众可以查阅和交易，但验证交易或发布智能合约需获得联盟许可，联盟链网络结构如图 1-7 所示。联盟链的典型特点是各个节点通常有对应的实体机构，只有得到联盟的批准才能加入或退出系统。联盟链的主要群体有银行、保险、证券、商业协会、集团企业等。各个利

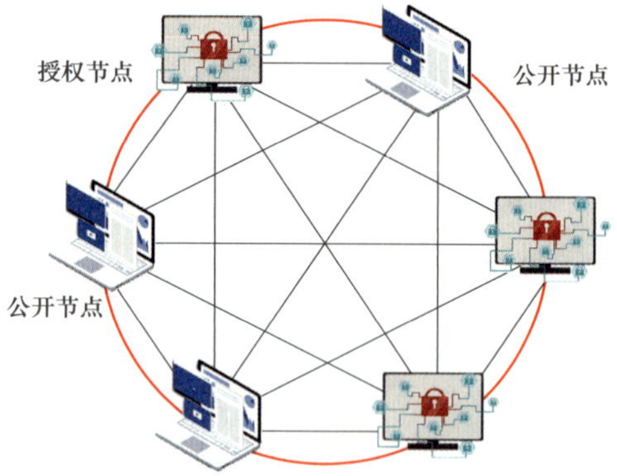

图 1-7　联盟链网络结构

益相关的机构组织在区块链上展开紧密地合作，并共同维护系统健康稳定的发展。

1.1.5　区块链技术特点及优势

1. 区块链技术特点

区块链技术的核心优势是不再需要传统的中心化机构，通过加密算法、共识机制、时间戳等技术手段，在分布式系统中实现了不依赖于某个信用中心的点对点交易、协调和协作，从而规避中心化机构普遍存在的数据安全、协同效率和风险控制等问题。整体上讲，区块链技术包含五大特点和优势，五大特点具体如下：

（1）分布式对等。

区块链利用对等网络模型，对各个参与节点进行组网，并在各个对等节点间分配任务和共享资源。网络节点间无需依赖中心节点即可实现信息共享和交换。对等节点既可以是资源、服务和内容的提供者，也可以是获取者，从而降低了组网复杂度并提高了网络系统的容错性。

（2）数据块链式关联。

区块链网络中通过对某一时间段内发生的事务数据进行验证、打包和节点共识，形成数据区块，同时每一个区块与上一个区块通过密码学算法有序链接。

（3）不可伪造和防篡改。

向区块链写入数据的事务请求需附有发起方私钥签名，该签名随事务请求在网络参与节点间广播并进行验证，因此事务请求是不可伪造和防篡改的。同时，块链式数据结构进一步保证了防篡改性。

（4）透明可信。

区块链中信息的传递和区块的生成都遵循透明的共识规则；每一次事务处理都以特定的形式发送给其他节点，授权节点可以保存与其权限相关的历史记录，保证了链上数据的透明性。每一次事务处理和区块的生成均可以由授权节点根据既定规则验证其合法性，并通过共识机制进行记录，保证了记录结果的可信。

(5) 高可靠性。

区块链作为典型的分布式应用，多个节点拥有完整的服务能力及全量数据，部分节点的异常或者恶意行为不会影响整体服务的可用性和连续性以及数据的完整性和真实性。

2. 区块链技术的优势

基于上述五大技术特点，区块链能够创造一种规则、有序、信任的环境。结合各行业面临多主体协同、数据开放共享、环境公平公正等一系列发展趋势，区块链在促进能源行业的数据共享、优化业务流程、降低运营成本、提升协同效率、建设可信体系等能源行业转型应用方面逐渐凸显出五大优势，具体如下：

(1) 促进数据共享。

传统的数据共享解决方案往往要求建立统一的数据中心，各个数据提供方需要将各自数据集中汇总到数据中心，这种方案存在严重的数据沉淀、利益分配以及数据隐私的问题。数据提供方往往不愿意、也不敢将各自数据及时汇总到数据中心。在区块链模式下，任何节点都可以参与对数据的读写，并且以分布式账本的方式构建了可信任的数据共享系统，参与读写的各个组织或个体可以互不信任，但能对系统存储数据的最终状态达成共识。区块链依据技术层面的规则体系规范数据的写入行为，以权限分享的形式，让每个参与者同时作为数据提供方、验证方和使用方，共同维护区块链数据的安全性和有效性，这是区块链促进数据共享的根本优势。

(2) 优化业务流程。

业务流程核心要素是规则和合约。以数据规则为主的区块链体系里，数据不被任何权威方掌握，其权限是由规则界定的。这些规则通常是预先定义的，加入区块链网络的参与者必须遵守。这些规则规定了信息交互的有效方式，同时还规定了参与者的反馈规则。合约层面，智能合约允许用户通过编写合约代码来满足各种复杂的业务场景需求，并依托区块链的特性保证业务执行的安全透明，在不依赖第三方中心机构的同时，也解决了信任问题。因此，以往涉及中间商和信任等问题的复杂业务流程，可有效利用区块链自带的智能合约优势，以自动化透明合约的形式部署到业务链上，大大提升优化业务流程。

（3）降低运营成本。

由于区块链没有继承的集中式参与者，因此节省大量的供应商成本。最重要的是，验证交易所需的交互成本更少。大量金融交易可因此从现有流程中减少中间环节，减少保存记录和管理交易对账等工作，能有效降低成本。企业从降低成本中获益，又为提供区块链服务的参与者创造了新的收入。同样，国家治理体系运行管理成本较大，单就政府保存和验证记录职能来讲，公共数据在政府机构之间以及企业、公民和监管机构之间往往是孤立的和不透明的。而运用区块链技术来处理各项数据时，基于区块链的记录和智能合约能简化政府与公民的互动成本，凸显了区块链在降低成本方面巨大的优势，同时提高了数据安全性，因此，可以通过区块链实现大幅降低成本。

（4）提升协同效率。

对于社会化的大规模多边协作，在应用区块链之前，通常只有两种解决方法。一种是在多个主体之间向上寻找共同的“上级”机构，由共同的信任中心对整个组织进行协调。这种方式有时候因为很难找到所有市场参与方共同认可的信任中心而导致协作失败；即便找到也不一定能够及时、有效地满足所有协作需求。另外一种方式是所有参与方通过让渡部分权利，共同组建一个第三方机构来完成协作。这种方法的局限在于第三方机构往往都具有独立性，若制度不能满足其营利和管理需要，第三方机构往往能够成为各参与方的实际权力中心。区块链在提升协同效率方面最大的技术优势是：以对等的方式把参与方连接起来，由参与方共同构建并分享去中心化的信任系统，各方通过共识机制和智能合约来实现协作，达到更高效的协作方式。

(5) 建设可信体系。

从多主体之间的信任机制、信任环境等方面，从区块链系统的架构看，每个系统参与方都是独立的分布式信任节点。这些节点又分为“全节点”和“轻节点”，全节点就是拥有全网所有交易数据的节点，轻节点就是只拥有和自己相关交易数据的节点。每个全节点都会维护一份完整的数据副本，并且这些数据副本还在不同实体的控制之下，数据通过共识算法保持高度一致。如果某个节点遇到网络问题、硬件故障、软件错误或者被黑客控制，均不会影响系统以及其他参与节点。区块链网络中，通过算法的自我约束，任何恶意欺骗系统的行为都会遭到其他节点的排斥和抑制，因此，区块链系统不依赖中心化权威机构支撑和信用背书。传统的信用背书网络系统中，参与人需要对中心化机构足够信任，随着参与网络人数增加，系统的安全性下降。和传统情况相反，区块链网络中可信体系的鲁棒性和安全性成就了其最大的信任优势：可信参与人不需要对任何人信任，但随着参与节点增加，系统的可信度反而增加，形成独特的可信体系。

1.1.6 区块链创新发展需要解决的问题

基于上述技术优势，区块链在应用领域快速延伸的同时，也面临了各种各样的问题和挑战。其应用场景及领域逐步走向多元化，但总体水平还处于发展初期。除了在政策和公众认知等非技术方面，区块链面临监管困难、炒作、投机和应用门槛高等问题。在技术方面，区块链在安全、监管和认知等方面存在一些制约其应用和发展的问题，如下所述。

1. 技术发展尚不成熟

从技术本身来看，区块链存在着物理性能不高、交易速度较慢、可扩展性较差、消耗资源较大、不同链之间标准不一致导致难以兼容等问题，致使其商业应用存在场景局限；从技术安全来看，区块链还面临着隐私保护、智能合约漏洞、共识机制和私钥保护、密码学算法安全等问题，影响其平台安全、应用安全，因此尚不能实现大规模的应用落地。

2. 存在新的监管风险

区块链技术若是被误用、滥用，可能会给国家信息安全、意识形态安全、金融安全等方面带来新的风险。如不法分子利用区块链难以篡改的特性来存储、传播违法违规信息；通过代币发行进行非法集资、传销诈骗；利用虚拟货币从事洗钱、非法交易等犯罪活动；资本市场中的概念炒作、操纵市场和非法得利等。区块链去中心化特点还可能会导致监管机构影响力的下降，对既有监管机制提出挑战。

3. 法律法规的不适用性

区块链作为一种新兴技术，其创新属性存在着与现行法律冲突以及法律空白的双重问题。一方面，智能合约可以在一定条件下自动执行，这与传统合约法规中对合约主体及主体间行为约束的相关要求存在冲突；区块链应用范围极广的特性也难以满足专利法中需要提出明确列举式权利保护的要求，不利于对技术创新的保护。另一方面，数据信息、虚拟财产与传统物权法领域的实体物品存在区别，无法进行确权和登记，需要专门性的法律规范对其权属问题进行确权保护。针对区块链的风险问题，也需要政府部门制定明确有效的法律法规，保护区块链系统参与者的合法利益。

4. 社会认知存在误区

一方面是认知不足，未能区分技术创新与概念炒作，将区块链等同于虚拟货币，甚至在实践中出现了以区块链为名进行非法融资和传销诈骗的现象；另一方面存在着盲目跟风、过度追捧的潜在风险。要认识到区块链技术并非万能，有其场景的局限性，且技术发展还不够成熟。目前各行业和场景中的解决方案大多尚处于研发或小范围应用试验阶段。

5. 标准体系仍需完善

我国区块链行业标准体系起步较晚，尚未形成清晰统一的标准对区块链产品进行评定，阻碍了区块链的大规模推广和应用。区块链产业的发展离不开标准的引导，标准体系的建立，对加快人才培养、降低技术开发门槛、促进跨链数据交换、扩展技术应用场景等都会有非常积极的作用。因此，为加快实现区块链技术在产业场景的落地，完善区块链技术和应用级的标准体系成为亟须解决的问题之一。

1.2　区块链产业发展现状及趋势

区块链作为一项创新性技术，正在推动全球新一轮技术变革和产业变革，正在成为技术创新和模式创新的“发源地”，有望推动全球经济体系实现技术变革。区块链经过近几年的积累，产业规模初步形成，已在电子商务、金融服务、司法存证、智能制造、公益医疗等领域快速应用。

1.2.1　国内外区块链产业发展现状

区块链技术属于信息领域的新型技术，其发展和应用已在全球范围内引起了热切的关注，美国、英国、俄罗斯、日本等发达国家已将区块链的研究与应用提升到战略层面，纷纷开展国家级区块链战略和路线图设计，通过深化“产学研用”成果转化积极推进区块链产业的发展。

从国内外区块链产业的发展历程来看，其大致可划分为三个阶段：第一阶段是萌芽期（2009～2012 年），区块链作为比特币的底层技术，因比特币的成功运行而逐渐被人们所熟知，但技术开发不成熟、应用场景单一等原因也使其未得到企业的重视。第二阶段是探索期（2013～2015 年），随着比特币、瑞波币、莱特币等虚拟货币的不断出现，区块链也逐渐受到企业的关注和追捧。从 2012 年起，新增区块链企业数和融资额都有明显的增加，随后受大多数国家对虚拟货币持谨慎态度的影响，2015 年，新增区块链企业数和融资额较前两年都有明显的下降。整体而言，区块链在这一阶段得到了良好的发展。第三阶段是高速发展期（2015 年以后），随着以太坊开发出一套可以执行图灵完备脚本语言的虚拟机以及对智能合约概念的引入，区块链的应用场景也从单一的电子虚拟货币交易系统向更广阔的应用场景拓宽。在这一阶段，区块链进入了高速发展期，具体表现如下：

1. 全球区块链企业数量快速增长

2013 年以前，全球区块链企业数没有明显的增减变化，这主要是由于区块链的发展还处于起步阶段，各行各业对其的认识还不够完善，因此没有太多的企业愿意加入区块链。但随着比特币的成功运行，越来越多的企业逐渐意识到区块链带来的机遇。自 2013 年以来，全球区块链企业数以超过 76.82％的复合增长率快速增长。随后，大多数国家对虚拟货币持谨慎态度影响到了其底层技术区块链的发展，2018 年全球区块链企业数出现了首次的大规模减少。2018 年之后，中国区块链企业的快速布局助力了全球区块链企业数的增长。

2. 全球区块链融资规模持续扩大

据区块链企业已披露融资项目和金额，2009～2012 年全球区块链企业未获得融资，主要是因为区块链的发展还处于起步阶段，企业对技术的掌握和应用也不够成熟，对未来的发展缺乏信心，所以区块链企业未获得相应的合作以及投资。但随着比特币的成功运行和应用场景的逐步拓宽，人们对区块链的发展前景也越来越看好，认为区块链技术将给企业带来机遇与创新。根据零壹智库的数据资料，全球区块链产业投融资金额如图 1-8 所示，自 2012 年以来，区块链领域融资表现出较高的活跃度，融资规模也在逐年扩大。2012～2019 年 10 月 31 日，全球区块链项目合计获得 1406 次风险投资，公开披露的融资总额约为 742.2 亿元。2012 年以来，全球区块链企业累计融资 17.05 亿美元。同时，随着区块链受到越来越多国家和地区的追捧与关注，全球区块链企业融资比例也在不断增加，从 2012 年的 0 到 75％，仅一年时间，全球区块链企业融资占比就已远远超过了未融资占比，并一直保持着一半以上的比例。

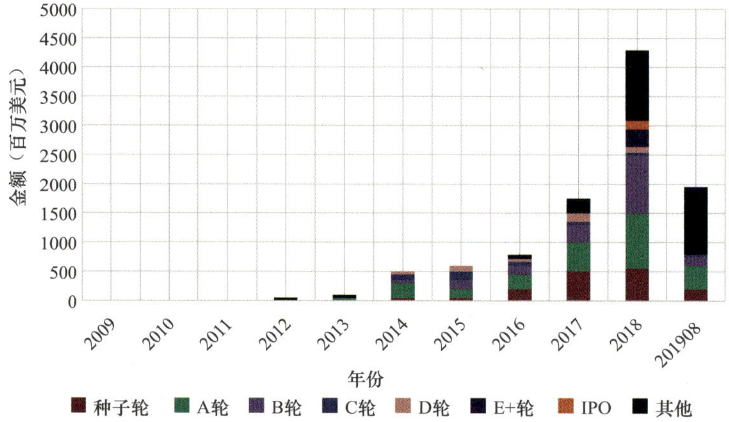

图 1-8　全球区块链产业投融资金额

图 1-9 描述了美国、中国、韩国、瑞士、加拿大五国 2013～2019 年间区块链融资金额对比。随着国内互联网巨头在区块链领域的提前布局，我国区块链企业已经初具规模，形成了具有核心技术的区块链底层平台。各项区块链相关标准研制也已走在世界前列，在银行、保险、债券、供应链、电子票据、司法存证等领域的应用取得了很好的成效。

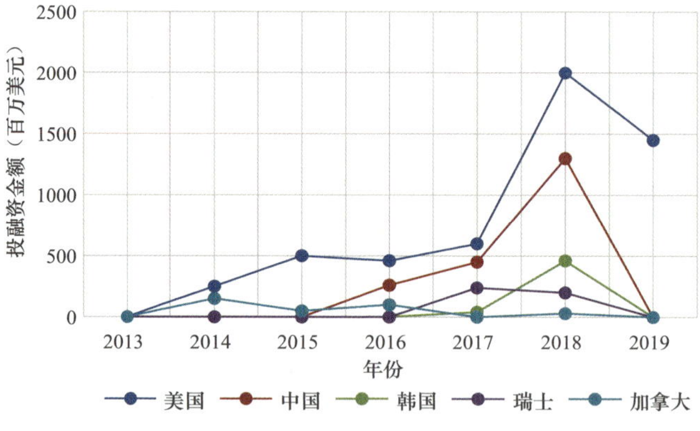

图 1-9　美国、中国、韩国、瑞士、加拿大五国
2013～2019 年间区块链融资金额对比

产业规模层面，全球新增区块链企业数量出现减缓迹象。在经历了 2014 年和 2017 年的新成立区块链企业数量高峰后，2018 年起新成立企业数量开始下降。截至 2019 年 8 月，全球共有 2450 家区块链企业，新成立区块链企业数量有所减少。

3. 我国区块链产业逐步起步

与全球区块链产业相比，我国区块链产业发展迅速。2016 年 12 月国务院第一次将区块链作为战略性前沿技术写入《“十三五”国家信息化规划》(国发〔2016〕73 号)。2017 年 1 月，工信部发布《软件和信息技术服务业发展规划（2016—2020 年)》(工信部规〔2016〕425 号)，提出区块链等领域创新达到国际先进水平等要求。随着各级政府先后出台关于区块链的政策指导文件，我国多个城市建立了区块链研究院，并成立一系列区块链联盟，进一步促进了区块链产业的快速发展。我国区块链产业开始多地开花，不仅在新增区块链企业数、融资额以及专利数量等方面有显著增长，而且各地企业纷纷布局区块链，区块链发展势头迅猛。具体情况包括：

(1) 我国区块链产业整体现状方面，截至 2020 年 7 月，企查查数据显示，我国区块链相关企业目前共有 4.56 万家，其中在业、存续的企业超过 4 万家。从分布的区域来看，主要集中在东南沿海地区，中西部地区也开始多点开花。具体到各个城市来看，位列中国区块链企业数最多的五座城市依次是北京、上海、深圳、杭州和香港。从新增企业数量上看，区块链注册企业数量增长较快。根据天眼查中 2015～2019 年区块链企业成立注册情况，截至 2019 年 12 月，在工商备案的区块链企业共达三万三千余家。其中新增企业类型以初创企业为主，各地区块链企业数量如图 1-10所示。据统计，在我国众多区块链企业类型中，初创企业占比达 57%，相关互联网公司占比为 23%，金融机构占比为 12%，传统上市公司占比为 28%。因此，当前相应区块链企业资产规模呈现普遍较小状态，从 2015～2019 年区块链企业注册资金及比例来看，注册资金在 999.99 万元以下的企业数量已超过总企业数量的一半，即超过半数的区块链企业在成立注册时的资金额度在百万元级别。

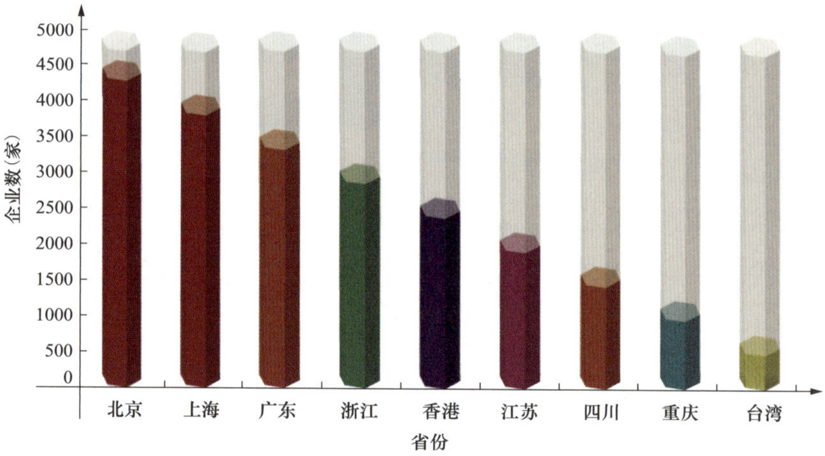

图 1-10 截至 2019 年 12 月，我国各地区区块链企业数

北上广深地区的区块链企业数量占到了全国区块链企业总数的 82.35%。由此可见，城市的开放程度、现代化水平、科技创新能力等都会对区块链企业的区位选择产生较大的影响。

(2) 整体上讲，区块链企业通融资额度不断增加。2014～2019 年，我国新注册成立的区块链企业通融资额度不断增加，呈上升趋势。同时，各大互联网及科技巨头纷纷融资发展区块链项目，如蚂蚁金服、中安科技等。此外，据统计，截至 2019 年底，参与区块链应用探索的国内银行机构共 36 家。

(3) 产业领域层面，当前区块链企业落地应用服务以金融领域为主，我国区块链企业应用主要分布在金融、供应链、溯源、硬件、公益慈善、医疗健康、文化娱乐、社会管理、版权保护、教育和共享经济领域。其中以金融、供应链、溯源、硬件为主，仅这四个领域共有区块链企业约占总数的 64.58%。

1.2.2 区块链产业发展趋势

随着区块链在各行业落地应用，该技术的创新发展获得了更多的政策及资源支持。区块链技术不断迭代更新，进入“脱虚向实”主旋律，越来越多的传统行业应用区块链技术实现企业运营的降本增效。区块链应用也逐步从单一场景跨向多行业场景，技术升级和应用诉求多元化推动了区块链应用模式的升级，与物联网、大数据、人工智能等技术的融合将成为新的发展趋势，为网络环境中安全信息交互奠定基石。通过对区块链技术不断演进、应用、安全监管等方面进行分析，区块链产业将在以下方面形成突破，进一步实现区块链应用的产业化及实用化。

1. 区块链和实体经济融合发展成为产业发展主流趋势

从产业发展看，区块链的技术正在走向融合，这使得区块链产业应用逐渐走向细分。按照区块链产业上下游结构，区块链产业自下而上可以划分为底层基础设施及平台开发、技术扩展及通用型服务、行业应用、产业周边服务四类。相应的产品归属，可进一步细分为链、客户端、应用等不同类型。继以虚拟货币为代表的区块链1.0之后，区块链2.0所加入的智能合约等相关技术基础已具备承载部分垂直行业应用及通用应用开发的能力。随着区块链技术升级，与云计算、大数据等前沿技术深度融合、集成创新，区块链技术将在医疗、司法、工业、媒体、游戏等各个细分领域的探索商业应用。区块链脱虚向实趋势明显，行业生态链已经初步成形，正在从各个领域助力实体经济高质量发展。

2. 产业应用领域从数字货币向非金融领域渗透扩散

区块链作为通用共性技术，正在从数字货币加速渗透至其他领域，实现与各行业的创新融合。未来区块链的应用主要形成两个方向：①从信息共享入手，以低成本建立信用为核心，逐步覆盖数字资产等领域；②从货币出发，逐渐向资产端管理、存证领域推进，并向征信和一般信息共享类应用扩散。

3. 监管制度愈加完善，监管朝法制化、规范化、全面化和智能化方向发展

美国已明确要求资产型代币、证券型代币必须注册登记，接受美国

证券法等法律以及美国证券交易委员会（Securities Exchange Commission，SEC）等机构的监管，鼓励相关企业在监管规则之内合法发展。2018 年我国各地出台了专项政策，其基本思路主要是培育区块链产业生态，区块链扶持政策较为同质化。2019 年各地政府聚焦于如何将区块链技术与地方特色相结合，寻找实际落地场景，在服务经济社会发展中发挥作用。

4. 企业级区块链是产业主战场，联盟链将成为主流方向

当前，区块链企业级应用主要集中在数字化虚拟经济领域，未来的区块链应用将与传统企业运营更深入的融合。与公有链相较，企业级应用更关注区块链的管控合规、性能效率、网络安全等因素。基于联盟链和私有链的区块链不仅监管友好，具备高性能、高可用、安全隐私的特点，而且强管理模式更适合在企业中落地应用，联盟链是现阶段或相当长一段时间内，中国区块链产业发展的主力军，将成为企业级应用的主流技术方向。

5. 多样化业务催生多元化应用，区块链性能将不断得到优化

伴随区块链应用的多元化，票据、支付、存证、供应链等业务在实时性、高并发性、延迟和吞吐等多个维度上将高度差异化，催生了多元化的应用方案。当前，区块链技术仍处于不断演进中，在未来一段时间还将结合各行业业务持续演进，在共识算法、服务分片、处理方式、组织形式等方面都有很大的提升空间。

6. 深度融合区块链与云计算，BaaS 将成为公共信任基础设施

利用云服务基础设施的部署和管理优势，区块链与云的结合成为必然趋势，可为开发者提供便捷、高性能的区块链生态环境和生态配套服务，拓展了开发者的业务范围及区块链运营的开放性。区块链框架嵌入云计算平台形成区块链即服务（blockchain as a service，BaaS），云服务商直接将区块链作为服务提供给用户。基于云服务商提供的 BaaS 功能，可有效消减企业应用区块链的部署成本，降低区块链产业的创新门槛。

7. 区块链安全问题日益凸显，需结合技术和管理从全局考虑

区块链系统在数学原理上近乎完美，具有公开透明、难以篡改、可靠加密、防 DDoS（Distributed Denial of Service，分布式拒绝服务）攻击等优点。但在实际工程中受基础设施、系统设计、操作管理、隐私保护和技术更新迭代等多方面的制约，需要从技术和管理两方面进行全局考虑，加强基础研究和整体防护，确保实际业务应用的安全。

8. 区块链的跨链需求日益迫切，互通协作的重要性愈加凸显

随着区块链技术在各行业的深化应用，在支付结算、物流追溯、医疗病历、身份验证等领域都将形成各自的区块链系统。未来多行业、多专业的区块链系统跨链交互与协同合作成为必然趋势。跨链技术将成为区块链实现价值互联网的关键，区块链的互通协作也将成为越来越重要的方向。

“互联网＋”模式的推进对企业的数字化、网络化、智能化提出了新的要求，其目标是实现全要素、全产业链、全价值链的全面贯通，形成新的模式和业态。通过将区块链技术融入“互联网＋”模式，构建分布式数据管理机制，降低数据存储、处理、使用的管理成本，为企业搭建起更加可信的环境，实现身份认证及操作行为追溯、数据安全存储与可靠传递。随着区块链产业范围的不断扩大，跨领域的加速渗透加上独特的去中心化、可追踪等技术优势，未来越来越多的新兴创新型企业也将进一步结合区块链技术来解决运营中面临的难题。

1.3　区块链政策法规及标准化

自从比特币和区块链技术诞生以来，针对区块链出台的各种政策、法规也影响着区块链技术的发展和应用。区块链技术解决价值传输的背后，是以区块链技术广泛实践于实际生活中的方方面面为根基，各国政府已在积极布局区块链。同时，区块链应用过程中涉及互联网、物联网、金融安全、货币

安全等多个方面，这对全球的监管和政策制定者是前所未有的挑战。

1.3.1 国内外政策法规

1. 中国

2019 年 10 月 24 日，习近平总书记在中共中央政治局第十八次集体学习的讲话中指出："区块链技术的集成应用在新的技术革新和产业变革中起着重要作用。我们要把区块链作为核心技术自主创新的重要突破口，明确主攻方向，加大投入力度，着力攻克一批关键核心技术，加快推动区块链技术和产业创新发展。"对区块链技术应用前景和发展给予了极大肯定，区块链已上升至国家战略高度。

2020 年 4 月 20 日，国家发展改革委在举行例行新闻发布会时表示，"区块链"正式位列新型基础设施中的信息基础设施。这是继去年中共中央政治局第十八次集体学习区块链被提高到国家战略后，再次被体现在国家层面上，表明区块链将会同过去的基础设施一样，具有普遍性和社会价值。区块链与云计算、5G 通信、人工智能等信息技术必将有机融合起来，共同构成数字经济和智慧社会的重要基础设施。

国家对区块链发展的高度重视，其来有自。早在 2016 年，工业和信息化部发布《中国区块链技术和应用发展白皮书（2016）》，正式介绍了中国区块链技术发展路线蓝图以及未来区块链技术标准化的方向和进程。同年，国务院印发《"十三五"国家信息化规划》（国发〔2016〕73 号），首次将区块链技术列入国家级信息化规划。2017 年，国务院办公厅发布的《关于创新管理优化服务培育壮大经济发展新动能加快新旧动能接续转换的意见》（国办发〔2017〕4 号）提出，在人工智能、区块链、能源互联网、智能制造，大数据应用、基因工程、数字创意等交叉融合领域，构建若干产业创新中心和创新网络。随着区块链技术在世界范围内不断引发研究和应用的浪潮，中国政府对区块链技术的发展高度重视。一是国家层面规划区块链发展，超前部署赢先机。2019 年，全球 82 个国家、地区、国际组织共发布的超过 600 项区块链相关政策中，我国共发布 267 项相关政策，占全球政策总数的 45%。二是各部委积极出台相关政策促进区块链应用落地。各部委积极开展对区块链的研究和探讨，出台相应总体布局及规划，截至 2019 年底，各部委共出台区块链相关政策 29 项。三是各地方政府紧跟步伐，积极出台配套政策支持区块链产业发展。截至 2019 年底，我国各省、直辖市、自治区政府出台配套政策支持区块链产业发展的政策已达 244 项。截至 2020 年初，我国区块链相关政策法规见表 1-1，地方政府出台政策数量如图 1-11 所示。

表 1-1　　我国区块链相关政策法规汇总

时间	部门	相关文件	文件内容
2019.11.19	中共中央、国务院	《中共中央 国务院关于推进贸易高质量发展的指导意见》	推动互联网、物联网、大数据、人工智能、区块链与贸易有机融合，加快培育新动能
2019.11.27	国家税务总局	《关于支持和服务长江三角洲区域一体化发展措施的通知》（税总函〔2019〕356 号）	鼓励和支持长三角区域税务机关探索运用 5G、区块链、人工智能等技术，进一步优化税务执法方式，提供智能化、个性化的线上线下纳税服务
2019.12.1	中共中央、国务院	《长江三角洲区域一体化发展规划纲要》	加强大数据、云计算、区块链、物联网、人工智能、卫星导航等新技术研发应用
2020.1.7	司法部	《公共法律服务网络平台、实体平台、热线平台融合发展实施方案》	探索推进“互联网+公共法律服务”“区块链+公共法律服务”，开展自助式法律服务机器人的试点应用
2020.1.17	国务院办公厅	《关于支持国家级新区深化改革创新加快推动高质量发展的指导意见》（国办发〔2019〕58 号）	加快推动区块链技术和产业创新发展，探索“区块链+”模式，促进区块链和实体经济深度融合

续表

时间	部门	相关文件	文件内容
2020.4.2	国家邮政局、工信部	《国家邮政局 工业和信息化部关于促进快递业与制造业深度融合发展的意见》（国邮发〔2020〕14号）	加快推动5G、大数据、云计算、人工智能、区块链和物联网与制造业供应链的深度融合
2020.4.10	商务部等八部门	《商务部等8部门关于进一步做好供应链创新与应用试点工作的通知》（商建函〔2020〕111号）	积极应用区块链、大数据等现代供应链管理技术和模式，加快数字化供应链公共服务平台建设，推动政府治理能力和治理体系现代化

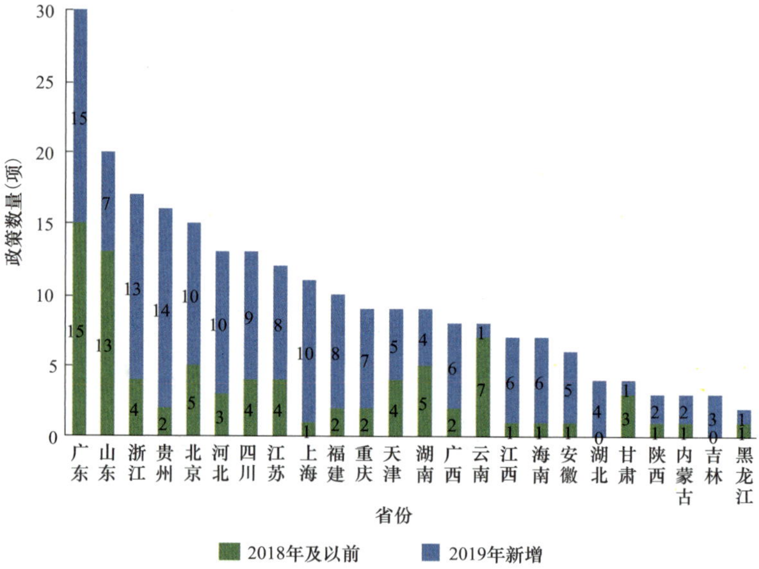

图 1-11　我国部分地方政府出台区块链政策数量对比

我国对区块链的发展持鼓励的态度，习近平总书记强调，要强化基础研究，提升原始创新能力，努力让我国在区块链这个新兴领域走在理论最前沿、占据创新制高点、取得产业新优势。要推动协同攻关，加快推进核心技术突破，为区块链应用发展提供安全可控的技术支撑。要加强区块链标准化研究，提升国际话语权和规则制定权。加强人才队伍建设，建立完善人才培养体系，打造多种形式的高层次人才培养平台，培育一批领军人物和高水平创新团队。

2. 美国

美国十分鼓励利用区块链开展技术应用开发。2016 年 6 月，美国国土安全部对 6 家致力于政府区块链应用开发的公司进行补贴。2017 年 2 月，美国亚利桑那州通过区块链签名和智能合约合法性法案。同月，美国国会宣布成立国会区块链决策委员会。区块链倡导小组数字商会（Chamber of Digital Commerce，CDC）及隶属美国卫生及公共服务部（US Department of Health and Human Services，HHS）的美国国家卫生信息技术协调办公室（Office of the National Coordinator，ONC）联合主区块链应用开发黑客马拉松，将区块链技术应用到医疗保健领域中。2019 年 6 月，美国发布《国防部数字现代化战略》，明确将探索区块链技术在网络安全领域的应用。

3. 英国

英国将区块链提升到国家战略高度，由财政部、数字经济部两部门共同主导推动。2017 年《公共服务识别的未来：区块链》报告中指出，“区块链技术可以用来改善英国政府服务，可以为公民提供更强的信息与公共服务共享的控制权”。除了在数字货币应用领域，英国政府也在积极探索区块链技术在其他领域的应用，比如追踪公共资金的使用、对学生贷款中请归还流程进行跟踪等。

4. 德国

德国积极支持区块链发展，2019 年 9 月颁布《德国区块链战略》，该战略由德国联邦经济和能源部、财政部等部门共同起草。德国联邦政府希望利用区块链技术带来的机遇，挖掘其促进经济社会数字化转型的潜力。该战略明确了五大领域的行动措施，包括在金融领域确保稳定并刺激创新；支持技术创新项目与应用实验；制定清晰可靠的投资框架；加强数字行政服务领域的技术应用；传播普及区块链相关信息与知识，加强有关教育培训及合作等。

5. 韩国

2016 年，韩国央行在报告中提出鼓励探索区块链技术。同年，韩国金融投资协会牵头成立区块链协会，旨在推动韩国布局区块链行业。2018 年，韩国科学技术信息通信部（简称科技信通部）通过改善陈规来支持区块链初期市场的形成并确保全球技术竞争力。科技信通部与市民企业合作，为了研究如何发展成为区块链先进国家而邀请相关专家一起制定“区块链技术发展战略”。同年，韩国互联网与安全局开始全力构建区块链生态系统，选择了物流、能源等 6 个核心行业试点项目，旨在提早激活区块链行业。

6. 日本

日本积极支持区块链技术的创新发展。日本的区块链行业除了比特币的应用，在房产存证、身份认证、供应链金融、清算结算等行业应用领域也颇多政策支持。截至 2019 年底，日本有 500 余家涉及区块链技术、服务、应用类的企业，其中 90%以上都位于东京。同时还有 1200 余家大中型企业，其中涉及医疗、交易、旅游、保险、跨境运输等行业，在关注区块链技术并计划在 2020 年进行区块链技术的导入与改革。

7. 其他国家

新加坡对区块链技术的政策比较开放，对区块链证券金融创新监管政策的开放程度远超亚洲其他国家。新加坡金融管理局在 2016 年 6 月，推出了沙盒机制。任何在法律规定的受保护中注册的金融科技公司，在事先报备的情况下，允许从事和目前法律法规有所冲突的业务，并且即使以后被官方终止相关业务，也不会追究其相关的法律责任。

印度 Tech Mahindra（印度 Mahindra Group 的 IT 子公司）于 2019 年 9 月与美国分布式账本技术公司 Adjoint 合作推出区块链财务管理和保险解决方案。据报道，通过该解决方案，客户每 10 亿美元的金融风险管理和银行业务将节省 400 万美元。2019 年 12 月，印度国家支付公司（National Payments Corporation of India，NPCI）宣布正式推出区块链平台 Varja，该平台将带来更快、更高效的结算流程。同时，印度宣布计划在茶叶行业采用区块链技术，以支持和确保茶叶的可追溯性。

澳大利亚比较注重区块链技术的应用和标准的制定。2017 年 3 月，澳大利亚国家标准局根据国际标准组织的安排，发布了国际区块链标准开发路线图。2017 年 8 月，澳大利亚政府宣布将数字货币交易所纳入澳大利亚交易数据分析中心监管。截至 2018 年 12 月，澳大利亚区块链项目共涉及 28 个领域，其中排名前三的依次是加密资产、平台服务、商业服务，此数据基本与全球市场及主流国家的表现一致。

1.3.2　区块链标准化现状

随着区块链技术的不断发展和应用，目前出现了一些共性的问题：一是区块链的性能亟待提升、隐私保护需要加强；二是区块链技术发展仍在演进过程中，在高并发事务处理方面存在天然缺陷，制约了大规模商业应用；三是区块链的基本概念尚未达成共识，各种虚拟代币现象误导了公众对区块链的理解，带来严重的金融稳定隐患；四是当前存在各种类型的开发平台和数据格式，严重制约和影响未来不同类型的区块链系统间的互操作和可移植性。为了规范区块链的基础关键技术、规范区块链的服务和应用，各国和国际组织积极协商制定区块链技术标准，支撑核心关键技术的创新发展，总结规范区块链的技术形态，促进区块链领域生态发展，培育更多的区块链应用。

1. 国际标准化现状

(1) 国际标准化组织和国际电工委员会。

2016 年 9 月，国际标准化组织（International Organization for Standardization，ISO）通过了澳大利亚标准化协会关于新领域技术的提案，并正式成立了区块链和分布式记账技术技术委员会（ISO/TC 307），同时任命澳大利亚标准协会为 ISO/TC 307 秘书处承担单位。ISO/TC 307 负责制定互操作性、术语、隐私、安全和审计等方向的区块链和分布式记账技术领域的国际标准，以及与其他国际性组织合作研究该领域相关的标准化问题。截至 2020 年 5 月，ISO/TC 307 成立了基础、安全隐私与身份、智能合约及其应用、治理和用例 5 个工作组，1 个互操作研究组，以及 1 个区块链和分布式记账技术与 IT 安全技术联合工作组。共立项 10 项标准项目，其中 1 项智能合约标准已经发布。国际标准化组织/国际电工委员会（International Electrotechnical Commission，IEC）第一联合技术委员会（ISO/IEC JTC1）在 2018 年成立了物联网与区块链融合研究组，重点开展物联网与区块链市场发展和国际标准化现状分析，物联网与区块链融合的新国际标准立项建议等工作。

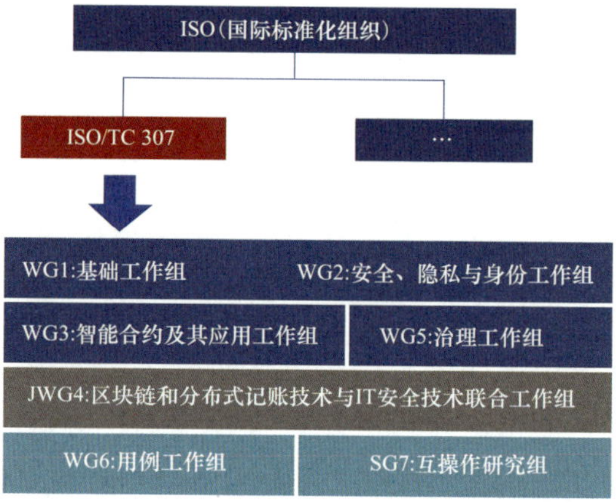

图 1-12　ISO/TC 307 组织架构

（2）国际电信联盟。

国际电信联盟电信标准部（International Telecommunications Union-Telecommunication Standardization Sector，ITU-T）于 2017 年前后启动了区块链领域的标准化工作。SG16、SG17 和 SG20 研究组分别启动了分布式账本的总体需求、安全以及在物联网中的应用研究。此外，成立了三个区块链相关的焦点组（分布式账本焦点组、数据处理与管理焦点组和法定数字货币焦点组），分别针对区块链与分布式账本技术应用与服务研究、基于区块链建立可信任的物联网和智慧城市数据管理框架、基于数字货币的区块链应用展开标准化工作。SG17 制定了区块链和分布式记账技术安全问题的标准化路线图，并将分布式记账技术（distributed ledger technology，DLT）安全领域的标准分为 DLT 平台安全、DLT 应用安全（含基于 DLT 的安全应用）、DLT 安全管理三个方向。2019 年 12 月，北京邮电大学在 ITU-T SG2 全会上提交的《区块链系统管理需求》和《区块链系统管理信息模型》获批立项；2019 年底，中国移动主导的《分布式账本技术的安全威胁》发布，是 ITU-T 首个区块链安全标准；2020 年 6 月 22 日至 7 月 3 日，ITU-TSG16 召开全体会议，会上《分布式账本系统需求》《分布式账本技术平台的评测准则》和《分布式账本技术的参考架构》3 项标准提交报批进入公示阶段，区块链国际标准化取得了新的进展。

（3）电气和电子工程师协会。

电气和电子工程师协会（Institute of Electrical and Electronics Engineers，IEEE）标准协会于 2017 年启动了区块链标准和项目探索。截至 2018 年底，IEEE 旗下共有 9 个工作组在制定与区块链相关的标准（包括 IEEE P825、IEEE P2418.1～IEEE P2418.7、IEEE P2140.1）。2018 年 12 月 5 日，IEEE 标准协会理事会议上，正式批准成立了 IEEE 消费电子协会区块链标准委员会（CES/BSC），开始接受新标准的立项申请和新工作组的成立申请。2019 年 6 月 13 日，IEEE 标准协会理事会议全票通过了 10 项区块链标准的正式立项，至此 IEEE 的区块链标准体系制定中的标准达到了 24 项，其中 16 项归口在消费电子协会区块链标准委员会下（CES/BSC）。IEEE 标准协会开展了区块链技术在数字普惠、数字身份、资产交易、能源、互操作、数据格式等方面的标准化研究，立项了《区块链在物联网中的应用框架》《区块链系统的标准数据格式》《分布式记账技术在农业中的应用框架》《区块链在能源领域的应用》《分布式记账技术在医疗与生命及社会科学中的应用框架》等标准。2019 年 9 月 5 日，IEEE 宣布成立计算机协会区块链和分布式记账委员会，负责指导、管理和监督区块链标准研制及产业推广。2020 年 3 月 10 日，IEEE 计算机协会区块链和分布式记账委员会年度启动会顺利召开，审议了密钥管理协议、区块链互操作、数字资产、数字身份等多项标准提案。截止 2020 年 7 月，该委员会已立项首批 13 项国际标准 IEEE P3200 系列标准，涵盖互操作、数字资产、存证、测试等多个方向。

2. 国内标准化现状

我国的区块链标准化工作启动于 2016 年底，与国际标准化工作基本同步。2017 年 3 月，根据国家标准化管理委员会的批复文件，明确由中国电子技术标准化研究院作为 ISO/TC 307 国内技术对口单位，推进国内和国际区块链和分布式记账技术标准化工作。2018 年工业和信息化部指导中国电子技术标准化研究院提出全国区块链和分布式记账技术标准化技术委员会组建方案，主要负责建设和维护区块链和分布式记账技术标准体系，制定区块链技术和分布式记账技术领域的国家标准，国家区块链与分布式记账技术标准化体系如图 1-13 所示。2020 年 4 月 13 日，国家标准化管理委员

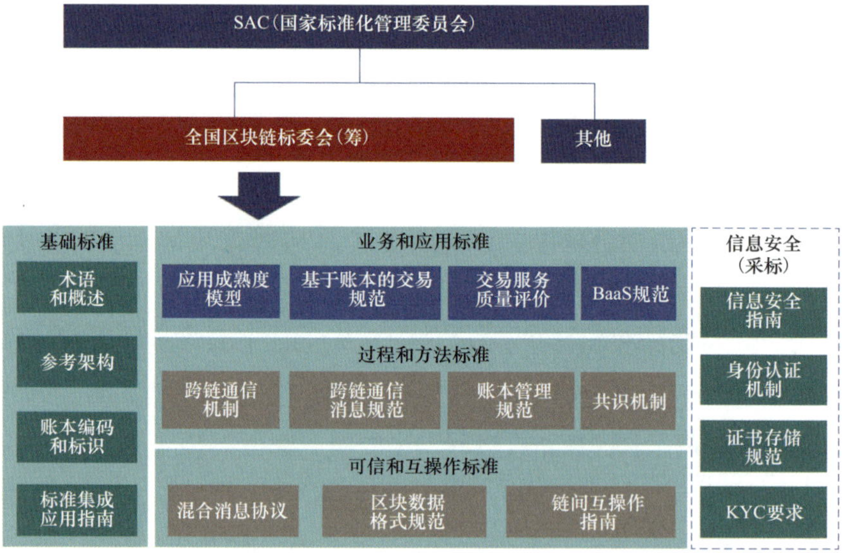

图 1-13　国家区块链与分布式记账技术标准化体系

会公示了第一届全国区块链和分布式记账技术标准化技术委员会委员名单，标志着我国区块链国家标准化工作取得了进一步进展。截至 2020 年 5 月，我国共有《信息技术　区块链和分布式账本技术　参考架构》《信息技术　区块链和分布式账本技术　存证应用指南》《信息技术　区块链和分布式账本技术　智能合约实施规范》3 项区块链国家标准获批立项。

行业标准层面，2019 年 11 月，工信部办公厅下发《关于印发 2019 年第三批行业标准制修订项目计划的通知》（工信厅科函〔2019〕245 号），其中包含《区块链测评要求性能测试》《区块链服务技术要求和测试方法》《区块链应用技术要求和测试方法警务数据共享》《区块链应用技术要求和测试方法　司法存证》《区块链应用技术要求和测试方法溯源》5 项区块链技术标准。中国信息通信研究院正牵头编制通信行业标准《工业互联网中区块链的应用场景和业务需求》。

除国家、行业和地方相关标准化机构组织和引导相关单位制定区块链标准之外，相关社会团体和大型科技企业也纷纷研究和制定区块链标准，用于指导和规范联盟团体以及企业内部的技术研发和生产制造。据不完全统计，截至 2019 年底，包括中国区块链技术和产业发展论坛、可信区块链推进计划、中国软件行业协会、上海市软件行业协会等共计发布 20 多项相关团体标准。

作为区块链技术的基础核心和技术支撑，密码算法和电子签名技术的标准体系已相对完备，我国目前已经建立起较为完备的国产密码算法体系，SM2 椭圆密码算法、SM3 哈希密码算法、SM9 标识密码算法和祖冲之密码算法都可为区块链技术提供核心支撑。截至 2019 年底，相关国产密码算法行业标准约有 19 项，在系统密码模块安全测评标准方面，我国也已发布 25 项与密码模块相关的国家标准和行业标准。这些标准为区块链应用中使用的密码模块测评提供了重要的测试依据，相关的区块链团体标准见表 1-2。

表 1-2　区块链团体标准

序号	标准名称	提出方	起草单位
1	区块链 参考架构	中国区块链技术和产业发展论坛	中国电子技术标准化研究院等
2	区块链 数据格式规范	中国区块链技术和产业发展论坛	中国电子技术标准化研究院等
3	区块链 对象传输协议	中国区块链技术和产业发展论坛	众安信息技术服务有限公司等
4	区块链 隐私保护规范	中国区块链技术和产业发展论坛	深圳前海微众银行股份有限公司
5	区块链 智能合约实施规范	中国区块链技术和产业发展论坛	众安信息技术服务有限公司等
6	区块链 存证应用指南	中国区块链技术和产业发展论坛	厦门安妮股份有限公司等
7	区块链 跨链实施规范	中国区块链技术和产业发展论坛	上海复星高科技（集团）有限公司
8	区块链 隐私计算服务指南	中国区块链技术和产业发展论坛	上海万向区块链股份公司
9	区块链 物流追踪服务应用指南	中国区块链技术和产业发展论坛	北京京东振世信息技术有限公司等
10	区块链 基因数据服务应用指南	中国区块链技术和产业发展论坛	深圳华大基金科技有限公司等
11	可信区块链：区块链技术参考架构	可信区块链推进计划	中国信息通信研究院等
12	可信区块链：总体要求和评价指标	可信区块链推进计划	中国信息通信研究院等
13	可信区块链：功能评测方法	可信区块链推进计划	中国信息通信研究院等
14	可信区块链：性能基准评估方法	可信区块链推进计划	中国信息通信研究院等
15	可信区块链：Baas 评估方法	可信区块链推进计划	中国信息通信研究院等

续表

序号	标准名称	提出方	起草单位
16	可信区块链：区块链安全评测方法	可信区块链推进计划	中国信息通信研究院等
17	可信区块链：溯源	可信区块链推进计划	中国信息通信研究院等
18	可信区块链：供应链金融	可信区块链推进计划	中国信息通信研究院等
19	区块链技术安全通用规范	上海市软件行业协会	上海市信息安全测评认证中心等
20	区块链平台基础技术要求	中国软件行业协会	赛迪研究院等
21	区块链与分布式记账信息系统评估规范	中国区块链测评联盟	工业和信息化部电子第五研究所等
22	区块链应用指南　商品及其流通信息可追溯性要求	中国商业联合会	中国商业联合会等

1.4　区块链行业应用现状

根据中国信通院《区块链白皮书（2019 年）》，2019 年全球区块链企业 38%集中在金融相关领域，23%的企业专注于区块链技术研发，互联网、金融业是应用最多的两个领域。全球区块链专利布局不断拓展。截至 2019 年底，全球约有区块链相关专利 2.2 万件，其中中国占比 63%，遥遥领先于其他国家和地区。

我国区块链应用主要集中在金融应用服务及企业应用服务。金融应用服务领域主要包括电子支付、跨境电商、证券保险、融资贷款、票据存证等。企业应用服务主要集中在底层区块链架构设计和基础设施搭建，为各行业企业提供数据上链服务，包括数据服务、BaaS（Blockchain as a Service）平台、电子存证云服务等。随着区块链技术与实体经济产业的深度融合，其应用领域已从去中心化的数字货币向非金融领域渗透扩散。区块链作为新型信息基础设施与各行业传统模式相结合，构建了诚信产业环境和高效协同机制，形成数字经济发展新动能，有效降低了实体经济成本。2019 年以来，区块链在各领域应用落地的步伐不断加快，其赋能范围在金融、政务、司法、医疗、公益、教育、物流、制造等多个领域都有所体现，如图 1-14所示。

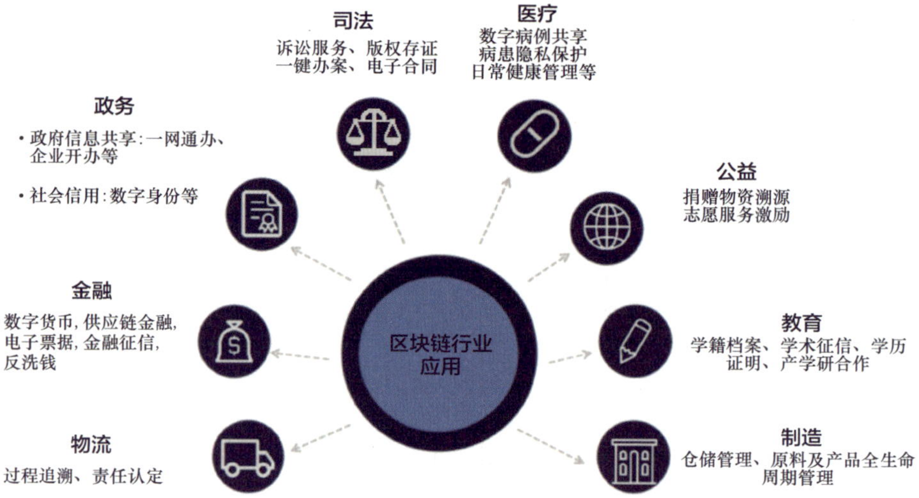

图 1-14 区块链应用领域

1.4.1 区块链激发金融市场活力

金融行业是全球经济发展的动力，也是中心化程度最高的行业之一。金融市场中交易双方信息不对称，导致了无法建立有效的信用机制；交易链上存在大量中心化的信用中介和信息中介，减缓了系统运转效率，增加了资金往来成本。区块链技术公开、不可篡改的属性，为弱中心化的信任机制提供了可能，具备改变金融基础架构的潜力，使其在金融领域的应用前景不可低估。区块链在金融领域的主要应用包括以下几个方面：

1. 供应链金融

供应链金融是指将供应链上的核心企业以及与其相关的上下游企业看作一个整体，以核心企业为依托，以真实贸易为前提，运用自偿性贸易融资的方式，对供应链上下游企业提供的综合性金融产品和服务。

区块链作为一台天然的“信任制造机器”，具有落地供应链金融的先天性优势，目前已有大量企业开展“区块链＋供应链金融”的落地实践。例如腾讯区块链＋供应链金融解决方案，此方案致力于连接核心企业资产端及金融机构资金端，以源自核心企业的应收账款为底层资产，通过腾讯区块链技术实现债权凭证的转让拆分。中企云链供应链金融平台，利用金融科技打造链属企业生态圈，有效解决中小企业融资难题。2019 年 12 月，中企云链正式发布首个基于区块链技术的供应链金融存证应用——“云存证”，旨在解决供应链金融业务开展过程中数字资产分布式加密存储问题，并为企业数字化转型及创新应用奠定坚实的技术基础。新冠肺炎疫情期间，云链全线上操作优势凸显，保障平台上各家银行都能顺畅快捷地完成融资放款，为中小企业复工复产实现“精准滴灌”。

2. 保险市场

当前保险行业多层级中介，增加了无效成本；落后的信息化系统，高昂的人力、管理成本；销售误导、骗保等信息不对称的恶意欺诈；保险产品同质化严重，条款不友好。区块链具有公共可查询、不可篡改、不可伪造等特点，区块链的智能合约与保险合约天然契合，区块链技术已经逐渐成为保险行业的底层技术。

2017 年 9 月，上海保险交易所从保险行业的特性出发，研发建设了

“保交链”，即上海保险交易所区块链底层技术平台。“保交链”作为服务保险行业的区块链底层技术平台，有助于提高保险业运行效率，加速金融创新与产品迭代速度，为保险行业运用区块链进行科技创新提供了基础。

3. 证券交易

传统的证券发行，中间人往往控制着市场。比如国内证券海外上市首先要经过国内外各级审核，审核后在一级市场发行、二级市场交易，繁复冗长的流程必然导致发行成本的增加。而区块链的诞生很可能将全球的证券发行模式从先审核后发行变成先发行后审核，从而免去诸多中间人环节。区块链技术通过证券的去中心化交易，不仅有助于显著削减发行、追踪及交易证券的成本，并且能够避免发生操纵市场的行为。

2018 年 8 月，深圳证券交易所发布公告称，联合杭州趣链科技有限公司（以下简称“趣链科技”）共同开展区块链应用安全管理与技术研究，解决区块链技术在证券期货行业应用中所面临的数据安全、隐私保护和智能合约等方面的技术难点。并将结合证券期货行业业务特点，在证券发行、证券交易和资金结算等方面，对区块链底层提出适应性的优化和改造需求，以打造适用于行业的区块链应用平台，减少行业重复投入，推动区块链技术在证券行业中的应用落地。

4. 票据市场

票据是一种有价凭证，其在传递中一直需要隐藏的“第三方”角色来确保交易双方的安全可靠。借助区块链的可编程性以及数据透明性，可有效控制参与者资产端和负债端的平衡，形成更真实的市场价格指数，从而更好地把控市场风险。通过区块链的信息记载和回溯，建立基于关键字或其他智能方式的信息检索和提醒，可提升信息的有效性，并可借助其开放性的优势让信息更加快速传导至需求者，减少市场的信息不对称。

2018 年 1 月，根据中国人民银行总行的安排部署，由上海票据交易所、数字货币研究所牵头，中钞信用卡产业发展有限公司杭州区块链技术研究院承接、会同 4 家商业银行（工商银行、中国银行、浦发银行、杭州银行）研发的“基于区块链技术的数字票据交易平台”实验性生产系统成功上线试运行。

5. 交易清算

区块链分布式记账技术可有效拓展现代支付清算机制，使得银行间、交易所等机构的管理成本大大减少且支付清算的效率得到显著提升。传统的交易方式要经过开户行、对手开户行、境内清算组织、国际清算组织、境外银行等，过程中每一机构都有自己的账务系统，彼此之间需要建立代理关系，互有授信额度。同时，每笔交易需要在本银行记录，还要与交易对手进行清算、对账等，导致速度慢、成本高。与传统支付体系相比，通过区块链技术进行支付是由交易双方直接完成，不涉及中间机构，即使网络中部分节点瘫痪也不影响整个系统运行。基于区块链技术构建的银行间金融交易协议，为接入银行提供跨境、任意币种实时支付清算服务，使得跨境支付更加便捷高效且成本低廉。

2017 年 12 月，招商银行联手永隆银行、永隆深圳分行，成功实现了三方间使用区块链技术的跨境人民币汇款，这是全球首笔基于区块链技术的同业间跨境人民币清算业务。2018 年 10 月，中国银行、中信银行、中国民生银行三家设计开发的区块链福费廷交易平台成功上线，并于当日完成首笔跨行资产交易。

1.4.2　区块链加速政务服务创新

在数字政务领域，利用区块链不可篡改、全历史记录的特质，不同机构之间的信息资源可以联通起来，更多的政务信息资源可以被公开、被利用，更多涉及公共利益的监管信息可以被全程记录并公开。结合大数据等技术，则可以对联通之后的政务信息资源进行深度挖掘、整合，使其更好地服务于政府治理与社会民生。

1. 一网通办

“一网通办”是区块链在政务领域的典型应用。通过区块链网络能够建立起一个高效协作的政务联动系统，各部门可通过区块链数据共享查询、验证以及下载用户的材料信息，数据以“可用不可见”的方式通过查询接口、加密传输实现链上核验，保证数据安全和共享过程不可篡改。数据共享促进业务协同，实现业务办理“数据多跑动，群众少跑腿”。目前北京市海淀区已基于“一网通办”平台推出企业设立、不动产登记、中关村高新技术企业认定、就业失业登记证办理等 7 个场景的链上应用。

2. 数字身份认证

数字身份认证是区块链政务应用未来的重要方向。数字身份认证将区块链达成分享式信任这一特性作用于个体，实现政务网身份存储、证明和数据共享，成为政务网络成员交往互动过程中可靠的信任依据，进一步形成全新的政务信用体系，促进政府治理等各项活动的有序进行。数字身份认证具体应用已适配多场景，如佛山市禅城区政府推出的 IMI 数字身份平台，依托于区块链底层技术，构建的智慧多功能身份认证平台。公安部第三研究所发布的 eID 数字身份链，提供个人身份认证、签名授权、区块链存证等一系列完整的平台解决方案，供各数据源和区块链系统以节点方式独立便捷部署。济南市上线的身份健康码，及时响应防疫情景的区块链电子身份系统。

3. 监管及信息公开

在涉及监管和信息公开方面，区块链的不可篡改特性保证了上链数据的真实性，将上链数据向社会各主体公开，在开放共享和信息真实的基础上加强公众参与。促进政府信息公开、透明、规范运行。典型的落地应用如雄安新区的雄安区块链资金管理平台、浙江省杭州市的公正摇号系统以及湖南省株洲市的区块链敏感数据审计平台等。

1.4.3 区块链助力智慧司法建设

在网络空间法制化治理领域，对于司法中的固证存证，区块链及其扩展技术可以在电子存证数据的生成、收集、传输、存储的全生命周期中，起到安全防护、防止篡改并数据操作审计留痕的作用，从而为相关机构审查提供有效手段。区块链已经在很多司法系统中得到了实际的应用，为解决涉网诉讼中的许多问题提供了新思路。

1. 诉讼服务

应用区块链技术将诉讼服务过程中的电子材料、业务数据、用户行为等信息进行固证，确保诉讼服务数据的生产、存储、传播和使用全流程安全可信，提升电子诉讼服务的权威性、专业性和司法公信力。随着银行、保险、证券、电商等社会组织的数据上链，可以构建基于区块链的涉诉单位、法院、鉴定机构等的一体化纠纷办案平台，电子数据的产生及固化可线上直接提交给法院，实现全流程留痕、全节点见证、全链路可信。2019年12月4日，中国最高人民法院发布的《中国法院的互联网司法》白皮书中指出，我国最高人民法院已建设“人民法院司法区块链统一平台”，完成超过1.94亿条数据上链存证固证。2018年，全国首例区块链存证案在杭州互联网法院一审宣判，法院支持了原告采用区块链作为存证方式并认定了对应的侵权事实。2019年浙江省绍兴市上虞区人民法院借助区块链加密技术，对一起区块链存证的刑事案件进行宣判，这是全国首例成功审结的区块链存证刑事案件。

2. 版权存证

存证分为两类：一类是侵权类取证，将侵权结果状态或者侵权行为过程取证，并将证据保存在区块链中，数据永久存储且不可篡改。一类是确权类存证，将相关证据提取数字摘要并打上时间戳，主要场景是知识产权权属证明以及平台公告证明。知识产权权属证明主要是对作品数据进行保护，类似于著作权备案登记，平台公告证明即对发出公告的行为及公告内容本身进行存证。

2018 年 4 月，百度上线版权区块链原创图片服务平台——图腾。应用自研区块链版权登记网络，从抓取每张原创图片生成版权 DNA，达到原创版权保护，形成一个良性循环过程。其电子存证数据与北京互联网法院天平链对接，使存证数据具备法律效力。

2019 年 7 月，人民网舆情数据中心发布“人民版权”平台。“人民版权”是人民在线运用区块链技术，依托自身大数据能力打造的一站式版权管理平台。依托区块链技术不可篡改和加密性等技术特性，“人民版权”不仅实现了版权存证、侵权监测、版权交易、司法维权全链条打通，并且在实现版权保护和管理的同时，通过版权授权交易生成数字作品的专属价值链，有效提升了媒体的内容经营能力。

3. 一键立案

2019 年 10 月 23 日，北京互联网法院率先将区块链智能合约技术应用于调解书的执行立案，实现了全国乃至全球的首例区块链智能合约技术“一键立案”。通过调解书中约定的履行条件，部署线上合约节点，当事人不再需要按照传统执行立案程序完成申请执行、上传当事人信息和文书等反复步骤，仅需在确认调解案件履行结果并通过智能合约达成条件后，自动触发抓取，实现执行“一键立案”。

4. 电子合同

通过区块链实现合同的数字指纹分布式存储，并快速生成可信电子合同签署证据链，无缝对接并处理其中合同涉及的纠纷解决、仲裁机构裁决以及电子证据递送等问题。更进一步的，利用智能合约技术把合同的条款编制成一套计算机代码，在交易各方签署后自动运行。一旦约定条件达成，则立即触发相应的结果。整个事务和状态的处理都由区块链智能合约自动完成，全程透明、不可篡改。2019 年 10 月 24 日，杭州互联网法院上线应用区块链智能合约技术，实现了从生成智能合约、完成实人认证并签约、合同原文及智能合约上传至司法区块链、智能合约自动运行、合约无法执行后转入多元调解流程、纳入信用惩奖联合机制、立案、审判、执行的全流程智能化。

1.4.4　区块链引领电子商务变革

电子商务平台具有便利性、可负担性的特点，能够承载大量产品展示和海量交易数据。但随着行业的不断发展，这一行业也出现了供应链管理、数据安全、市场透明度等方面的问题。

1. 跨境电商

区块链在跨境电商领域的应用案例在逐渐增多。首先，部分跨境电商平台利用它在跨境交易中的主导地位和数据处理能力建立产品信息追溯系统并对该系统进行维护；其次利用区块链技术将产品生产企业、产品加工企业、物流企业、监管机构（海关等）、消费者以及跨境电商自身接入该系统成为区块链中的节点，并由物联网技术通过二维码、RFID、状态传感器等对该节点的设备身份进行认证，保证传输进入系统的信息的真实性和准确性；最后由该系统对信息进行储存。当消费者希望进行产品追溯时，可以登录跨境电商平台账户发起查询请求，跨境电商平台得到查询结果后将信息输出给消费者。2017 年 3 月，招商银行通过首创区块链直联跨境支付应用技术，为前海蛇口自贸区注册企业南海控股有限公司通过永隆银行向其在香港同名账户实现跨境支付。

基于“区块链+物联网”技术的跨境电商进口产品的溯源系统在使商品信息易于记录的同时保证了商品数据信息的可靠性。不仅所有的产品和物流信息都是清晰透明的，还可以防止因为单个节点崩溃导致整个系统崩溃，避免数据被损坏，减少了烦琐的信息备份。利用区块链架构极大降低了交易链中出现信息孤岛现象的可能性。值得说明的是，这类产品信息追溯系统具有明显的普适性和通用性，适用于多品种的进口产品，对促进进口跨境电商的发展具有重大意义。

2. 产品溯源

在产品溯源领域，日益增长的商品溯源需求迅速推动了溯源行业的发展。区块链作为一种新兴技术打造了一种去中心化、价值共享、利益公平分配的自治价值溯源体系。在生产流程监管方面典型的应用如食品药品溯源。区块链技术可以用于产品防伪。数据不可篡改与交易可追溯两大特性相结合，可根除供应链内产品流转过程中的假冒伪劣问题。基于区块链的食品及药品防伪溯源体系有效结合传统二维码、分布式数据库与区块链技术及定制信息录入设备、手持扫码设备、编码机器等硬件，通过软硬件结合来实现方案。

据不完全统计，2018 年初至今，百度、赛迪区块链研究院、智链 ChainNova 等共发布了超过 5 本区块链溯源项目白皮书。多家企业抓住机遇，进军区块链市场，主要分为两类：一类是新型的区块链创业公司。区块链技术所带来的新的产业与商业模式催生了大量的创业公司，他们抢先一步进入溯源市场，抢占市场份额。另一类是互联网巨头，他们试图将区块链技术与自己的传统产业相融合，解决企业实际问题，同时向平台化发展，提供多行业服务。根据其业务类型又可以分为两类，一类是应用方案服务商多和业务方对接，基于需求提供应用解决方案，如阿里、京东、沃尔玛、中食链等；另一类是技术服务商为应用方案商提供区块链底层基础设施的搭建及相关开发合作，大多可同时服务于多个行业。

1.4.5 区块链改善医疗数据效用

在医疗卫生领域，区块链技术在医疗信息领域的核心应用技术优势十分显著。去中心化的分布式结构可支撑医疗数据共享；时间戳和不可篡改的特性可解决数据和设备监管及信息防伪问题；高冗余度及密钥分割的优点可弥补医疗信息化技术的安全认证缺陷；灵活的可编程特性可持续拓展自身在医疗场景中的应用。

1. 医疗数据共享和管理

随着区块链技术的日益普及和发展，将给医疗领域带来显而易见的革新，医疗健康的数据可以更为安全、快捷的方式进行全网共享，更好地助力智慧医疗的发展。将医疗物联网设备数据、患者电子病历等信息记录在区块链上，可在医疗事故的追责过程中为确定责任主体提供相关证据。针对医疗领域存在的数据孤岛难题，授权公共医疗机构或者医疗研发机构提取所有节点的非身份信息，既解决了医疗领域数据孤岛难题，也保护了个人的隐私。

常州市医联体区块链试点将区块链技术应用于常州市医联体底层技术架构体系中，并已实现当地部分医疗机构之数据互联互通，解决长期困扰医疗机构的“信息孤岛”和数据安全问题。据介绍，以分级诊疗就医体验为例，居民在就近卫生院体检，通过在区块链上的体检报告分析，筛查出心脑血管慢病高危患者。5%左右的需转诊患者可以由社区医生通过区块链实现病历向上级医院的授权和流转，上级医院的医生在获得授权后可迅速了解病人的过往病史和体检信息，病人不需要重复做不必要的二次基础检查。

2. 药品溯源

在药品溯源领域，通过引入区块链＋防伪标签技术，实现“一物一码”，确定药品在物理世界和区块链系统中具有唯一身份。区块链保证信息具有不可篡改性，即制药厂商、批发商、经销商和药房等药品溯源的每个参与者，共同参与药品在“生产—流通—销售”每个环节的信息记录上链，每笔信息都需得到所有参与者或参与节点的共识，将数据信息标记上“时间戳”并打包成块，从而实现药品的可信溯源。

湖南大学研发的药品疫苗全流程溯源区块链技术系统，利用区块链来记录药品疫苗的生产、流通、使用的整个流程，实现全程可视化监管，让疫苗更安全。趣链科技与中国建设银行合作建立区块链药品溯源平台，药品溯源实现标的物药品全流程信息记录，覆盖标的物生产、物流、分销全环节，通过“一物一码”和物联网、防伪标签、物流跟踪等技术手段，实现商品流转全流程闭环信息真实性。

3. 提高数据安全性

区块链通过加密以及分布式存储等手段，保证数据交换系统的安全，防止数据被修改。随着各类自用医疗设备的增多，尤其绝大多数都是物联网设备，未来人们的健康生活数据会越来越多，人们对数据泄露以及隐私保护的要求越来越高。区块链能够在保证安全、隐私和可靠性的同时，提供设备之间的数据互操作性，有效降低数据在存储及传输过程中的风险。

基于区块链技术的成都市三医院远程医疗平台，使医疗资源欠发达地区的医院也能对疑似病例进行快速诊断。百度超级链推出的区块链医疗解决方案将把患者信息、检查检验报告、诊断记录、电子处方等信息上链存证，形成医疗互联网服务的数据安全、诊疗安全和用药安全等“三大保障”，为医疗产业全链条“保驾护航”，同时形成诊疗、处方、医保、药品全流程安全体系，实现了对诊疗过程事前提醒、事中监控、事后追溯的全方位监管。

1.4.6 区块链开创精准扶贫新模式

在智慧扶贫方面，引入区块链技术，搭建高效、透明、公正的精准扶贫平台，将帮扶双方确认并记录，利用智能合约匹配帮扶项目与资金，通过共识机制保证对社会扶贫资金募集、申请、使用、效果评估等进行管理。此举可实现扶贫对象精准识别、扶贫资金精准管理、扶贫对象精准退出、社会扶贫资金全流程管理，从上而下贯彻扶贫政策，建立诚信扶贫系统，形成有效工作网、监管网，防止弄虚作假、徇私舞弊，激励社会各方积极参与扶贫行动。

1. 扶贫资金管理

2018 年 10 月，在贵州省政府的支持下，中国工商银行与贵州省贵民集团合作，通过银行金融服务链和政府扶贫资金行政审批链的跨链整合与信息互信，以区块链技术的“交易溯源、不可篡改”实现了扶贫资金的“透明使用”“精准投放”和“高效管理”，并将第一笔扶贫资金 157 万元成功发放到位。宏观层面上，各级政府能够自顶向下地实时掌握辖内扶贫资金的需求、配套、拨付、实际使用情况；微观层面上，上级政府部门实现了对每一个扶贫项目、每一笔扶贫资金的穿透式管理。

2. 扶贫对象精准管理

截至 2019 年，贵阳清镇市打造的“身份链”已实现 30 万市民的身份上链，扶贫工作者将所有待选的贫困户以及相关的数据及时准确地录入区块链系统，这些数据不仅要包括他们的收入和支出等显性量化指标，还要结合贫困成因的其他相关数据，如存款、医疗、劳动力人口等其他隐私指标，从而全面、深入摸清待选贫困对象的贫困程度、贫困原因、贫困类别等。“身份链”在精准扶贫基础上不断深化应用，让资源真正帮助到需要扶助的对象。

3. 推进旅游扶贫

一方面，区块链“交易溯源、不可篡改”的特性可以让旅游开发、旅游产品服务、旅游交易的资金透明使用、精准投放至民生领域；另一方面，急需扶贫的偏远地区即使拥有丰富的旅游资源，在开发过程中难免会因为人力、技术的缺陷而难以进行。这就要求区块链结合大数据以及人工智能在资源开发层面精准定位、高效管理，将每一笔资金、人力都利用到位。

2018 年 5 月，中国银行西藏分行举行“科技引领创新、金融助推精准扶贫”座谈会暨“西藏扶贫资金支持保障系统”二期投产仪式。设计了“区块链＋云平台＋扶贫项目”的框架方案，组成中行、农发行、用款单位多节点联盟链，推进“区块链旅游扶贫”。

第 2 章

当能源领域发展碰上区块链

由于全球经济发展放缓、对环境可持续发展的要求更加严格，同时伴随着数字化、低碳化的新经济格局兴起，能源行业的发展进入了一个新的阶段。“十四五”期间，能源行业面临着“四个革命、一个合作”能源安全新战略、能源体制改革、能源技术创新等重大任务的落实，能源发展面临着不小的挑战。具体挑战体现在能源数据融通共享难、能源产业供应链管理亟待优化、运营成本提升、能源企业多方协同难以实现、能源行业各主体信任问题等方面。区块链作为一种去中心化、开放透明、公平对等的新兴技术，能够创造一种规则、有序、信任的环境，在促进数据共享、优化业务流程、降低运营成本、提升协同效率、建设可信体系等方面具有基础性、引领性作用。随着能源革命的深入推进，能源行业面临多主体协同、数据开放共享、环境公平公正等一系列发展问题，区块链的应用在推动能源行业转型发展中具有极高的价值。

2.1 能源领域的发展现状及特点

2.1.1 能源领域转型现状

当前世界范围内的能源危机和环境危机日益凸显，第三次能源转型正在进行中，推动人类能源利用以化石能源为主向以非化石能源为主进行战略转型。能源转型关系国计民生和人类福祉，能源变革加快建立安全可靠、经济高效、清洁环保的现代化能源供应体系，已成为世界各国共同的战略目标。随着我国持续推进能源供给侧结构性改革，推动能源发展方式由粗放式向提质增效转变，风电、光伏发电、生物质发电等分布式电源逐步推广，陆上风电、光伏发电装机快速发展，海上风电、太阳能光热发电、生物质发电、氢燃料电池等新兴可再生能源利用技术取得重要进展，为能源的清洁高效利用提供了更多选择，也为加速能源体系清洁化转型奠定了坚实基础。

1. 全球能源基本现状

第三次能源转型正在推动全球主导能源从传统能源系统向现代能源系统转型，尤其向可再生能源转变。从现代能源系统生产、消费和配置各环节看，从供应角度看，全球80%以上的风能、太阳能等可再生能源资源通过发电并网得到利用。从配置角度看，能源资源互联网络具有覆盖范围广、配置能力强、互动灵活等特点，促进清洁能源大规模集中式开发与分布式开发协调发展、与周边国家互联互通是能源转型发展的重要特点。

根据国网能源研究院有限公司（简称国网能源院）预测，2020～2050年一次能源消费构成情况如图2-1所示，随着非化石能源开发规模扩大，一次能源消费在延续“减煤稳油增气”趋势后，于2035年达峰，然后逐渐下降。未来将快速跨越油气时代，最终进入非化石能源时代。未来30年，能源清洁化率将加速提升。同时，国网能源院预测在2020年、2025年、2035年、2050年，非化石能源占一次能源消费比重将分别提升至15.8%、20.3%、31.8%、57.3%，电能占终端能源消费比重将分别提升至26.5%、31.4%、46.6%和51.7%。

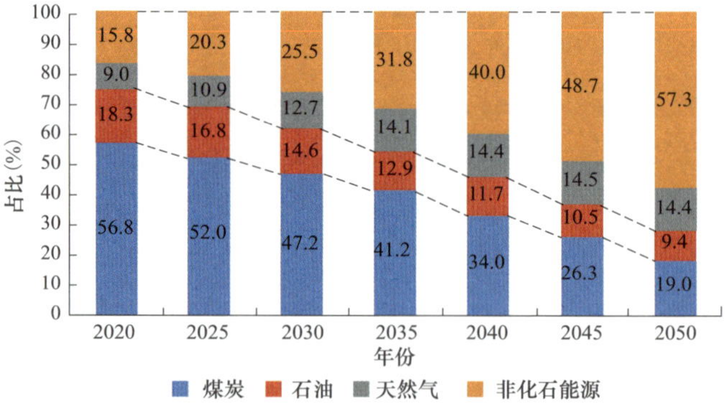

图2-1 2020～2050年一次能源消费构成情况

随着发电用能占比的逐步提高，新增发电将主要来自清洁能源，电力系统逐步成为清洁能源生产、消费的核心枢纽，碳排放强度持续下降。国网能源院预计，到 2050 年，发电用能占比将达到 70%，约 75%以上的发电用能来自清洁能源，如图 2-2 所示。

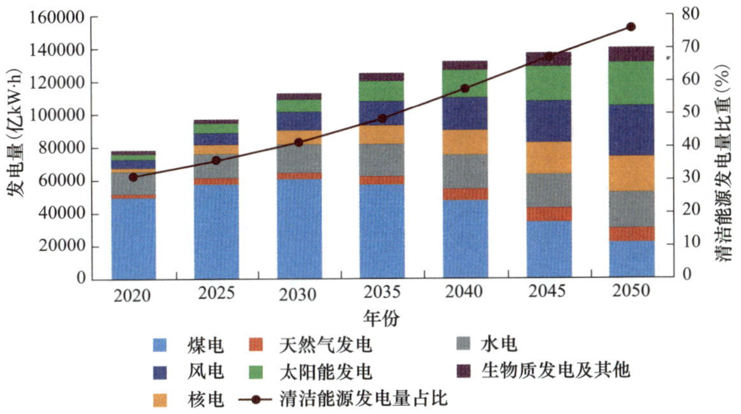

图 2-2　2020～2050 年清洁能源发电量比重

自 2020 年起，过去五年，分布式电源如太阳能发电、风电和蓄电池，在世界各地得到了越来越多的关注，风电开发利用成本下降 30%，光伏组件价格下降 50%，预计 2025 年风电和光伏发电比传统化石能源发电将更有竞争力。对新能源利用经济性的关注点从技术成本向系统成本转移，能源转型将走向源-网-荷-储协调发展的共享能源网络，用户可以生产和消费自己的能源。这意味着生成于能源网络基础结构运行中的资产正在成倍增长，从而增加了维护能源网络的总体复杂性。能源市场主体间更加开放，资源自发配置和优化能力逐步增强。

20 世纪 90 年代以来，全球能源市场逐渐地向自由化的进程转变，能源价值链的不同部分已经逐步实现市场化。2018 年 11 月 1 日，新加坡能源市场向竞争开放，开放电力市场扩大到超过 140 万户家庭。这不仅仅发生在新加坡，许多亚洲国家正在效仿或已经效仿，如日本、韩国、马来西亚、泰国和其他几个国家。这为消费者、生产商、零售商和其他与能源有关的企业提供了丰富的可能性。不过，并非能源价值链的所有部分都已开放供竞争使用。输配电部分由于其固有的自然垄断性质，传统上仍处于政府监管机构的监视之下。但有一点是肯定的：随着能源市场自由化的不断推进，能源网络向分布式、网络化、智能化和共享化方向发展已是全球能源转型的必然趋势。

2. 全球能源变革特点

全球能源领域变革将深刻改变能源电力各环节发展模式，可从四个方面理解认识：①能源消费方式发生巨大转变，即加速终端能源电气化，促进用能多元化，提升用能效率和用能质量。为适应该趋势，需要加快发展综合能源服务，促进冷、热、气、电等多能互补和协调控制，有效提升能源利用效率、提高用能质量，满足广大用户多元化用能需求；②高比例清洁能源构成的电力系统在提升能源自给自足水平中的地位愈发重要。清洁能源对化石能源的替代过程须通过电力系统来实现，大规模新能源发电并网也使大电网系统特性日益复杂，因而电力在推动能源自给自足水平提升过程中的角色将越来越重要，电网安全在国家能源安全中的地位也进一步凸显。③必须加快构建支撑高比例新能源发电并网与更高电气化水平的新技术体系。未来能源系统最鲜明的特征是高比例新能源配置利用，源、网、荷、储各环节将面临一些技术难题需要攻克。为此，应把握能源革命和数字革命深度融合发展趋势，努力在基础性、前瞻性技术和关键技术及应用上不断取得新成果。④能源体制改革向纵深推进，能源电力现代市场体系不断完善并充分彰显其功能。实现能源清洁化率和终端电气化率指标大幅提升挑战巨大，需要打破各类壁垒、综合运用去中心化的新技术，需要发挥全主体市场共同参与资源配置的作用，需要能源管理体制机制的系统性创新。

我国随着经济体系的快速发展和社会生产力显著增强，能源领域已取得了举世瞩目的伟大成就，能源生产不断攻坚克难，实现跨越式发展，能源消费不断提高水平，实现历史性改善。党的十八大以来，全国上下深入贯彻落实新发展理念，充分把握新时代对能源事业发展的新要求，不断强化各项节能降耗政策落实，坚持走绿色、低碳、循环、可持续发展之路，加强生态环保合作，建设生态文明，共同实现 2030 年可持续发展目标，践行“四个革命、一个合作”的重大能源战略思想。面对转型趋势，我国肩负着推动技术创新、促进地区能源转型升级、实现能源可持续发展的重任。通过货币资本、人力资本、技术平台、市场环境四要素可将各类能源形态的价值潜能逐步被挖掘出来，由能源资产转化为能源资本。

(1) 能源清洁化。

由“高碳”向“低碳”转变，由“低密度”向“高密度”转变，由“黑色”向“绿色”转变。能源转型主要针对的是能源消费量的转化、能源形态的转变以及能源资本的转移。能源转型的过程，是对庞大的社会工业体系、生产方式、经济结构调整的过程，关系到许多行业的生死存亡和对人民生活方式与消费观念的重塑。

能源行业转变发展方式主要在于“分布式转化”。我国可再生能源的产业随着新能源新增规模不断加速扩大。为了促进新能源消纳及环境污染治理，建立可再生能源发展长效机制，我国推出了绿证制度，促成各级电力交易中心、电力生产者、电力消费者、电网上下游企业等共同建设并维护一个公平、公正、共享、共赢的公共服务平台，实现用户及各类业务资源的引流和汇集，提高用户黏度，优化能源交易模式。

综上，能源清洁化就是走绿色低碳发展道路，逐步实现化石能源为主向清洁能源为主转变，摆脱化石能源依赖。清洁化的关键是“两个替代”，即能源开发实施“清洁替代”，以太阳能、风能、水能等清洁能源替代化石能源；能源消费实施“电能替代”，以电代煤、以电代油，提高电能在终端能源消费中的比重。

(2) 能源电气化。

《世界能源蓝皮书：世界能源发展报告（2019）》指出，电气化水平的不断提高会成为未来全球能源转型发展的重要标志，而电力将成为未来最主要的消费能源。智能电网建设、低碳或无碳化发电及电动汽车的不断普及等是推动“再电气化”水平提高的重要发展要素。

全球“再电气化”水平主要体现在对电力的需求及消费方面。数据显示，到 2050 年，全球发电量将达到 47.9 万亿 kWh，年均增速 2%，其中发电增量的 72%来自非化石能源发电。在所有电力消费部门中，交通领域的电力消费增速最快，预计年均增速 4.6%，建筑业次之，年均增速 2.1%。截至 2018 年，全球范围内售出电动汽车数量约 450 万，其中 2/3 的电动汽车由电池供电，1/3 为插电式混合动力车。从全球电力需求趋势看，亚太地区将成为电力需求增量最大的区域，而非洲将成为电力需求增速最快的地区。电力需求的快速增长是全球“再电气化”的重要保障。

随着可再生能源发电、储能和电动汽车基础设施投资等的持续增长，世界各国将采取更加积极行动实施能源转型与电力市场改革，提高电力效率，促进绿色电力经济持续发展。伴随着储电技术及储电能力的不断完善，太阳能发电和风力发电技术的稳步提高，构建绿色、低碳、清洁的新型能源体系及“再电气化”将成为不可逆转的趋势潮流。

(3) 能源智能化。

能源科技创新加速推进，新一轮能源技术变革方兴未艾，以智能化为特征的能源生产消费新模式开始涌现。智能电网加快发展，分布式智能供能系统在工业园区、城镇社区、公用建筑和私人住宅开始应用，新能源汽车产业化进程加快，越来越多的用能主体参与能源生产和市场交易，智慧能源新业态初现雏形。

以人工智能（artificial intelligence，AI）为代表的智能化技术正在掀起第四次工业革命的浪潮，以 5G 为代表的移动通信技术正在与人工智能、大数据紧密结合，开启万物互联的全新时代。

因此，能源的智能化，就是基于大数据、云计算、物联网、移动终端、虚拟现实等先进信息技术推广应用，全面提高现代能源系统的经济性、适应性和灵活性，构建智慧能源系统，通过建设智能电网，促进智能家居、智能交通、智慧城市、智慧国家建设。

（4）能源网络化。

在全球新一轮科技革命和产业变革中，互联网理念、先进信息技术与能源产业深度融合，正在推动能源互联网新技术、新模式和新业态的兴起。能源互联网是推动我国能源革命的重要战略支撑，对提高可再生能源比重，促进化石能源清洁高效利用，提升能源综合效率，推动能源市场开放和产业升级，形成新的经济增长点，提升能源国际合作水平具有重要意义。为此，我国国家发展改革委、能源局、工信部印发《关于推进"互联网+"智慧能源发展的指导意见》（发改能源〔2016〕392 号）。"互联网+"智慧能源是一种互联网与能源生产、传输、存储、消费以及能源市场深度融合的能源产业发展新形态，具有设备智能、多能协同、信息对称、供需分散、系统扁平、交易开放等主要特征。

多种能源互联是当前能源网络化发展的一个重要趋势，倡导冷、热、电、气等多种能源的协调互补与综合利用。但是，多种能源间的耦合互补，不可避免地会增加能量管理的难度，故在能源互联网中对能源管理通常采用"分布自治，集中协调"的思路，强调开放共享、多元用户参与等理念。

2.1.2 能源领域转型面临的问题

能源领域转型面临着发展不均衡、建设不同步、协调机制不健全、衍生产业缺乏政策性扶持及合理引导等问题，给绿色、低碳、循环、可持续发展之路的共赢共享能源生态体系建设带来巨大的困难。与金融、保险等行业不同，能源转型领域中各成员的协作涉及大量物理约束。能源系统转型升级不仅涉及规模巨大且结构复杂，而且能源种类或子系统种类繁多、本质各异、相互关系复杂多变，在宏观与微观层次存在着复杂的关联度，相互作用机制不清楚，不能通过简单的信息描述方法概述其宏观行为。此外，分布式可再生能源发电，尤其是太阳能光伏发电的兴起，推动能源供给从集中式向分布式转型。新的能源构架需要一个平台进行信息实时共享和交易，管理极不稳定、庞大、错综复杂的分布式能源网络需要新的更加有效的技术手段，参与者共同希望最大化利用当地生产之电能，需要一种技术可减少昂贵大型电网装置之投资与远距离输送电力之耗损。

因此，分析研究能源行业适应国际国内发展需求、服务于深化改革过程中面临的困难和挑战，主要有以下几方面：

1. 推动能源数据融通共享面临的挑战

传统能源生产环节多由公司自主进行，易形成数据孤岛，信息价值挖掘困难。迫切需要新的网络数据架构和技术手段实现多信息实体间透明、无差错的分布式协同共享信息。

2. 优化能源产业供应链管理面临的挑战

能源行业投融资具有投资回报稳定，但前期投入巨大，资产信息不透明的特点。批发能源交易具有资金量大，交易周期长，依赖人力，风险较大的特点；零售能源交易具有实时支付清结算困难，清洁能源输出波动性大，需求响应实现困难等特点。同时，产业链上下游的信息壁垒给能源产业供应链管理和协同带来诸多挑战。

3. 降低运营成本面临的挑战

面对能源行业业务复杂度提升、多主体增多、安全监管趋严等变化，传统中心化集中管理的模式会导致运营成本急剧提升。能源企业优化人员管理、数据校核、供应链维护等工作在降低运营成本方面也面临挑战，需要新的技术手段实现低成本的多方协同管理。

4. 促进能源企业多方协同面临的挑战

能源行业覆盖范围广、参与主体多，系统内的各参与者之间并未形成统一的广域协调的有效协同信任机制，需要探索新的自动化智能化协同模式来推动煤、电、油、气、新能源利用之间的信任协同以及行业内部协同面临困难和安全挑战。

5. 增强能源行业各主体信任关系面临的挑战

能源行业内部及与其他行业的交互融合趋势逐渐加深，能源产业链涉及的众多利益主体之间关系复杂，破除企业间信任壁垒、打造统一的多边信任体系面临困难和挑战。

2.2　区块链在能源领域的创新发展

2.2.1　区块链是能源互联网的必然选择

能源互联网融合先进能源技术、新一代信息通信技术和控制技术，可实现多能互补、智能互动、泛在互联的智慧能源网络。随着新能源电源高比例接入、新型用能设备广泛应用、“大云物移智”等新一代信息通信技术与电网深度融合，电网的物理特性、运行模式、市场形态等都在发生着深刻的变化，正在加快向能源互联网演进。能源互联网具备的“广泛互联、安全高效、开放共享”的技术特征，都要求能源企业网络互联程度进一步加深，能源数字化的步伐进一步加快。

“互联网+”智慧能源战略是中国能源转型的开端，但是能源互联网多年来一直未能实现能源网络与信息设施的深度融合。因为它仍旧只是现有中心化能源系统的应用延伸，其实质是完善原有的能源中心网络架构建设和数字连接，将原有的能源中心网络电子化和互联网思想结合，体现为能源管理系统的操作平台化和能源产品的电子商务化，仅仅是中心架构业务层和终端交互方式的变化，并没有带来能源行业生产关系的革命。而区块链技术的兴起，有能力让能源互联网的愿景实现。区块链将在商业信任、价值传递、交易清结算等多维度重塑现有的能源生产和消费模式，形成新的能源商业体系底层构架。

基于区块链技术，连接能源的运营方、需求方和供给方，形成能源区块链网络（见图 2-3），将在能源价值链的多个环节发挥作用。第一，未来能源互联网中各节点都可以成为独立的产销者，以去中心化形式互相交换能源流、信息流、价值流，同时各主体平等分散决策，区块链技术去中心化的属性可以匹配该结构，实现所有节点权利义务对等。第二，区块链技术不可篡改的特征使得多元化的能源市场中无需第三方的信任机制即可实现信任点对点的价值传递。第三，基于区块链的智能合约功能可实现合约执行智能化和自动化，购售电交易、需求侧响应等都可以通过区块链的智能合约来实现。区块链技术将是能源转型和模式进化的催化剂，将促进能源价值链重塑。

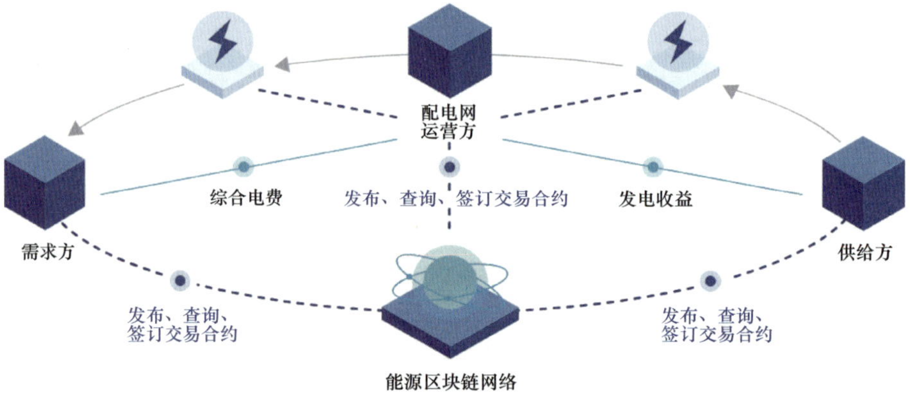

图 2-3　能源区块链网络

2.2.2　区块链技术推动能源领域创新发展

能源行业应用区块链技术，可以满足分布式能源对去中心化系统的需求，从这一点上讲，区块链技术同能源互联网概念有较强的一致性。从本质上来讲，能源互联网建设同区块链技术都必须构建于万物互联之上，中心化网络和分布式网络交叉融合，基础设施建设为互联设备构建新型智能化和互联网化能力，区块链技术和能源互联网的发展互为表里。而区块链技术同样强调价值网络参与主体的物联化和智能化，基于区块链的智能合约，除了实现实体或者数字资产交换功能外，真正作用在于预先写入的代码可以在无人干预或者少人干预的情况，直接调用区块链上的数据，执行所有可以计算的逻辑功能并输出和执行结果，因此，智能合约为区块链在各主体间的互动提供了智能化的规则，并且可以在无人参与的情况下，实现各种复杂逻辑功能。能源互联网的智能设备网络如果要实现完全的无人化智能，离不开区块链技术的支持。

区块链技术在能源领域具有广泛的应用场景，通过区块链与能源行业的融合，可以形成三种场景下的多种价值创新（见图 2-4）。第一种场景：

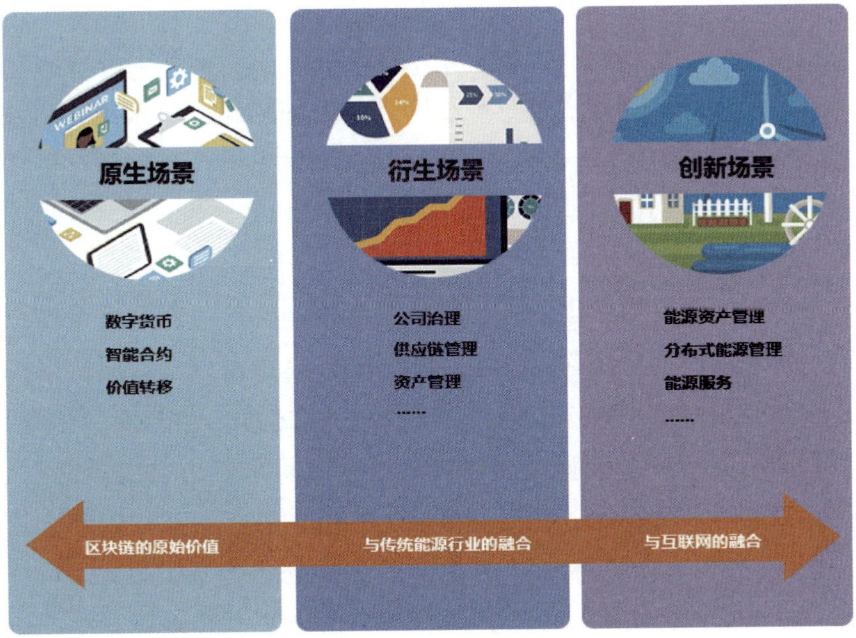

图 2-4　区块链与能源行业融合的价值创新

原生场景。利用区块链自身的特性实现了区块链的原始价值，如基于区块链技术的数字货币、智能合约、价值转移等。这与能源行业特点的关联性不大，但仍然可以作为能源行业的底层应用。第二种场景：衍生场景。基于区块链的技术特性，实现传统运营模式和公司治理方式的创新。第三种场景：创新场景。聚焦到能源电力行业，是指通过区块链与能源生产、能源交易、能源输送、能源消费等业务场景的结合，实现高效协同、安全可信的创新业务模式。

以下将从能源生产、能源交易、能源输送、能源消费、能源储备、能源监管等六个方面开展叙述。

1. 能源生产领域

传统能源生产环节多由公司自主进行，大量未经认证的数据形成孤岛，信息价值难以被挖掘。通过区块链技术可实现能源生产环节对应单元的计量、检测、运维等生产管理信息的数据存储和可信共享，打通业务壁垒，可以大幅降低企业、个人在能源生产环节的进入门槛，在此基础上实现更灵活的商业模式。作为强线下的应用场景，能源生产流通需要将区块链技术和硬件设备结合，打通数字世界和物理世界的隔阂。依靠物联网设备采集数据，保证数据流转真实，同时结合区块链大幅提升数据的可信度和安全性，为进一步应用打下基础。

2. 能源交易领域

针对批发能源交易市场，区块链技术及智能合约可保证资金安全、降低违约率。例如，贸易商之间通过对部署的共享账本做出调整，直接在区块链上记录交易信息，对方验证。这种模式使交易方无需各自存储数据，保证储存的信息透明、精确、已验证。这个交易系统可以提高交易效率，减少人工错误。针对零售能源交易市场，分布式电能交易和带动清洁能源是利用区块链技术的两大特点。其中，分布式电能交易应用尤为广泛，在电力行业的微网、分布式交易和电动汽车充放电交易等多场景中，使用区块链技术，通过智能合约可实现多元主体的高效协同，能够大幅度降低能源交易成本，从而促进交易主体定位的切换，可使消费者变为“产消者”，即能源消费者又是清洁能源的生产者。

3. 能源输送领域

能源输送链条长、涉及的参与者众多，且参与者间存在竞争，基于区块链不可篡改、智能合约等特性，确保能源输送数据的可信计量，实现多个参与者之间的强制信任和参与者之间交易的透明化，构建能源体系各个节点的智能决策、协同治理机制，有利于能源输送环节的分散化决策，实现多种能源间的协调和优化传输，同时，结合人工智能、物联网联动执行，可提高能源输送、分配、运转效率。

4. 能源消费领域

区块链技术的应用，可将交易的能源资源进行编码，然后在相对开放的网络上对资源的分配进行全面表决，让所有利益相关方共同决定这些能源的归属，为各类市场主体提供公平交易的平台。这样，能源消费将突破传统市场经济条件下的资源配置模式，极大地提升能源消费侧和能源供给侧的透明度，为能源消费市场监督管理提供强有力的技术手段，从而改变区域能源系统的用能需求曲线，实现多种能源之间的合理利用和泛在交互。

5. 能源储备领域

智能合约的自动化特性应用在多方流转大量应急物资的过程中具有优势，尤其面对大量、多点、弥散的复杂关联信息。当应急物资交付方和接收方对合同约定事项的执行达成共识时，智能合约平台可自动触发签收、打款等行为，降低合约风险，提高执行效率。同时将相关流转信息上链公示，提高应急物资流转效率和应急物流管理效能，压缩不必要的成本开销，突破流程壁垒，减少人力、物力和时间耗费，破解返工、复工困难带来的人员短缺等现实问题。

6. 能源监管领域

由于区块链防欺诈、难以篡改和可回溯查看的优势，用区块链记账的监管数据将更加安全透明。以区块链构建的监管科技平台可以实时存储企业数据，一旦信息上链将不可修改，可以有效减少财物造假、获取内幕信息的问题。监管机构可以及时得到真实数据，也可以随时进行查看和复核分析。基于区块链监管平台的打造，有利于促进监管机构和被监管方在线上交流互动，及时沟通计划和动向，开展线上研讨、论证，增强能源监管生态中各方的信任。

第 3 章

能源区块链平台

能源区块链平台，是以区块链为底层基础技术，结合能源产业转型发展趋势与行业应用特色，深度融合大数据、人工智能、5G等新一代信息技术而形成的面向能源行业的公共服务平台。能源区块链是区块链技术与能源行业有效融合的产业新形态，是能源互联网落地应用的有效技术手段，打造能源区块链平台将有助于开拓“能源+区块链”发展模式，促进能源产业可持续发展。

能源区块链可适应低碳化的能源发展新格局。在新能源利用高速发展的背景下，利用区块链技术能够有效解决分布式供能日益增加的能源系统中越来越复杂的交易请求，同时满足用户对能源供应安全和分布式能源的庞大需求，促进能源企业协同发展，完善能源产业链流程、提高能源企业运营效率和安全性。另外，区块链技术还能将能源流、数据流与业务流有效组合，展现出一种能源区块链新模式。从技术角度看，能源区块链利用链式数据存储结构与多链混合架构模式，将电力、水利、石油、天然气等各能源领域进行的有效融合，通过节点共识机制实现能源企业协同发展、分布决策与数据可信共享交互，利用智能合约技术支撑能源行业交易、结算与资源调配，解决能源互联网发展“瓶颈”，更好地服务能源互联网建设。从应用角度看，能源区块链是面向能源行业提供跨领域、跨地域服务的可信公共服务平台，以先进的科学技术为支撑，全面助力我国能源行业转型升级的应用创新与模式创新。区块链特有的技术优势，既可以促进清洁能源本地消纳，又可以提高能源效率和交易效率，对能源转型发展具有推动作用，同时为能源科技创新应用带来了新的维度。

3.1 能源区块链平台架构

3.1.1 系统架构

能源区块链平台以联盟链架构为基础，采用“主、侧、从”多链混合模式（见图 3-1），构建覆盖电力、石油、天然气等各类能源业务应用的区块链公共服务平台，为能源行业跨地域、跨企业的多方协同与信任传导提供支撑保障。针对能源行业企业种类多、用户数据量大、实时性要求高等特点，相比于公链及私有链，联盟链架构更具较好的应用性。特别是在支撑大量交易并发、海量数据存储方面，联盟链具有共识节点可控、管理方便、数据运算速度快、易于扩容等特性，因此在能源区块链的平台架构选取方面，优先选择了联盟链架构。

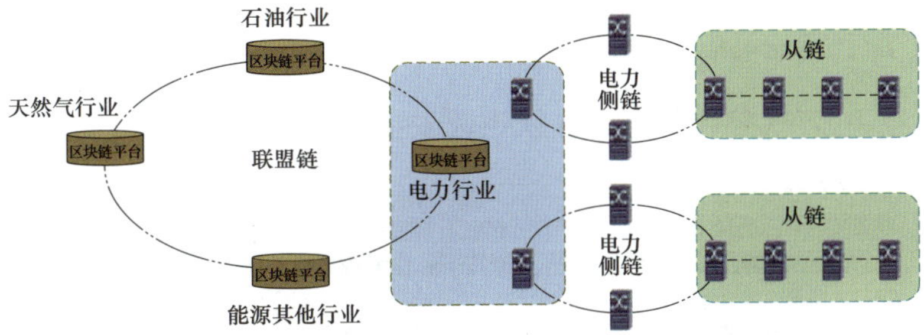

图 3-1　能源区块链平台多链混合架构模式图

“主、侧、从”多链混合架构模式能够适应体量大、业务杂、数据并发率高的能源行业，并且具有良好的节点扩展性与可靠性。其中，主链覆盖能源领域各企业，作为企业间的协同合作、共赢互信平台，提供基于区块链的跨企业数据交互和共享服务。侧链在与主链跨链交互基础上，向能源领域某一行业进行延伸，覆盖行业内相关企业，实现行业内各企业间的互联、互通、互信，支撑主链更广范围覆盖、更全面数据交互应用。从链则在侧链基础上，以实际业务应用需求为导向，进行应用扩展，从平台向下延伸，从而实现应用的全面覆盖。

“主、侧、从”多链混合架构模式能够有效加速能源区块链平台推广应用，提升能源区块链平台公共服务能力，更广泛、更全面地服务能源行业转型发展与数字经济建设。基于“主、侧、从”多链混合架构模式，国家电网有限公司（简称国家电网公司）开展了一系列应用实践工作，已经初步取得了较好的效果。

3.1.2 功能架构

能源区块链平台采用中台式接口化设计实现对能源业务的支撑，应用上基于能源行业已有业务系统，服务上以区块链技术通过接口定制模式支撑业务应用。能源区块链整体功能架构分为基础设施层、平台层、服务层、应用层、运维管理及安全防护6部分，如图3-2所示。该架构体系具有良好的可扩展性，易于集成与接入，能源行业上下游企业通过成为核心节点或以侧链接入的方式参与到能源区块链建设中。

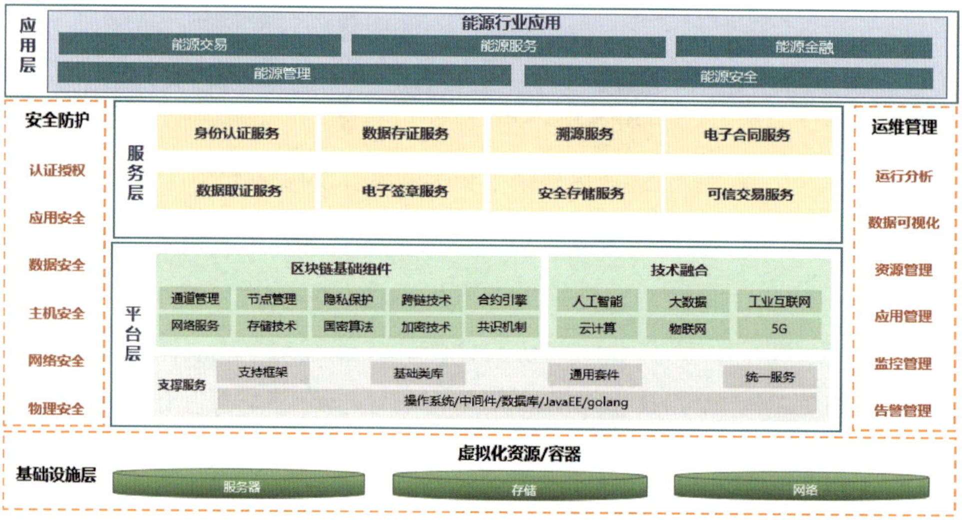

图3-2 能源区块链整体功能架构

基础设施层是能源区块链建设的基础组成部分，提供能源区块链系统正常运行所需的软件环境和硬件设施，具体包括网络资源（交换机、路由器等）、安全防护资源（防火墙、入侵检测等）、存储资源（硬盘、云、虚拟主机等）。基础设施层为上层提供物理资源和驱动，是能源区块链系统的基础支持。

平台层包括区块链基础组件和技术融合两部分。结合能源行业实际需要，平台在融合人工智能、5G、大数据等新一代信息技术的基础上，通过优化、开发、定制区块链基础组件，提供高性能、高效率、高发全的区块链应用服务。

服务层包括与应用层的接口服务、区块链用户身份管理、交易管理、合同管理、存证取证等内容。服务层用于功能模块的封装，根据服务业务的需求，为上层应用提供简洁、易用、可靠的数据调用，是能源区块链对接业务的接口层，也是区块链支撑业务的入口。

应用层指以区块链平台为基础，结合能源行业需求而开发的具体应用。在充分考虑区块链平台技术架构与当前行业需求前提下，主要开展了区块链在可再生能源消纳、分布式发电、供电保障等能源行业的试点应用，并将经过技术沉淀、经验积累，逐步实现区块链在多行业、多领域推广应用。

运维管理主要包括资源、节点、接口等运行状态的监控与管理以及对整个体系运行情况的分析，通过对接现有综合网络管理系统实现对能源区块链运行状况的全面监控。

安全防护主要包括认证授权、应用安全、数据安全、主机安全、网络安全、物理安全功能，保证能源区块链体系的安全。安全管理是能源区块链平台的关键部分，针对能源行业用户主体庞大、数据信息量大、信息安全性要求高等情况，技术上采取多种防护手段按每个模块进行专门防护，制度上通过制定一系列规则对节点、用户、内容进行管理，保障整个能源区块链的可靠、安全应用与运行。

3.2 能源区块链平台公共服务

能源区块链平台面向能源领域内各类企业提供服务对象多元化、服务业务灵活化、服务能力可靠化的基础性公共服务，充分发挥平台作用，实现资源有效共享，促进能源企业的协同发展。能源区块链平台公共服务框架如图 3-3 所示。

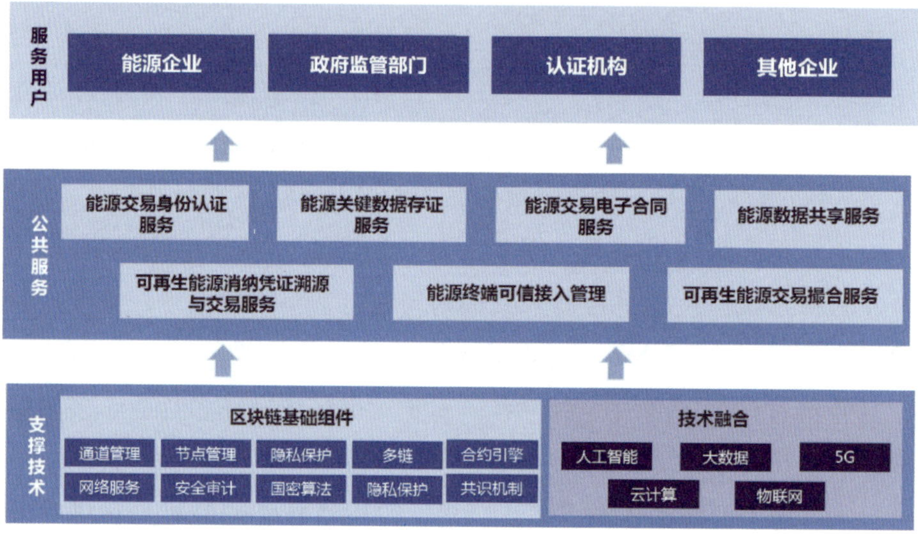

图 3-3　能源区块链平台公共服务框架

3.2.1　身份认证服务

针对能源区块链平台参与主体的多元化特点，利用区块链非对称加密等加密技术，能源区块链平台提供适合能源领域多场景、多业务下的可信身份认证方法，优化传统的基于硬件的身份认证机制，可降低能源企业身份管理成本。传统基于 PKI（public key infrastructure，公钥基础设施）/CA（certificate authority，认证中心）数字证书的强身份认证体系，过度集中化的管理模式导致数字证书申请、审核、发放、更新、撤销等流程非常繁杂，难以适应业务的灵活扩展，尤其是移动终端业务。烦琐的交互过程以及专用硬件设备支持的潜在条件限制，将导致面向社会公众服务的能源交易、能源金融科技类业务密码管理成本高、效率低，难以实现灵活、高效的身份确认。基于区块链的身份认证管理体系，可以有效解决传统认证技术的密钥管理、验证烦琐、成本过高等问题，改善用户体验，降低企业管理成本。

3.2.2 存证溯源服务

能源区块链平台为能源业务的核心数据、交易数据、结算数据等关键数据提供基于区块链的电子存证及数据溯源服务，为能源行业市场化发展提供司法级可信保障。基于区块链的数据存证溯源服务利用块链式数据结构来验证存储数据、利用密码学的方式保证数据传输和访问的安全、利用由自动化脚本代码组成的智能合约来编程和操作数据，是一种全新的分布式基础架构与计算范式。针对能源产业链产品、用户、企业的多链条、多主体现象，区块链技术将能源交易数据转化成链上登记的数字化资产，可在点对点的网络中进行数字化资产的价值流转，可增加数据流动性、实现全程溯源。

3.2.3 合同管理服务

能源区块链平台的合同管理服务，实现合同签订、存储、查验的一体化管理。结合区块链共识机制和智能合约技术，为能源交易业务提供区块链电子合同服务，将区块链支撑平台与能源行业交易系统通过应用编程接口（application programming interface，API）、软件开发工具包（software development kit，SDK）方式进行融合，提供身份识别服务、策略管理服务、智能合约服务、存证服务，实现电子合同从发起、签署、归档到存证的全流程管理。用户草拟电子合同，并提交电子合同生成请求，认证节点对用户进行认证，在用户通过认证后将他们加入电子合同区块链节点，并为用户生成虚拟用户。用户通过虚拟用户完成电子合同的签订过程，并将电子合同记录和同步到电子合同区块链的其他节点。用户在电子合同交互过程中存在违规行为，则终止用户电子合同的协议，并将上述失信行为以不透露用户真实信息的方式告知该区块链中的其他节点。该服务极大地降低了合同签署的管理成本，缩短了签约时间，提高了交易效率。

3.2.4 交易撮合服务

采用可编程的智能合约技术，可实现资产交易和数据模型的标准化，保障交易按约执行，管控履约风险，在保证交易相关方的共同利益的前提下，创造多样化的商业模式组合，提高电力交易的效益。通过数字签名、共识机制、智能合约、非对称加密算法等关键技术实现交易的安全性、公开透明性和数据可靠性。通过买卖双方报价匹配达成交易，实现可再生能源供能服务商出售电能的利益最大化和用户购买电能的成本最小化。交易合同经买卖双方、电网企业三方签名后生效，智能合约交易执行费用自动结算。

区块链交易撮合服务订单都是用户签名过的，当签名过的价格符合成交要求时，同一服务上同一个价格上的撮合顺序按该服务的需求时间顺序来排序。此外还可以组合扩展多种区域撮合服务，用户可指定到区域撮合中心配对即可，每个用户只能通过签名的方式指定在某个区域的某个服务撮合成交，若要更换撮合服务，需要通过撤单后重新挂单来实现。区域撮合服务中心成交的交易记录会发送给全网撮合服务中心，无须全网撮合服务中心配对可直接写入区块链的新区块。交易合同经买卖双方、电网企业三方签名后生效，智能合约交易执行费用自动结算。

3.2.5 可信接入服务

面对能源行业多样性终端和多元化业务接入需求，结合5G、物联网标识、人工智能技术，研制支撑区块链的可信接入终端装置，以适应具有适配多样业务终端接入方式、业务安全隔离、支撑业务数据可信标识、认证和验证的数据可信接入等能力。可信接入服务包括嵌入式数据可信接入模块和可信接入网关装置两部分，实现数据获取、数据发布、数据缓存、标识解析、标识管理、密钥管理、协议接口适配等功能。嵌入式数据可信接入模块包含的记账单元，用于负责维护分布式账本；接入服务上的区块链中存放每个合法终端节点标识的数字签名；对于新注册的终端节点，区块链服务模块通过共识算法生成新的认证区块。可信接入网关装置是通过提供一种基于区块链的接入网关，此接入网关除了执行认证接入服务外，还能够加强终端身份证书管理服务，实现终端分布式接入认证架构，根据用户的不同业务需求灵活部署。具体实施流程中，各终端向网关进行认证，网关查询区块链服务模块中的认证信息并验证终端身份；网关为通过验证的终端开放业务访问端口；不能通过验证的终端将无法访问业务；对于不能通过验证的终端，触发新节点注册功能。

3.2.6 数据共享服务

能源区块链平台的数据共享服务是为解决能源企业内部与企业之间存在的集中部署访问受限、标识不唯一、易被窃取或篡改隐患等问题而提出。该服务为能源企业提供具有隐私保护和可信的数据安全共享服务，从数据的筛选、存储、传递、下载进行全流程的数据防护，可打通能源企业间的数据壁垒。数据共享服务包括去集中化数据统一命名技术服务、授权数据分布式高效存储和支持自主对等的数据高效分发协议等功能内容。该服务还设计了开放式数据索引命名结构、运行机制、去中心化数据共享协议模块，为数据间安全可信共享奠定基础，是实现企业内部及企业间的数据安全共享的可信网络服务。

3.3 能源区块链平台建设情况

国网电子商务有限公司（简称国网电商公司）作为能源电力行业最早开展区块链研究的单位之一，积极开展能源区块链平台建设实践与应用探索，牵头运营国家电网有限公司区块链公共服务平台（简称国网区块链公共服务平台）。平台采用“一主两侧 N 从”的架构模式，即一条主链、两条侧链（交易侧链与数据侧链）、N 个业务从链，如图 3-4 所示。国网区块链公共服务平台主要针对存证类、交易类和数据服务三大类业务，全面支撑国家电网公司业务应用，探索“区块链＋能源”“区块链＋金融”“区块链

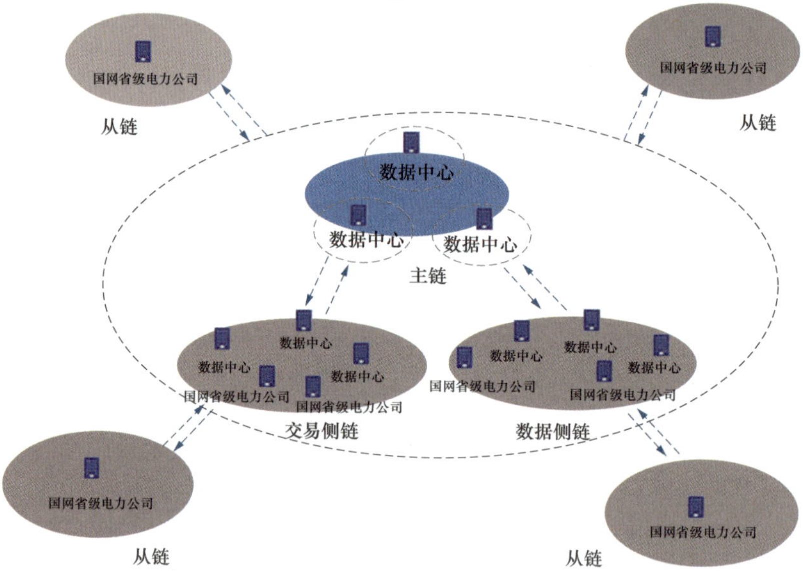

图 3-4　国网区块链公共服务平台架构示意图

十政务”等面向社会多领域的服务新模式，打造可复制、可推广的区块链典型应用，推动能源区块链产业化进程。

（1）主链。

主链作为对外提供公司级区块链服务接口，面向能源行业及社会提供司法级可信存证服务，支撑存证类、征信类业务应用，为交易侧链和数据侧链提供区块链公共服务与合约交互服务，实现电子票据高效共享、安全传输、多主体协同，面向社会提供电子合同线上签约服务，积极探索“一网通办”，提高办电效率，优化营商环境。

（2）交易侧链。

交易侧链支撑能源交易、能源金融、多边交易撮合类业务应用，可实现大宗能源交易的流程管理与溯源管理，提高交易全流程的透明性与可控性，为能源交易增信，有效保护市场成员量价隐私，保证交易合约的权威性。该服务可为能源交易主体提供安全、可信的协商环境，有效提高能源交易双边协商效率、降低交易成本。

（3）数据侧链。

数据侧链支撑数据安全、数据增值、数据共享类业务应用，促进价值创造。依托能源电力行业海量数据基础，提供专业化能源大数据分析商业化增值服务，融合物联网标识、数据关联访问、可信共识机制，构建了面向区域化综合能源服务的统一数据管理，在支持监管的原则下，解决数据可信共享与隐私保护问题。

（4）业务从链。

从链主要提供部署跨链服务，提供外部业务数据接入服务，结合国家电网公司业务特点，服务所属省（市）公司内外网业务应用，实现业务的纵向延伸与深度应用，深化区块链在电力行业的支撑作用。

国网区块链公共服务平台“一主两侧 *N* 从”的架构模式，在业务支撑应用方面充分结合国家电网公司业务特色，依托已建成的网络体系与业务平台，实现横向连接各省公司、纵向贯通全业务流程的服务体系。同时依托国网公司在多个区块链平台核心节点的建设基础，以协同发展、共建共赢的原则，构建了“天平链”“央企电商联盟链”，实现上下游产业链的互联互通。

在支撑能源区块链平台建设上，国网电商公司充分发挥互联网产业优势，统筹能源行业内外部资源，积极推动区块链技术在能源行业的试点示范建设，2017 年就完成可信区块链公共服务平台的搭建，开展区块链在能源电商领域的探索应用，并实现基于区块链的数据存证与身份认证应用。2018 年 12 月作为唯一央企成为北京互联网法院“天平链”的核心节点；2019 年 3 月挂牌成立工信部区块链重点实验室电力应用实验基地；2019 年 4 月参与首个区块链国家标准的制定；2019 年 5 月，国网电商公司建设的面向电力“互联网+”业务的可信区块链公共服务平台被评选为工信部区块链试点示范项目。同年，“基于可信区块链的新能源云”获评 2019 年可信区块链高价值案例，“面向泛在电力物联网的可信区块链公共平台”获评 2019 年中国优秀区块链解决方案，“可再生能源电力消纳保障机制”获评 2019 年中国优秀区块链应用案例等系列荣誉。在推进能源区块链技术创新应用上，国网电商公司在平台建设、技术沉淀、应用示范上积累了丰富的经验，为全面推动能源区块链发展奠定扎实基础。

2020 年，突如其来的新冠肺炎疫情对我国各类企业的发展及人们的生活带来了严重影响。疫情期间，国网电商公司积极发挥平台优势，强化科技赋能，全面落实国家及国家电网公司应对疫情举措，充分利用区块链平台公共服务能力，开发区块链技术在金融服务、物资采购、项目管理、安全生产和优质服务等场景的应用，将区块链构建的多方互信机制，转化为助力企业复工复产、促进经济社会发展的新动能。利用区块链技术从源头上防范和降低防疫物资的质量风险，对物资供应全流程实现溯源管理，有力保障防疫一线应急物资需求。利用区块链技术建立全程追责机制，规范工作人员的安全生产行为，实现工作票的数字化管理，并使其成为在安全生产保障工作中排查风险隐患的利器。利用区块链防篡改和可追溯的技术优势，实现供应链中联盟企业间的信息共享、透明及流程可视化，帮助金融机构实现对中小微企业的精准化金融支持，有力支撑中小微企业复工复产，信息的透明化和数据共享让金融支持更加具有针对性，实现了资源的精准化分配，提升了社会资金的整体流转效率，也帮助企业在疫情间共克时艰。

在紧抓疫情防控，助力企业复工复产的同时，国网电商公司坚持以规划先行的战略为方针，积极推进区块链技术在能源领域的应用研究。同时结合能源行业特色及区块链发展趋势，统筹能源行业内外部资源，从技术自主创新、业务应用等方面推动能源区块链标准体系建设，积极构建能源区块链生态体系。

第 4 章

区块链在能源交易中的应用与实践

随着我国能源互联网建设的持续推进，电力市场化改革力度不断加强。能源电力交易主体数量庞大且趋向多元化，市场化交易电量也大幅增长，交易的种类及周期也变得更加多样化，市场对能源交易服务的信息透明化、交易即时化等工作提出了更高的要求。传统电力交易模式由各级交易中心根据发电、用电企业上报的计划需求统一组织交易业务开展的形式，无法满足新能源直接交易、就近消纳的业务发展。需要将区块链的分布式存储、智能合约、点对点交易等技术融入能源交易业务之中，能够提升新能源交易的安全性、自主性、透明性，在一定程度上优化交易流程、提高交易效率，为能源互联网的实践提供一种新的技术手段。

本章介绍分布式电力交易、可再生能源电力消纳、碳排放交易、电费结算和透明调度管理五个方面的能源区块链技术应用实践。

4.1 分布式电力交易

近年来，分布式发电已取得较大进展，但仍受到市场化程度低、公共服务滞后、管理体系不健全等因素的制约。为加快推进分布式发电交易发展，2017 年 10 月 31 日和 2017 年 12 月 28 日，国家发展改革委和能源局先后联合发布了《关于开展分布式发电市场化交易试点的通知》（发改能源〔2017〕1901 号）、《关于开展分布式发电市场化交易试点的补充通知》（发改办能源〔2017〕2150 号）。2019 年 5 月 20 日，《关于公布 2019 年第一批风电、光伏发电平价上网项目的通知》（发改办能源〔2019〕594 号）公布了 2019 年分布式发电市场化交易 26 个试点的名单，集中在湖北、河南、山西、黑龙江、天津、江苏、宁夏、河北、陕西和安徽 10 省份，总功率限额为 1.65GW。自此，国内开展分布式电力交易有了政策依据。

4.1.1 分布式电力交易业务现状及特点

随着能源互联网的发展，太阳能发电、风电等逐渐成为发电的重要来源。鼓励分布式发电参与市场化交易进一步推动了交易模式的变化。同时，售电侧的放开使得市场中的竞争主体类型更加灵活，生产者和消费者的界限逐渐模糊，电力交易类型和管理模式呈现多元化的趋势。

分布式电力交易将在能源互联网中发挥越来越重要的作用，具有参与者众多、单笔交易量小等特点的分布式电力交易模式逐步将成为一种趋势，但分布式电力交易也暴露出一些问题，具体表现如下：

首先，用户信息不透明，如何对交易双方身份进行核实、如何校验信息来确保交易安全，是亟待解决的问题；其次，分布式电力市场化交易中用户、电网和发电厂商三方利益存在不对等，怎样平衡各方的利益、降低交易成本，是目前存在的难点问题；再次，当前的分布式电力交易手续烦琐，流程复杂，影响用户参与意愿，无法跟随能源行业变革预期的步伐；最后，分布式电力交易市场灵活，交易主体规模大，如何保证分布式能源交易的市场供需平衡、维持市场价格的稳定，也是目前面临的重大问题。

4.1.2 基于区块链的分布式电力交易解决思路

基于区块链的分布式电力交易总体思路如图 4-1 所示，通过数字签名、共识机制、智能合约、非对称加密算法等关键技术，可实现对用户身份的核验，保证交易的安全性、公开透明性和数据可靠性。用户和分布式能源服务商在交易周期开始前将报价加密传输至区块链平台，通过买卖双方报价匹配达成交易，实现分布式能源服务商出售电能的利益最大化和用户购买电能的成本最小化；交易合同经买卖双方、电网企业三方签名后生效，智能合约交易执行费用自动结算，提升执行效率，降低执行成本。同时，利用区块链的不可篡改特性，将关键数据上链存证，也可为监管交易提供有效的监管方式，降低监管成本，提高监管效率。分布式能源交易市场中有许多节点参与竞争交易，基于区块链的分布式能源交易网络中每个节点处于平等地位，为防止恶意节点或不积极节点，可设置信誉值列表，保证分布式电力交易系统正常运转。

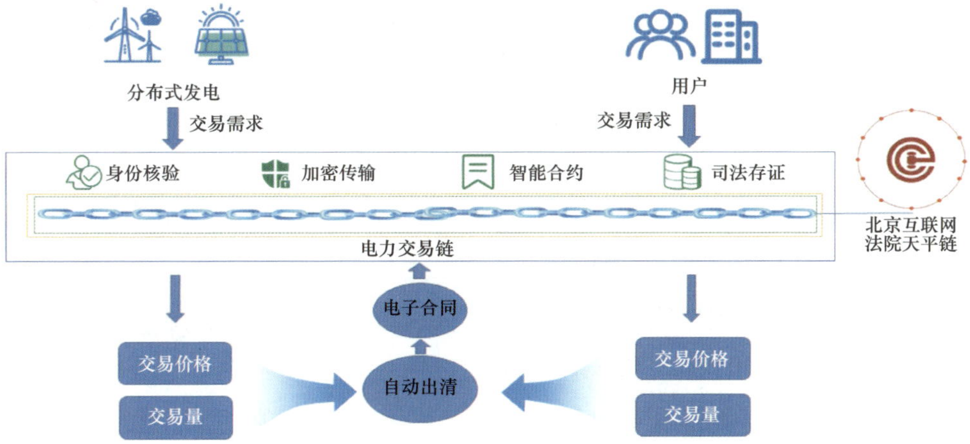

图 4-1　基于区块链的分布式电力交易总体思路

1. 分布式电力交易安全透明

利用区块链技术可以有效解决分布式电力交易中存在的参与方众多、记账不清晰、账期较长等问题。基于区块链的分布式电力交易机制如图 4-2所示，通过区块链技术可实现用户的身份认证，将用户信息存储在区块链上，确保非篡改公钥和非对称加密组合保护隐私，实现电能产销者的隐私安全，实现参与方的身份确认。同时，区块链技术为分布式电力交易提供多中心、智能化、透明化、强信任的交易模式。将交易供需信息发布至电力交易链，智能合约、共识机制为交易主体提供自动撮合与自动结算服务；同时，交易数据进行链上存储，提高交易效率，保证双方交易安全透明。

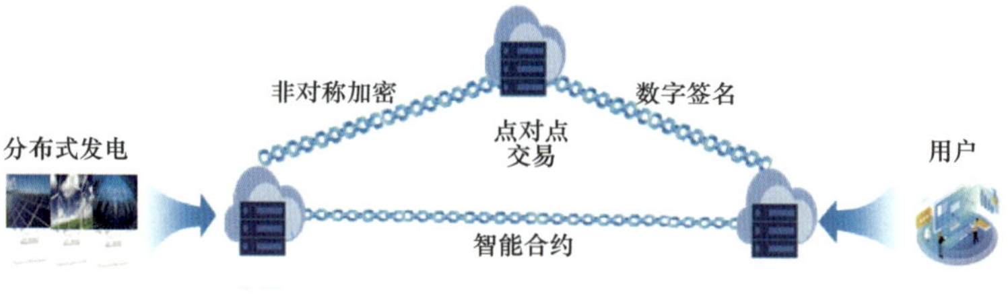

图 4-2 基于区块链的分布式电力交易机制

2. 产销利益最大化

电网、用户、分布式能源服务商作为独立的市场主体，在分布式能源交易市场中的利益具有不对等性。基于区块链技术建立分布式电力交易匹配模型如图 4-3 所示，电网企业可决定补贴的发放以激励市场交易最大化，分布式能源服务商决定自己的出售量和售价以最大化收益，用户决定自身的购买量和购入价以最小化成本。基于上述模型，电网需保证电力市场有序稳定运行，用户出价需高于上一周期成交最低价，分布式能源服务商的售价需低于用户的出价。将上述模型通过可编程智能合约运行在电力交易链上，在满足设计的运作条件下，买卖双方报价匹配则达成交易，最终实现分布式能源服务商出售电能的利益最大化和用户购买电能的成本最小化，有效支撑分布式电力交易的市场化运转。

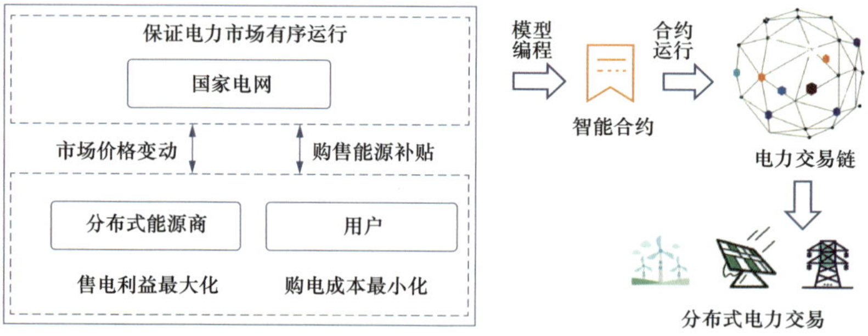

图 4-3 基于区块链的分布式电力交易匹配模型

3. 交易合约自动结算

基于区块链的交易合约自动结算设计如图 4-4 所示，在无需引入第三方机构信任背书的情况下，可实现电子合同的线上签署。交易合同经买卖双方、电网企业三方签名后生效。平台通过制定结算规则，在达到规则输入条件时，通过运行在区块链上的可编辑智能合约接口，自动执行交易结算费用，解决了交易中烦琐复杂的环节，可有效提升分布式电力交易的效率。

交易合约自动结算的关键数据经加密存在电力交易链上，作为司法级背书，可为未来可能存在的纠纷提供信任凭证。

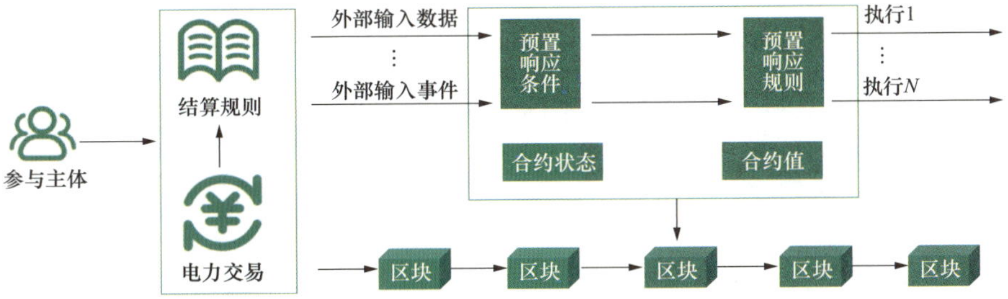

图 4-4　基于区块链的交易合约自动结算设计

4. 电力交易均衡竞争

分布式电力交易市场均衡竞争有利于保证市场的供需稳定，保持市场主体之间良性竞争。基于区块链的电力交易均衡竞争设计如图 4-5 所示，建立能源电力联盟链，连接政府部门、监管机构、电网企业、新能源发电商、电力用户等多个节点，利用共识机制，实时记录交易竞争均衡价格数据的变化，使电力交易信息更透明，有利于市场监管和市场的长期稳定发展。

4.1.3　基于区块链的分布式电力交易应用成效

基于区块链的分布式电力交易技术，在多个用户之间建立平等可信的去中心化交易网络，实现用户之间公平、点对点、实时、相互信任的交易，可以实现公平性、公正性并降低交易的不确定性。已在国网青海省电力公

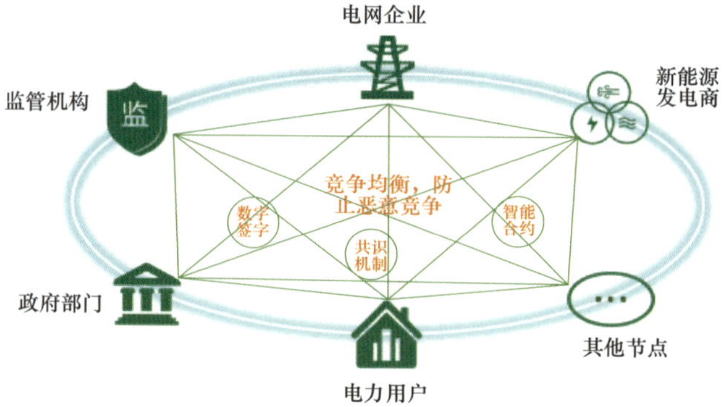

图 4-5　基于区块链的电力交易均衡竞争设计

司（简称国网青海电力）等多个地区进行了试点应用，并取得了一定成效。以国网青海电力为例，截至 2020 年 6 月，业务服务各类交易主体 3400 余家，参与双边协商交易 1000 余家，完成近 4 万交易主体身份凭证的发放，满足了分布式电力交易的需要，优化了业务流程，提升了电力交易的效率，激活了新能源产业发展，仅 2020 年上半年就向北京地区供应 1 亿 kWh 的“绿电”。

4.2　可再生能源电力消纳

近年来，可再生能源发电量呈现明显快速上升趋势。2018 年，我国可再生能源发电量达到 1.87 万亿 kWh，占全部发电量比重从 2012 年的 20% 提高到 2018 年的 26.7%，其中非水电可再生能源发电量占全部发电量比重提高了 5.8 个百分点。可再生能源的快速发展促进了能源结构优化，非化石能源占一次能源消费比重比 2012 年提高 4.6 个百分点。在此进程中，水电、风电、光伏发电的送出和消纳问题开始显现。为解决可再生能源消纳问题，自 2017 年起，我国先后出台了《国家发展改革委、财政部、国家能源局关于试行可再生能源绿色电力证书核发及自愿认购交易制度的通知》（发改能源〔2017〕132 号）、《国家发展改革委 国家能源局关于印发〈清洁能源消纳行动计划（2018—2020 年）》（发改能源规〔2018〕1575 号）、《国家发展改革委 国家能源局关于建立健全可再生能源电力消纳保障机制的通知》（发改能源〔2019〕807 号）（简称“《通知》”）等一系列政策，要求落实消纳责任。

4.2.1　可再生能源电力消纳业务现状及特点

随着能源结构的不断优化，可再生能源发电占比不断提高，弃风弃光率也在不断下降，然而我国可再生能源电力消纳仍然存在一些问题。一方面我国可再生能源电力供需仍以省内平衡和就地消纳为主，可再生能源电力的间歇性特性，使得可再生能源发电的成本除了电场的建设成本和接网费用外，还包含新增备用容量和调峰等备用成本。我国可再生能源发电项目上网电价高于当地常规电价的部分以及接网费用，通过向电力用户征收电价附加的方式在全国范围内分摊，而备用等辅助服务相关的费用由省级电力调度交易机构在省内平衡，这导致各省对消纳省外的可再生能源电力缺乏积极性。另一方面在《通知》出台之前，我国出台了一系列政策逐步规范优化可再生能源电力消纳市场，但在消纳可再生能源电力方面缺乏激励且市场机制不够健全。欧美国家将配额制和其他补贴政策配合实施，激发部分企业认购热情，取得了良好的效益。我国对可再生能源电力消纳采取的绿证自愿认购制度。绿证是绿色电力证书的简称，是国家对发电企业每兆瓦时非水可再生能源上网电量颁发的具有唯一代码标识的电子凭证。绿证由于政策激励不够，且中心化管理且只能交易一次，市场化不足导致并没有取得良好的效果，公众对绿证的认购意愿不高。

《通知》中的可再生能源电力消纳保障机制旨在通过设定可再生能源电力消纳责任权重指标，督促消纳困难地区积极采取措施，引导各类市场主体公平承担可再生能源电力消纳责任来解决上述问题，提升各省本地消纳能力，形成可再生能源电力消费引领的长效发展机制，解决可再生能源电力消纳问题，引导用户侧绿色用能。

4.2.2 基于区块链的可再生能源电力消纳解决思路

可再生能源电力消纳凭证是电力交易中心统一对可再生能源电力消纳量从源头进行绿色编码，生成可再生能源电力消纳凭证（简称凭证），每兆瓦时消纳量对应一个凭证，凭证分为水电凭证和非水电凭证，凭证具有唯一编码。基于区块链构建可再生能源电力消纳保障机制，利用区块链技术多方协作、数据可追溯性和不可篡改的特点，进一步提高凭证在签发、交易等全流程的透明性与可控性，为凭证增信。基于区块链的可再生能源电力消纳解决思路如图 4-6 所示，通过将消纳责任权重计算公式、消纳责任权重、凭证等信息上链等方式，可有效保证数据的真实性、不可篡改，使各市场主体积极主动承担自身的消纳责任。凭证的发行和交易通过智能合约自动执行，降低了交易中心的人工成

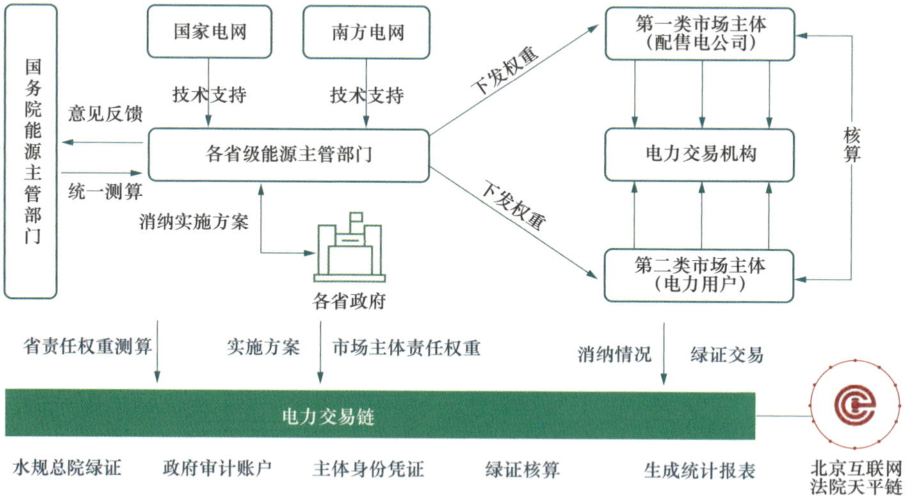

图 4-6 基于区块链的可再生能源电力消纳解决思路

本，可提升可再生能源消纳水平。利用区块链技术的核心在于可以将可再生能源消纳凭证上链存证，可以在点对点网络中支撑交易的流程，增加凭证的权威性，实现全程溯源，解决凭证核发流程烦琐的问题，便于生成统计报表。同时可防止虚假交易和重复交易，促进可再生能源消纳。

1. 凭证签发

为有效保障消纳责任权重的客观公正，依据《通知》规定，国务院能源主管部门组织有关机构按年度对各省级行政区域可再生能源电力消纳责任权重进行统一测算，并结合各省级能源主管部门会同经济运行管理部门等各方面意见，综合论证后于每年 3 月底前，国务院能源主管部门会向各省级行政区域下达当年可再生能源电力消纳责任权重，各省级能源主管部门根据下发的当年权重制定的本省级行政区域可再生能源电力消纳实施方案，方案内包含年度消纳责任权重及消纳量分配。

可再生能源电力消纳凭证签发流程如图 4-7 所示，电力交易平台组织市场主体和发电厂交易，交易完成后，由交易平台向可再生能源超额消纳凭证交易系统同步发送可再生能源市场化交易的物理执行结算结果，权重系统依据交易合同和交易信息，通过区块链智能合约对超额消纳量核发相应的凭证。

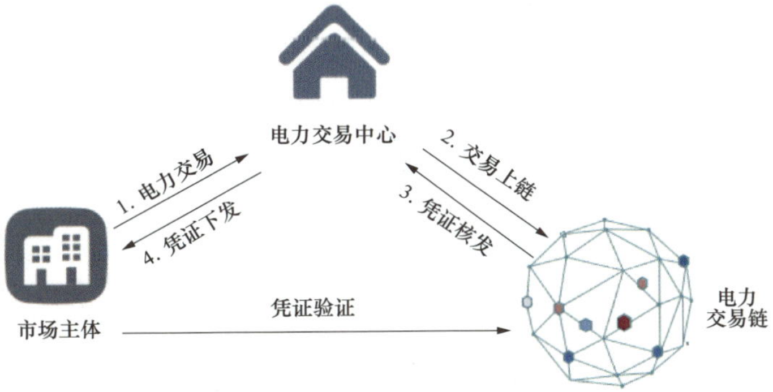

图 4-7　凭证签发流程

此凭证具有唯一编码，内嵌对应可再生能源电力的生产者、生产时间、生产地点、电力电量类别、有效期等信息，电力交易中心对以上内容电子签名（包含签名和电力交易中心身份信息）。凭证上链，返回存证地址；把存证地址再补到凭证上。最终生成的凭证下发写入各消纳责任主体的消纳账户。

凭证被核发时通过区块链标记，并设置凭证失效时间，避免凭证在次年被重复统计，同时通过链上共识，确保发电企业所发的每兆瓦时可再生能源电力只会被核发一次凭证，不会被重复核发。

2. 凭证交易

按照《通知》要求，超额消纳量交易可作为各省完成责任权重的补充。因此市场主体可以在凭证交易系统上出售超额完成的凭证，或发起凭证购买信息，利用区块链共识机制满足交易双方价格协商，一旦双方对交易价格达成一致即可通过智能合约自动签署合约。交易执行过程，是用购买方的电子签名覆盖出售方凭证的电子签名。

凭证交易流程如图 4-8 所示，市场主体 A 由于未完成消纳量，通过区块链广播发起凭证/消纳量交易需求，市场主体 B 超额完成消纳量指标，也通过区块链发起凭证出售信息。双方通过区块链达成价格共识后，使用区块链电子合同签署凭证交易合同，并将交易合同关键信息上链。在需求方完成支付后，触发凭证转移合约，该合约执行 A 到 B 的凭证转移，增加一条 B 到 A 的“转移”记录，由 B 对 A 的公钥+凭证进

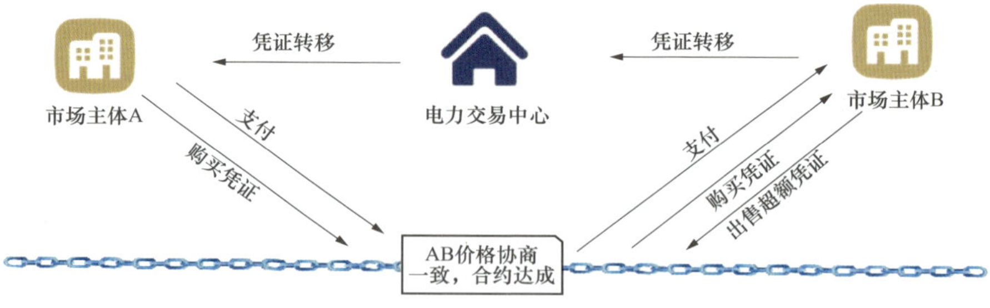

图 4-8 凭证交易流程

行签名，然后上链，市场主体A获取到凭证以及凭证对应的链上地址。同时电力交易中心的可再生能源电力消纳系统中对应的消纳量统计信息也自动发生变化，市场主体A已完成消纳量增加，市场主体B账户消纳量减小。

为确保各省可再生能源电力消纳量指标完成，规范凭证交易，限制了若所在省消纳量没有达到最低消纳量标准，则该消纳责任主体只能在省内市场交易超额消纳凭证，不能跨省交易超额消纳凭证。

3. 凭证核算

凭证在交易过程中始终带有所属方的电子签名，通过电子签名对责任主体分别统计，就可以生成凭证统计报表，进而核算各消纳责任主体的消纳量。

根据《通知》，自愿认购的绿证也可作为各省完成责任权重的补充，在核算消纳量完成情况时，需计入自愿认购的绿证对应的消纳量。在电力交易中心和可再生能源信息中心之间建立数据共享机制，通过区块链实现凭证交易系统和绿证认购平台的互联互通，当消纳责任主体将认购的绿证相关信息上传到消纳系统，能够快速准确地识别绿证的有效性，一旦判定符合消纳量核算要求，自动计入该消纳责任主体消纳量完成指标，实现消纳量统计报表的快速核算。

4. 凭证验证与追溯

凭证验证与追溯如图4-9所示。由于电力交易链全程记录了凭证核发、转移全过程，所以用户都可以对凭证真伪在电力交易链进行验证，追溯核发、转移过程，同时借助区块链上各个参与方共同对凭证签发、交易、核算等全流程形成有效监管。

4.2.3 基于区块链的可再生能源电力消纳应用成效

凭证交易系统，不仅能够记录各市场主体的消纳量从下发、交易流转

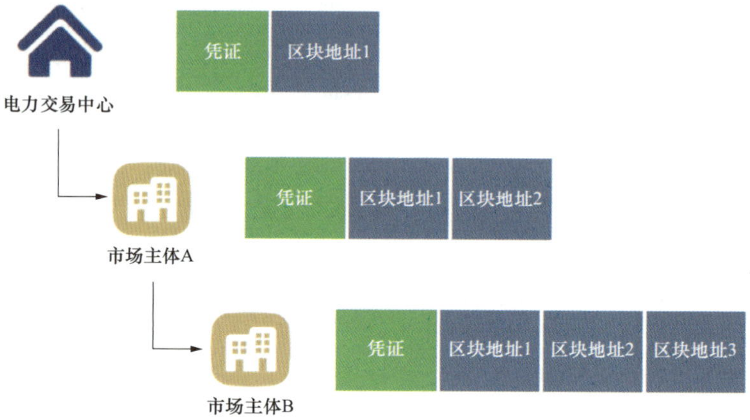

图 4-9　凭证验证与追溯流程

到核算完成的全程数据，同时还可以将发电厂、电力交易中心、购电企业以及电量、价格等各种信息附在凭证中，以便用于后续数据分析。

北京电力交易中心已组织开展了凭证交易系统的研发，并于 2020 年 7 月上线试运行。该系统利用区块链可实现核心数据上链存证、智能合约和凭证管理服务，对内实现权重管理、超额消纳量交易、支付清算、消纳核算等应用，对外提供市场管理、数据申报、查询等服务。该系统利用区块链在接近零成本的前提下实现具备法律效力的身份认证，为百万级市场主体提供便捷可靠的身份认证服务，可节约大量第三方数字证书费用，同时确保消纳量核算交易过程公开透明，实现凭证的全过程管理，降低交易运营管理成本、优化管理流程、提高交易效率。该系统将全面支撑可再生能源电力消纳保障机制的实施，促进清洁能源消纳。

4.3　碳排放交易

碳排放权是对各行业二氧化碳排放的一种分配和计量方式。政府有关部门结合我国碳减排目标，根据各行业排放情况，对产生排放的各主体分配一定配额的碳排放权。排放超过配额的主体要被处以罚款。多产生的碳排放需要通过额外购买排放权的方式抵消，排放权有余额的参与主体可以将多余部分转移给排放超额的主体，从而获取利润。随着对可持续发展的重视和对节能减排要求的提升，联合国政府间气候变化专门委员会1997年通过《京都议定书》，确立了二氧化碳排放权的认证及其交易机制。

我国各省市碳市场仍以二级市场现货交易为主，主要交易产品包括各省市的碳排放权配额和经审定的项目减排量两大类。根据近十年统计结果显示，能源行业是最主要的碳排放源。2017年，发展改革委以电力行业为突破口，按照《全国碳排放权交易市场建设方案（发电行业）》率先启动了全国碳排放交易体系，努力培育市场主体，完善市场监管，扩大市场覆盖范围，逐步建立公开透明、监管完善、运行流畅、具有国际影响力的碳市场。因此，如何利用科技创新手段促进碳市场流畅运行、透明监管等，是我们当下工作重点。

4.3.1 碳排放交易业务现状及特点

我国统一碳市场目前尚处于发展初期，2011年国家发展改革委率先批准北京市、天津市、上海市、重庆市、湖北省、广东省、深圳市开展碳排放权交易试点；2016年，福建省启动了第8个交易试点。2017年12月，国家发展改革委印发了《全国碳排放权交易市场建设方案（发电行业）》（发改气候规〔2017〕2191号），标志着全国碳排放交易体系正式启动。截至2019年10月底，我国碳交易试点地区的碳排放配额成交量达3.47亿吨二氧化碳当量，交易额约76.8亿元人民币。自2011年开展试点以来，我国的碳市场发展取得了一定的成效，但在数据采集、信用监管、信息流通等多个方面依然存在问题。

1. 碳排放数据采集缺乏标准，数据真实性、实时性有待考证

数据的不同采集点之间、政府与企业之间、各个企业之间都有可能不同。现实数据的采集由于统计口径和渠道的不同导致整体和局部、经济和能源等数据不匹配。曾有试点专家指出当前存在明显的“自上而下算出来的数，和自下而上算出来的数，对不上。行业协会报上来的数和排放清单的数，也对不上”的情况。

2. 碳指标发放、交易无法追踪溯源

碳指标的获得方式有政府配额、有偿竞拍两种，目前仍以政府配额为主。企业得到配额后，多余的部分进入二级交易市场。而整个过程中数据的追踪只有各个站点的数据汇报，无法形成一个交易闭环，数据不能追本溯源，导致对数据的信用存疑。

3. 监管制度不完善，缺乏碳指标、碳排放的统一监管体系

国内碳排放交易市场尚未完全成熟，有关市场的交易机制、监管机制等方面不完善。此外，涉及碳排放交易第三方的核证机构，有待进一步培育，认证、认可和登记注册系统要进一步的建立，交易平台建设等技术标准，还需要进一步的协调统一。

4.3.2 基于区块链的碳排放交易解决思路

区块链技术可以将现实资产向虚拟资产进行真实映射，适用于涉及所有权的资产交易以及产业链整合。将区块链技术应用于碳交易解决方案中，可以实现对碳交易配额分配、交易、消耗等过程的全流程数据实时跟踪记录，同时可以将企业信息、交易价格等各种数据附加在配额数据中，便于后期对各项数据的综合分析。基于区块链的碳排放权交易解决方案如图 4-10 所示，各级碳排放企业的相关数据全部上链，通过基于区块链技术的数据中心实时跟踪记录各企业能耗数据，政府与碳排放企业间关于配额申请、分配的信息，不同企业间配额交易的信息等，整个交易过程数据安全透明、

可追溯，有效解决了现有交易中存在的数据不真实、追溯难、监管难等问题。

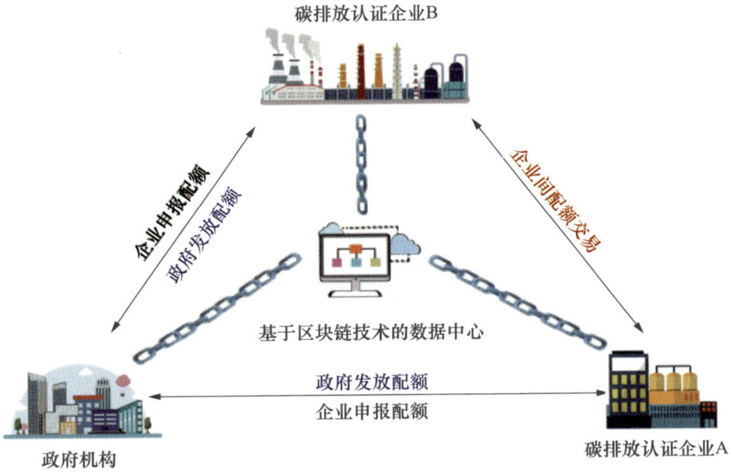

图 4-10 基于区块链的碳排放权交易解决方案

1. 碳排放权配额认证

政府对碳排放企业配额认证工作量巨大，且由于碳排放权的频繁交易，使得追溯过程极其复杂，数据可信度不高。区块链能够为碳排放权的认证和碳排放的计量提供一个智能化的系统平台，具体而言，采用区块链技术搭建碳排放权认证和交易平台，给予每一单位的碳排放权专有 ID，加盖时间戳，并记录在区块链中。每个企业的排放量实时向区块链进行更新；区块链系统将根据企业排放情况，采用智能合约方式自动确认碳排放权消耗量；碳交易时，每当碳排放权发生一次所有权转移，交易信息即记录在区块链中，并且不可篡改；区块链系统自动对超标排放的企业进行罚款。

2. 市场信用监管

结合区块链技术构建碳排放权认证交易平台，将监管政策等内容纳入平台的智能合约系统，具体如图 4-11 所示。当企业有碳排放权买入或卖出需求时，首先在交易平台提出买、卖申请，交易平台通过智能合约系统自动审核、判断买卖双方是否符合信用条件，当双方均符合信用要求时，系统自动匹配交易双方并完成交易。企业的每一次交易行为均会被记录，当有企业发生不守信用的行为时，相关行为会被实时记录到区块链系统。在进行下次交易时，可以对企业征信进行查询。这样可以最大程度地对参与碳市场交易企业的信用进行监管、客观评价，从而得到真实有效的企业信用情况。

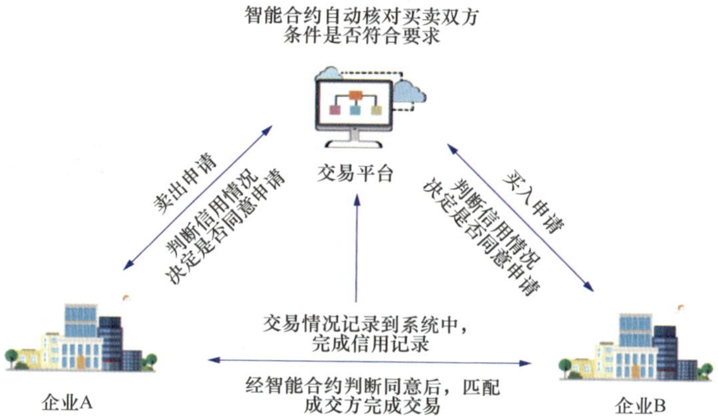

图 4-11　区块链技术在交易信用监管中应用

3. 基于碳指标的企业金融

近几年，我国碳金融市场发展势头强劲，但传统市场中常见的存在产品种类单一、信息不对称等问题在碳金融市场中同样明显，而区块链技术去中心化、开放透明、可信度高等特点，与新兴碳金融市场发展的需求相契合。

在基于区块链技术的碳排放权认证交易平台中，各企业交易数据实时上链，利用区块链上的数据具有不可篡改、可追溯性等特性，为碳排放企业建立征信系统，征信数据将为银行贷款、碳金融产品发放提供有效依据，同时可以吸引国内外资本进入，促进碳金融体系的建立。如图 4-12 所示，区块链交易平台通过记录碳排放企业交易信用数据，并将数据提供给各类金融、非金融机构，当碳排放企业向金融、非金融机构申购已发行的金融产品、贷款时，金融、非金融机构可以对企业快速做出评估，市场交易更加快速、有序。同时，政府机构对整个市场交易行为、参与主体等进行监督，保证碳指标的有序流动与“碳行为”追踪。

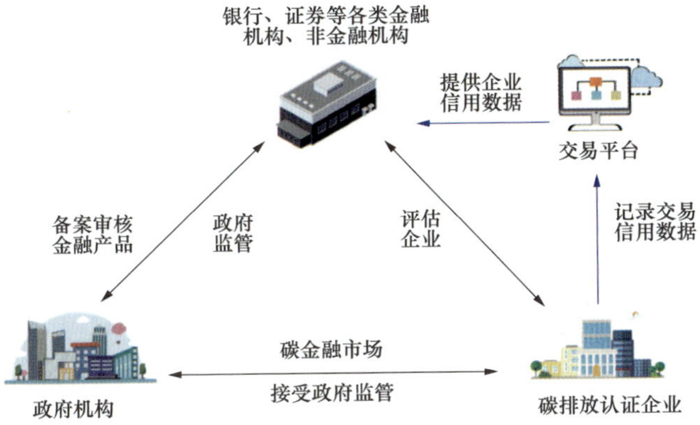

图 4-12　碳金融市场体系

4.3.3 基于区块链的碳排放交易预期成效

应用区块链技术能够为碳排放权的认证和碳排放的计量提供智能化的系统平台，实现智能化碳排放权配额认证，保证每一单位碳排放权的来源以及交易路径能被追根溯源。此外，根据碳排放交易的路径，还能够计算碳排放在电网中的流动情况，为碳排放流的计算提供基础数据。区块链上智能合约可记录自动实现碳排放的计量认证以及确认配额是否被使用，让碳排放的计量过程更加智能化，整个流程变得透明、可视、公开。同时，智能合约的自动执行，可减少业务执行过程中的人为干预，保障政策执行力，提升业务管理效率，降低管理成本，方便碳排放市场高效、快速地交易。

4.4 电 费 结 算

市场化的电费计算是能源交易的核心业务，能源互联网背景下用能形式的不断丰富完善，市场成员、交易合同和交易品种对电费结算提出新的要求：电费结算要能够适应结算成员增多、交易品种多样化、合同规则复杂化的多种复杂系统场景。这就要求电费结算服务支持灵活拓展，能够按照市场价结算；同时允许购、售电端自主协商、集中竞价，电费结算业务能够完全兼容市场价格、电量都不统一的情况，实现对电费结算和风险防范的动态优化管理。

随着生活用电、企业用电、商业用电不断增多，供电企业的电费结算面临巨大的挑战。国家电网公司电费结算方法不断更新升级，但仍存在改进空间，如当前部分用户主要依靠人工抄表、人工计算、人工核算，容易出现误写或篡改。此外，企业的电费结算工作开展并不理想，如何确保电费结算和电力信息化发展步伐一致，成为供电企业的交易结算信息化建设重点。当前电力市场结算改革的发展需求，市场化结算在市场成员、交易合同和交易品种等方面对应用和信息系统提了新的要求，也对电费结算管理及风险防范都提出了更高要求。

4.4.1 电费结算业务现状及特点

我国的电费结算技术开始于 1960 年，随后结算技术被广泛应用于各行各业。为方便及时结清电费，我国目前普遍采取“预购电”方式结算电费。电力用户按照预购电量用电，由电网公司提供收费凭证，待电费结算后用电方携带收费凭证换取正式电费发票。

用电信息采集系统通过计量采集模块处理电量采集业务、结算模块处理电费结算业务，但这种模式对分布式新能源接入等多种新场景，存在能量流、信息流不统一，交易流程长、响应不及时、合同履约难掌控、信用体系难建立等问题。

4.4.2　基于区块链的电费结算解决思路

基于区块链的电费结算整体解决思路如图 4-13 所示，基于区块链的电费结算方案，可进一步提高发电企业、售电公司、电网企业和电力用户间各类交易的公开透明程度，使购电结算、零售结算和服务结算等电费结算过程更可信、更可控。通过区块链智能合约机制，联动电费结算业务各参与方降本提效的同时，形成以满足用户为代表的市场主体个性化需求结算服务模式。

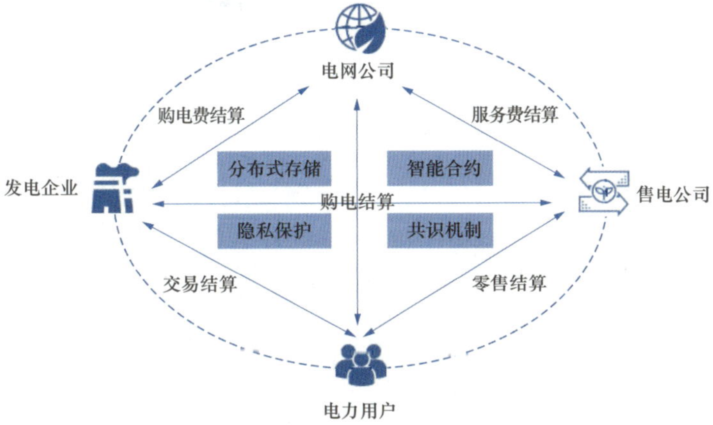

图 4-13　基于区块链的电费结算整体解决思路

区块链以分布式点对点、对等网络的方式将电力市场的交易主体（发电企业、售电公司、电网公司、电力用户）“链”接起来，用数字化编码将清算结算规则写入区块链，交易双方可在区块链电费结算平台的基础上自定义智能合约。从达成合约协议开始，合约中约定的条件事项发生将自动触发合约的执行程序，平台将保存与合约相关的交易信息以及简要支付验证所必需的时间戳邻近的交易数据。

1. 输配电侧的购电智能合约结算

输配电侧的购电智能合约如图 4-14 所示，相关主体包括发电厂、变电站、输电网、配电网等。按照目前的流程，国家电网有限公司给发电企业下发电指令（指令包括相关发电量、功率等），发电企业根据相关要求发电，电价按照协议或国家政策收取执行。在该方案中，将电费结算规则以算法形式写成智能合约，实现输配电侧购电智能合约化和全流程监管。交易全流程存证，达到电力监督目的。

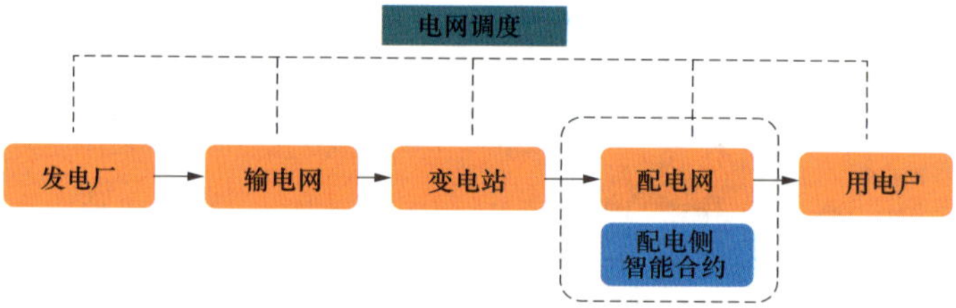

图 4-14　输配电侧的购电智能合约

2. 售电侧的零售智能合约结算

售电公司的零售智能合约如图 4-15 所示，在售电侧，配售电公司在区块链电费结算平台上发布零售智能合约，电力用户与售电公司在区块链上签署智能合约，明确电量、协议电价、违约责任等要素。智能电能表直接把电量上传至分布式账本上，自动抄表、自动计量、自动计费，自动履行智能合约。

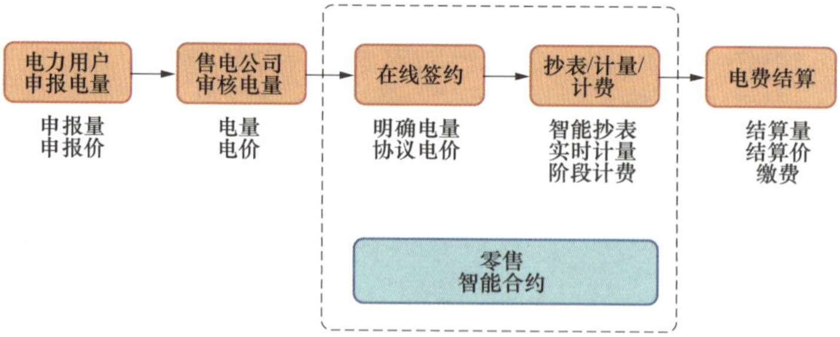

图 4-15　售电公司的零售智能合约

4.4.3 基于区块链的电费结算应用成效

区块链技术的特点使其在结算等领域具备先天的优势，基于区块链的电费结算已在国网山西省电力公司（简称国网山西电力）进行了试点应用。软件平台部署在山西电力信息外网虚拟机服务器中，已完成软件平台功能测试以及业务测试工作，并通过山西省电力公司电力科学研究院对该软件平台的安全评估。系统自 2020 年一季度投运以来，已完成近百笔电费结算凭证上链存证，电力交易量达 300.86 亿 kWh，实现全业务流程网上办理，保证交易工作不中断，极大地优化了企业的营商环境。

4.5 透明调度管理

电力调度业务是以电网运行控制为核心，以发供电平衡为原则，进行计划排程和运行方式编排，监视控制电网在安全、稳定的状态下运行，通过各种电网运行技术的支持，以自动化、信息化技术为支撑，以专业管理、职能管理为保障手段，实现电网安全、稳定、优质、经济运行的目标。从管理学角度讲，电力调度是为了保证电网安全稳定运行、对外可靠供电、各类电力生产工作有序进行而采用的一种有效地管理手段。电力调度在整个电网系统运行管理中发挥着指挥引导作用。

当前，随着新能源发电装机容量持续增加，电网的峰谷差日益增大，电能质量和电网安全运行都受到较大影响，对电力调度要求越来越高。为了保障电力系统的安全、优质、经济运行，维护发电企业的合法权益，促进电网和发电企业协调发展，电力监管部门出台了《发电厂并网运行管理规定》（电监市场〔2006〕42 号）和《关于促进电力调度公开、公平、公正的暂行办法》（电监市场〔2003〕46 号）等政策办法，采用经济处罚手段奖优罚劣，规范市场秩序，提升电力调度管理的透明性，同时提高发电企业的运行管理水平和参与服务的积极性。能源监管机构要求电力调控机构按照公平、透明的原则，在调度运行管理、信息披露等方面，平等对待各市场主体。各市场主体对调度运行管理和考核结果的公开透明程度需求愈发强烈，进一步实现公平、公正、公开的调度是必然趋势和要求。

4.5.1 电力调度业务现状及特点

近年来，在国内各级调度机构内部、各网省电网公司及供电公司其他非调度业务部门建设了各类应用系统和信息系统，为调度运行业务开展提供了有力支撑。但随着业务应用的不断深入，电力调度系统在使用中的一些问题逐渐凸显。目前，调度系统投入巨资采集了大量各类信息，但其使用价值没能得到充分体现，调度过程透明性离预期要求还存在一定差距。此外，在电力调度管理和考核方面，由于电力调度运行管理涉及发电企业、电力调控机构、能源监管机构等多主体，各环节间信息孤岛明显，各参与方主动共享数据积极性不高，存在参与方的数据被篡改的风险，从而导致考核结果不准确、不透明等问题。

从符合能源互联网发展趋势的角度出发，电力调度本质上具有参与主体多、分布区域广、实时要求高、数据种类多、安全等级高等特点，这些特质与当前区块链技术的去中心化、集体维护性、不可篡改、可追溯、智能合约等特性几乎完全吻合，因此区块链技术为电力调度的数据互操作、运行过程透明化和信息安全问题打开了新的解决思路，为落实“三公”调度的要求提供了新的技术支撑手段。

4.5.2 基于区块链的透明调度管理解决思路

在传统电力调度的供用电信息发布、竞标和授权等过程中融入区块链，使得区块链成为调度系统的信息交互和数据存储中心，为电力调度各参与主体的数据安全及互操作提供强有力的保障，为透明电力调度运行及考核打下可信的数据基础。通过区块链实时发布发电信息及用电需求，基于区块链智能合约自动匹配需求并制定电力调度计划，可实现电网自适应调度和运行，保障各参与主体的交易自动、高效、安全、透明地执行，提升运行效率，促进能源更合理消纳。基于区块链的电力调度管理能够打破数据壁垒，提升电力供需实时交互性，使得调度过程更透明、更精准、更节约、更环保。基于区块链的透明电力调度管理总体思路如图 4-16 所示。

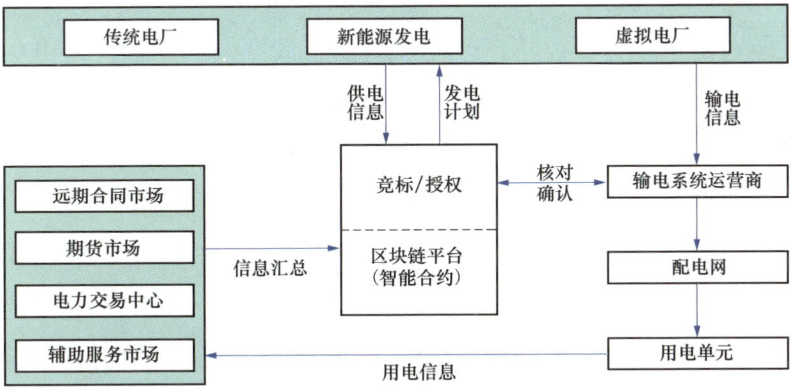

图 4-16　基于区块链的透明电力调度管理总体思路

首先，参与到调度系统的各个用电单元将各自的用电需求信息提交到交易市场，交易市场将用电信息汇总，并提交到区块链平台。

其次，各交易市场中的发电单元将自己的发电信息发布至区块链平台，通过共识算法形成发电单元索引列表，各个用电单元都可以根据发电单元索引信息寻找适合自己的发电单元。在选择过程中通过综合考虑具体的用电场景以及各发电单元的性质和参数，制定相应智能合约，基于智能合约根据不同的情形确定各个用电单元对接的发电单元集合，从而实现最优的供需撮合交易。

最后，在发电计划匹配成功后，各发电单元完成自己的发电任务，通过输电系统运营商进行电力配送，最终将电能输送到相应的用电单元。同时，输电系统运营商与区块链平台不断进行信息的审核确认，以保证每一笔用电交易都准确完成。在此过程中，将电力交易信息上传区块链平台存证。思路具体如下：

1. 基于区块链的发电信息和用电信息发布

区块链可以保证发电单元的发电信息真实可信，用电单元可通过区块链上的最新发电信息进行搜索，寻找适合的发电单元。为了实现发电信息公开、有序发布，需要构建发电单元索引列表。基于区块链共识机制的用电单元索引构建方法如下：

1）所有发电单元节点将自己的发电信息数据全网广播，发电信息主要包括发电能力、发电类型、发电稳定性、所在地理位置、售电价格等；

2）每个区块链节点记录所有发电节点的发电信息；

3）确定发电信息中每项指标的权重系数，并全网达成共识；

4）每个节点基于权重系数计算出各发电节点的权重值，选出权值最大的节点，并全网广播；

5）基于区块链共识机制确定出全网公认的权值最大的节点，并将该节点的发电信息记录在区块中；

6）针对剩余发电节点的发电信息，继续下一轮共识过程，直至所有发电节点信息上链，则发电单元索引列表建立完成。

2. 基于智能合约的电力供需交易

该部分完成整体思路的第二步：建立电力供需撮合匹配相关智能合约。基于智能合约的电力供需交易模式如图 4-17 所示，针对每一个用电需求，综合考虑发电单元的发电量、发电类型、发电稳定性、售电价格等因素，上述各因素乘积的最小值即为最优的供需匹配，其中，若想激励绿色能源消纳，则可将发电类型取值为环保指数的倒数。该智能合约执行时，首先判断发电和用电稳定性是否匹配，当发电侧的稳定性小于用电负载稳定性需求时，则排除该发电类型。

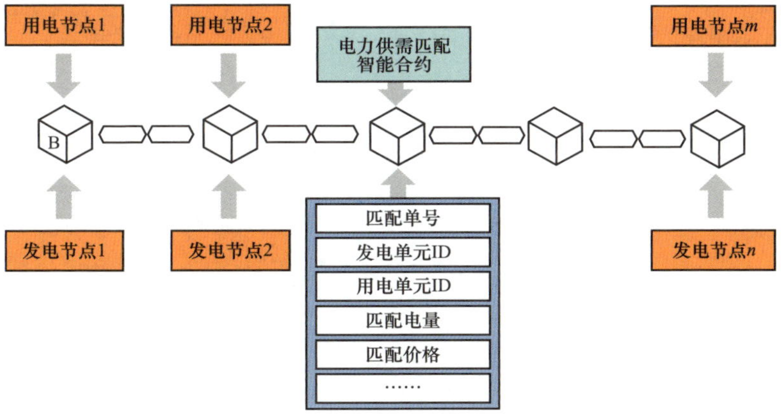

图 4-17　基于智能合约的电力供需交易

基于智能合约的电力供需匹配方法如下：

1）所有电力供需参与节点将自己的发电/用电信息数据全网广播，发电信息主要包括发电能力、发电类型、发电稳定性、发电单元所在地理位置、售电价格等，用电信息主要包括用电量、负载稳定性、用电单元所在地理位置、用电价格等；

2）每个区块链节点记录所有发电及用电节点的信息；

3）每个节点执行电力供需匹配智能合约，选出匹配值（即电力供需匹配智能合约的计算结果）最大的供需匹配，并全网广播；

4）基于区块链共识机制确定出全网公认的匹配值最大的供需匹配，并将该匹配的发电方及用电方信息记录在区块中；

5）针对剩余的供需信息，继续下一轮共识过程，直至所有供需信息完成匹配。

4.5.3　基于区块链的透明调度管理应用成效

基于区块链的透明调度管理系统，实现电力调度运行管理、电力交易、并网运行与辅助服务管理等全过程数据融通共享，打破数据壁垒，消除信息不对称，解决了多主体间信任问题。目前，已在国网宁夏电力有限公司（简称国网宁夏电力）进行了试点应用，自 2020 年 5 月 25 日系统上线运行以来，系统每天处理 1500 万条实时数据，其中约有 40 万条带有特殊业务属性的数据完成上链操作，并利用智能合约优化原有调度管理考核的复杂计算过程，累计完成计算 20 多万条。构建了新型调度管理模式，提高了交易实效性，为电力市场辅助服务提供技术和实践支撑。

第 5 章

区块链在能源服务中的应用与实践

随着“四个革命、一个合作”能源安全新战略的落地实施以及能源供给、能源消费、能源技术的创新，能源服务模式逐渐向综合能源服务、多能互补、清洁低碳、提高用能效率、降低用能成本等方向发展。可再生能源投资力度持续加大，装机容量在能源系统中的占比逐渐提升；电动汽车充电及充电网络建设规模不断扩大，这些对能源服务提出了新的要求。

区块链技术的多主体协同、去中心、平等互信等特点，应用区块链技术满足新型能源服务的需求，可有效提高电网的服务效率和效益，助力电网向能源互联网转型发展。本章节选取新能源云、综合能源服务、电动汽车充电、需求侧响应、优质服务等典型领域，介绍区块链技术在能源服务中的实践方案和取得的应用成效。

5.1 新 能 源 云

我国新能源产业发展迅速，新能源发电装机容量、占比不断增加。2020 年 4 月，国际可再生能源署发布《2020 年可再生能源容量统计年报》，报告指出截至 2019 年年底，全球可再生能源装机容量达到 2537GW，其中 2019 年新增 176GW。国网能源研究院有限公司编著的《中国新能源发电分析报告（2019)》提出，预计到 2020 年年底，全国新能源发电装机容量会达到 4.9 亿 kW 以上；预计到 2030 年年底，全国的新能源发电总装机至少会达到 10.8 亿 kW，占全部电源装机容量的比重超过 30%。随着新能源装机容量的不断扩大，新能源如何有序参与市场、如何促进新能源消纳成为新能源产业发展的主要内容。

5.1.1 新能源业务现状及特点

（1）新能源管理模式问题。随着光伏发电、风电等新能源发电在能源消费结构比例的提升，新能源利益主体日趋多元化和复杂化，在新能源业务运行过程中，存在多方身份互信、跨业务系统数据共享、交易数据真实可信等需求，目前各业务系统独立运行的管理模式已难以满足新能源规模化和系统化建设的要求。

（2）企业间协同效率问题。新能源规划、前期建站、配套电网建设、并网、运行、交易、补贴等全过程，各个环节的数据信息分散在各专业部门的信息系统中，数据共享程度不高，数据无法做到“源头采、自动来、不可改”，管理协同效率低。

（3）对外服务能力问题。电网企业与政府部门、发电企业、研究机构、新能源厂商、电源用户等单位存在沟通延时，服务政府、发电企业和用户的能力和水平仍需提升，需加强增值服务能力，辅助政府决策，增强用户互动性和便捷性。

5.1.2　基于区块链的新能源云解决思路

为解决新能源发展过程中的实际问题，利用区块链技术，围绕新能源业务发展需求，建设基于区块链的新能源云平台，其整体架构如图 5-1 所示。以电网为枢纽，通过贯通能源用户、政府机构等多主体数据，整合新能源全产业链资源，将用户建站咨询、建设方案评估、设备采购、运行维护、金融服务、结算补贴及并网接电等业务需求数据进行全流程上链，实现电源端、用户端等多环节的数据融通共享，并结合“横向协同，纵向贯通”的管理体系，建成集“科技＋服务＋金融”三位一体的新能源服务。

面向外部企业，提供设备入驻平台、设备全生命周期管理、新能源开发布局规划等服务，降低新能源制造厂商和发电企业成本；面向电源用户，提供技术咨询、政策研究、规划设计、设备选型、运营运维等一站式建站服务；面向政府部门及相关机构，提供详实、可靠数据和观点支撑，引导政策出台，促进新能源科学有序发展。平台通过整合多方信息，打破数据壁垒，实现多方协同，构建合作共赢的新能源服务生态体系。

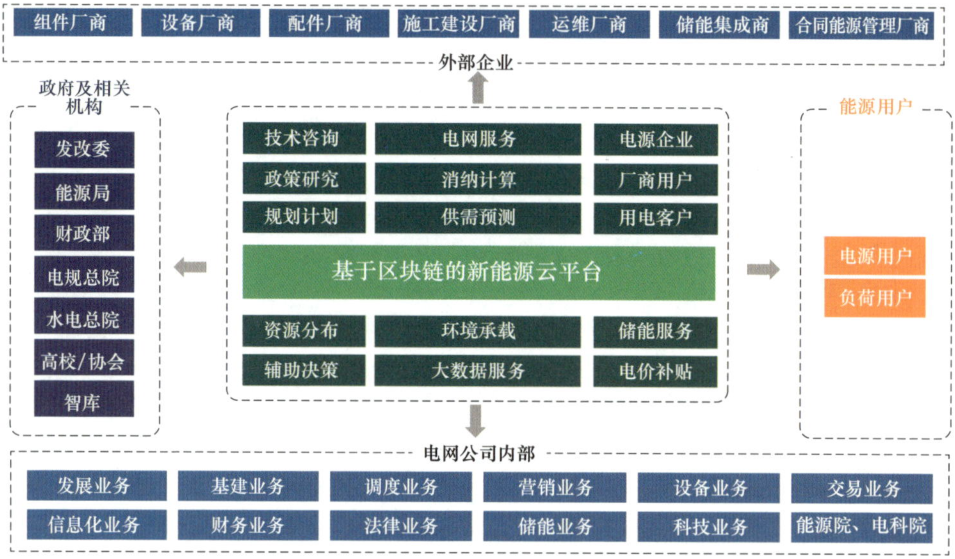

图 5-1　基于区块链的新能源云平台整体架构

1. 全流程一站式签约服务

线上签约服务流程，如图 5-2 所示，电力供给方、需求方向平台注册客户档案信息，登记发电量、负荷需求等相关信息，并基于电子签名技术完成身份认证。电力供给方通过线上完成并网申请，电网公司内部发展、营销、调度、建设、交易、财务等业务部门可在线受理工单，实现业务一网通办，全流程链上管控、数据可追溯，并将电力供给方的发电量信息经哈希加密后上链存证，保证发电信息的真实可信。

电源用户通过电子签名技术对合约签订时用户身份信息与签约内容的校验和确认，并将用户身份信息、合同内容等关键信息和过程上链存证，实现电子证据即时产生、即时固化、权威背书、快捷采信等。一方面可以对电站进行质量追溯和运行监测，敏感信息加密存储，另一方面可以省去复杂的签约认证流程，实现具有法律效力的线上签约。

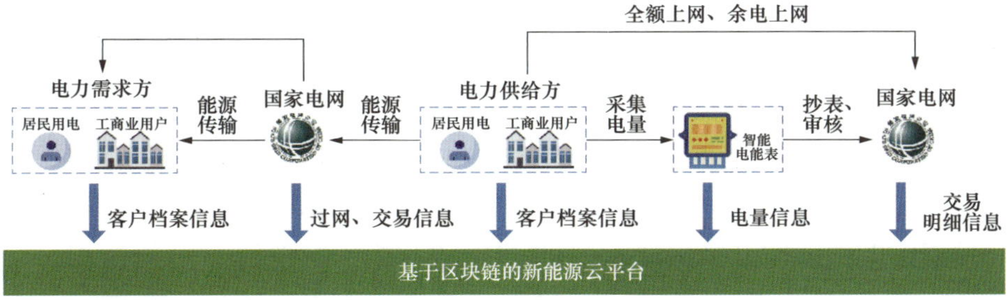

图 5-2　线上签约服务流程

2. 全域消纳能力在线计算

新能源消纳能力计算，是通过建立电力系统详细的电力电量平衡模型仿真计算一段时间内电力系统可消纳的新能源发电量，并提出提高新能源消纳能力的措施建议，供电网规划、调度运行、电能交易、检修等相关工作参考，一般以省级或区域电网为计算对象。

基于区块链的新能源云平台集成了主流消纳计算模型，如图 5-3 所示，结合平台电力供应及需求预测以及区域规划项目开展线上消纳能力计算，实现在线分区域实时消纳计算，预警结果审核发布，服务政府新能源规划布局。

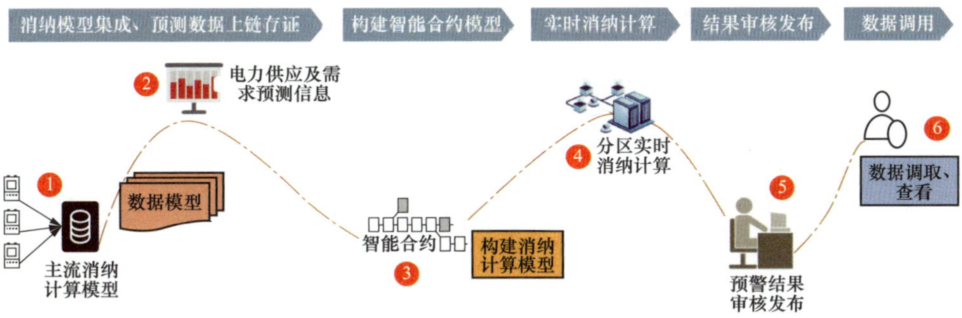

图 5-3　消纳能力计算流程

3. 光伏扶贫业务全过程追溯

如图 5-4 所示，基于区块链的新能源云平台收集并整合来自扶贫办的贫困对象关键信息，以及来自数据中心的签约合同、电表编码、电量电费、发电收益等信息。将收集到的信息作为补贴发放依据存储于区块链节点服务器的数据库中。平台对合约签订时用户身份信息与签约内容进行校验，并根据链上相关补贴发放依据进行确认，将信息同步于各县级电网公司，通过银行系统将补贴款项转账到村级/联村级扶贫专户，由村级/联村级扶贫专户按照补贴信息将补贴款项发放于各贫困户。

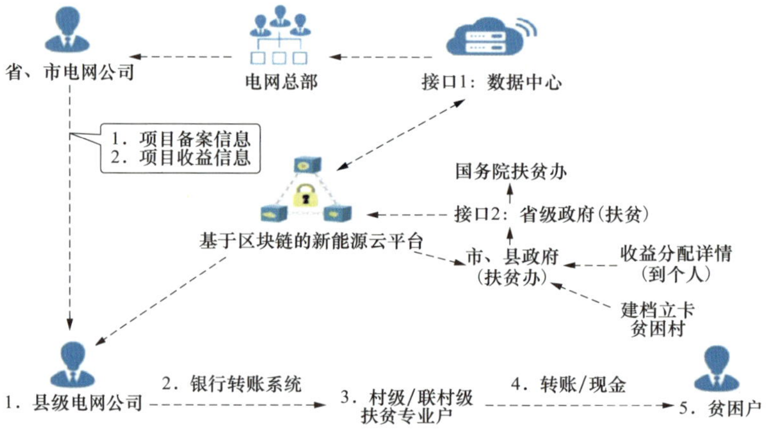

图 5-4　基于区块链的新能源云平台光伏扶贫业务流程

4. 全方位立体化增值服务

基于区块链的新能源云平台贯通内外部业务流及数据流，可为电源用户提供涵盖环境资源选址分析、政策解读、技术检索、运维监测、设备采购、金融保险、数据定制等多种增值服务。

基于区块链的新能源云平台可提供多种增值服务，如图 5-5 所示，通过对新能源电源用户及相关产品的横向和纵向比较，统计国内新能源装机及变化情况，分析电源用户电站分布及发电量情况以及新能源产品出口情况，为政府部门、电网企业等提供新能源市场现状、市场发展趋势，为短期、中期和长期决策提供相应的依据和对策建议。

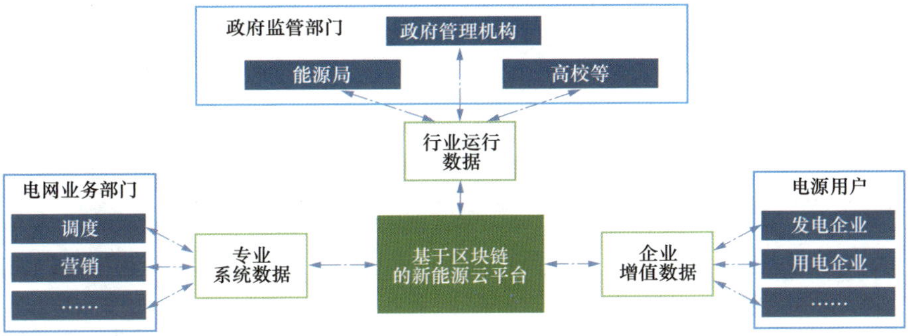

图 5-5　基于区块链的新能源云平台增值服务

5.1.3　基于区块链的新能源云应用成效

基于区块链的新能源云平台，可实现新能源接网全流程数据的真实可信、可追溯，为发电企业提供新能源项目并网运行、交易结算、补贴发放等全流程一站式线上服务，业务办理流程简化 30%，有效缩短并网业务办理时间和电费结算周期，节约人工成本，提升多方协同效率，助力国家清洁能源消纳战略。

通过在国网北京市电力公司（简称国网北京电力）、国网宁夏电力等多个地区进行了试点应用，截至 2019 年年底，已实现 20 多万座新能源光伏电站的并网签约、交易结算等信息的上链存证数据百万余条，新能源发电项目补贴申报完成率为 100%，并网业务办理时限平均缩短 16 天，电费结算周期平均缩短 4 天，发票确认时间 10 秒完成，数据核对、业务合规等检查即时完成。

5.2 综合能源服务

综合能源服务是一种新型的、为满足终端客户多元化能源供应与消费的能源服务方式，涵盖能源规划设计、工程投资建设、多能源运营服务及投融资服务等方面。综合能源服务产业链从前期能源系统的设计与规划，到能源传输与转换过程中的智能调控与存储，再到需求侧的数字化管理与能效优化等，将能源领域的各行各业进行了深度融合，并对经济、环保、就业等诸多方面益处良多。随着能源行业市场化体制机制改革不断深入推进，以及智能电网、新能源、终端用能电气化等能源新技术与“大云物移智链”等新一代信息通信技术不断融合发展，业内对综合能源服务产业发展前景的预期非常乐观。

2019 年以国家电网公司、南方电网公司、中国华电集团为首的央企纷纷出台了综合能源服务的相关政策文件，明确了综合能源服务的战略规划和具体开拓的业务领域，并布局相关项目。国家电网有限公司正式印发《推进综合能源服务业务发展 2019—2020 年行动计划》（简称《行动计划》）。根据《行动计划》，国家电网公司未来两年努力成为综合能源服务领域主要践行者、深度参与者、重要推动者和示范引领者。与此同时，在全球可再生能源转型、油价下行及国内电力体制改革背景下，油气企业也纷纷开始向综合能源服务转型。

5.2.1 综合能源业务现状及特点

对于供电企业来说，综合能源服务就是由单一售电模式转为电、气、冷、热等的多元化能源供应和多样化增值服务模式。综合能源服务面临的挑战主要如下：

(1) 综合能源个体与整体缺乏统一管理。当前的综合能源服务市场是一个行业自发、自下而上发展的市场，没有国家层面的顶层设计及统一标准。仅从城市规划体系来看，以园区综合能源规划为代表的生产环境，尚未有明确的定位和清晰的导则，因而欠缺成系统的顶层规划和协调。

(2) 综合能源缺乏的市场协同机制。综合能源服务市场内的行业壁垒需要进一步破除，随着产业深度和广度的进一步提高，各类专业服务商和企业之间需要有效统筹和整合资源，判断发挥多样化技术种类的综合协同效应。

(3) 综合能源的盈利模式。综合能源服务商的盈利模式还需要进一步探索。目前许多试点项目集中在模式创新的阶段，常用量化的经济分析和运营来评估服务效果和收益水平。在能源转型的大环境下，如何通过市场化的手段挖掘用户痛点和需求并发掘新的盈利点，开拓服务范围和模式，也是需要解决的难点之一。

5.2.2　基于区块链的综合能源解决思路

综合能源具有业务类型多、实施周期长、交易信息复杂等特点，基于区块链的综合能源服务平台如图 5-6 所示，覆盖源—网—荷—储全环节，可实现能源生产信息、能源网分布信息、能耗数据、储能信息等数据的上链可信背书，打破数据壁垒，将全面优化业务流程。

1. 综合能源信息追溯

基于区块链的综合能源信息溯源如图 5-7 所示。首先，借助区块链技术将发电企业的供给信息上链，通过链上认证来存储产品或服务的相关信息。再通过大数据智能分析企业负荷的需求、能源供给和储备，通过时间戳的记录分配机制，可以查询到每一笔能源交易的供应方和使用方。将需求侧的用能记录，通过共识交易机制形成“供需的电力交易记

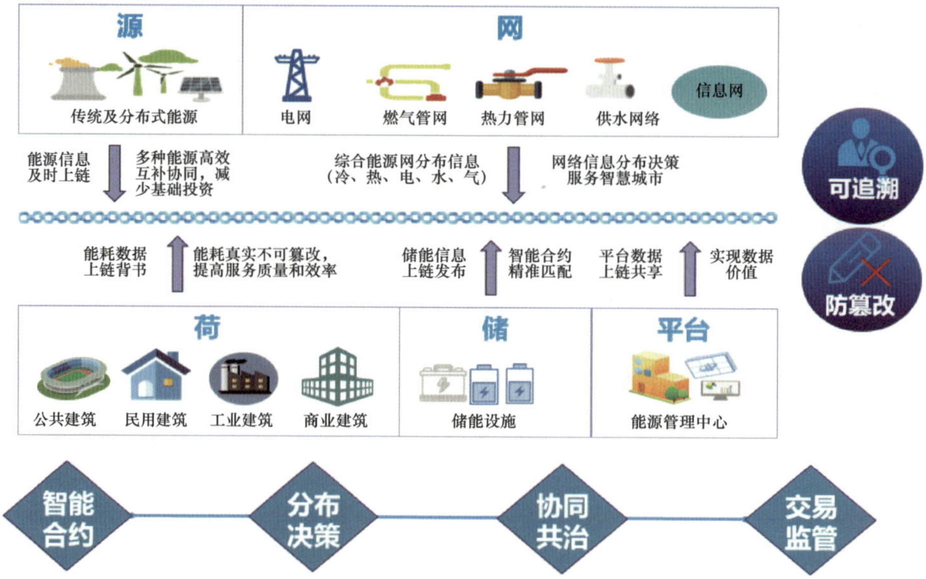

图 5-6　基于区块链的综合能源服务平台

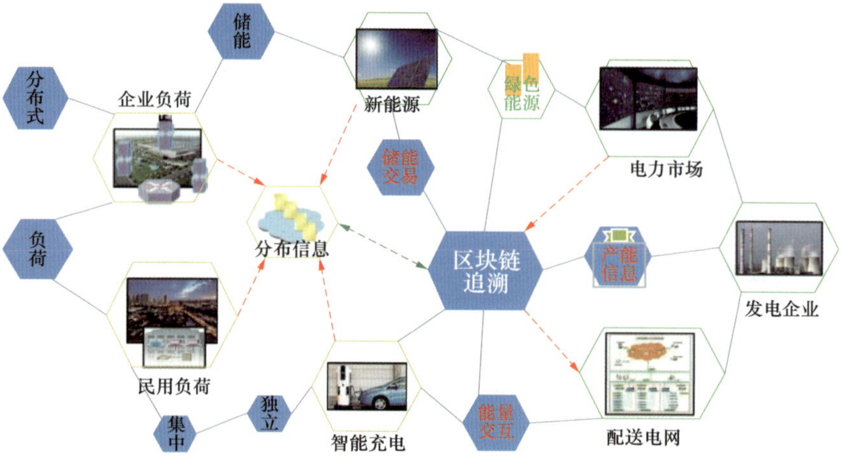

图 5-7　基于区块链的综合能源信息溯源

录”。在每一个环节就开始信息采集，直至交付到消费者手中，每一条信息都拥有自己特有的区块链 ID，每条信息的各个片段都附有各主体的数字签名和写入时间戳，且一旦记录无法更改。通过“链上绿色电力证书”等电源属性证书实现电力生产、消费、配送的信息溯源，也有助于国家进行更细致地新能源消纳统计和考核。

2. 提高能源供需响应和安全

需求侧响应和节能负荷市场已经过长时间推广和建设，利用区块链可以实现所有响应参与者和负荷需求者之间的直接交易发布和资费的清结算（见图 5-8），并且事后无法篡改，避免了审计过程中出现扯皮现象。区块链的共识机制，尤其是基于工作量的 PoW 机制，可以被改造成基于需求侧响应量的 PoW 共识机制，用于服务需求侧响应设计。

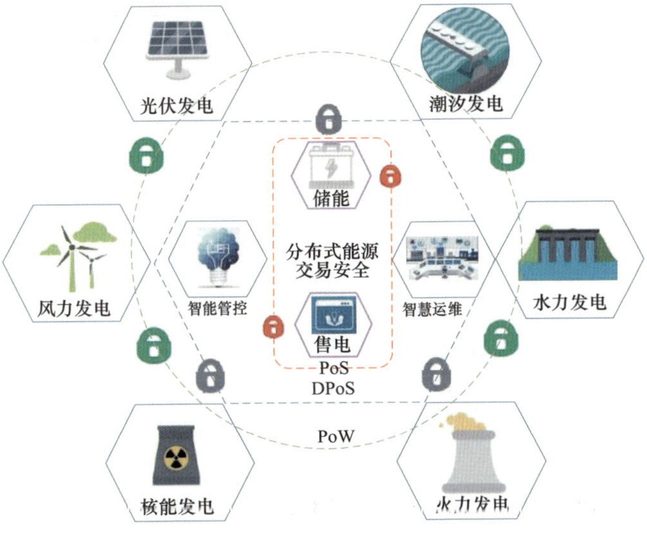

图 5-8　分布式电源交易及上链安全示意

3. 综合能源服务负荷链上调度

分析综合能源服务的现状与发展需求，发现基于区块链技术的综合能源服务并不适合采用单链或完全私有链的方式进行，因此，在以多链技术的基础上，采用私链＋联盟链的模式，既可保障综合能源服务对高效性、可靠性的需求，也使得整个综合能源服务场景开放共享。因此，为更好表现综合能源服务区块链网络架构的链间关系，构建多链＋综合能源调度机制，如图 5-9 所示。

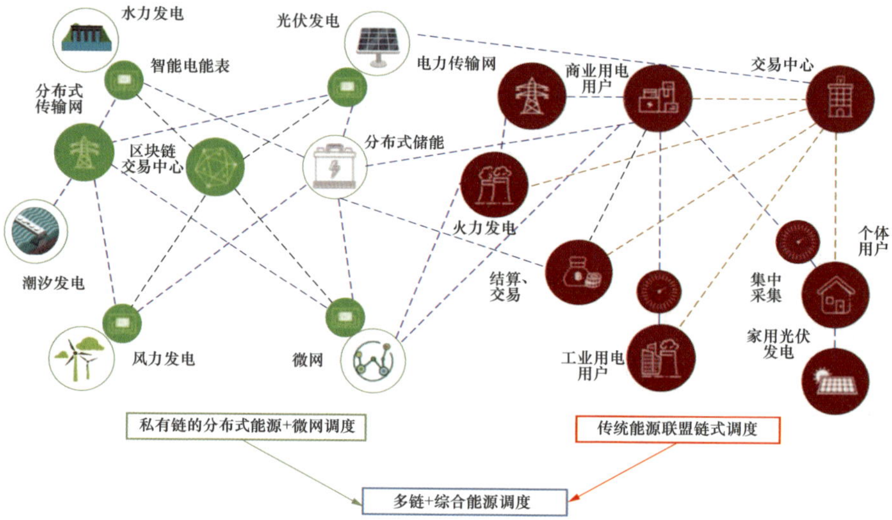

图 5-9　多链+综合能源电力负荷调度

源端协同主—从多链、电网主—从多链、售电公司主—从多链以及用户综合服务主—从多链，形成由各个链互联即联盟链的形式构成整个综合能源服务区块链信息交互网络，同时，政府行使监管权限，管控各主链间的服务交易信息的可靠性。

5.2.3　基于区块链的综合能源应用成效

区块链技术应用于综合能源电力产业上下游企业间的业务互通、信息共享等场景，可促进数据信息的融通，实现业务链接，目前已在国网山东省电力公司（国网山东电力）开展试点应用，应用成效如下。

国网山东电力打造的基于区块链的微网分布式能源智能交易平台，已在多个园区开展试点应用，实现了微网内光伏发电、储能、风电、电网等不同主体之间的购售电交易，其中充电桩综合用电成本下降 7%、光伏发电收益增加 12%，提高了不同主体交易透明度，降低了能源交易成本。

5.3　电动汽车充电

电动汽车指使用电能作为动力源，通过电动机驱动行驶的汽车，属于新能源汽车，包括纯电动汽车（BEV）、混合动力电动汽车（HEV）和燃料电池电动汽车（FCEV）。电动汽车具有交通工具和能源装置的双重属性。一方面，其应用可以改善城市大气环境质量；另一方面，电动汽车作为储能装置可以平衡多种形式的能源资源，较大幅度地提高能源利用效率。

随着全球能源危机的不断加深、石油资源的日趋枯竭、大气污染以及全球气温上升所带来危害的加剧，各国政府及汽车企业普遍认识到节能和减排是未来汽车发展的主攻方向，发展新能源汽车将是缓解环境压力的最佳途径之一，也有助于推动传统能源向可再生能源利用转型。

5.3.1　电动汽车充电业务现状及特点

近年来我国电动汽车产销量迅速增长，电动汽车充电业务现状如下。

（1）充电基础设施结构性供给不足，车多桩少。据中国充电联盟数据显示，截至 2019 年 11 月，全国充电基础设施累计数量为 117.4 万台，按照电动汽车保有量和公共充电桩数量计算，我国的电动汽车车桩比约为 6.2∶1。这样的比值，充分说明我国电动汽车基础设施结构性供给不足、车多桩少的问题。

（2）充电设备质量参差不齐。充电设备制造门槛较低，不同品牌的充电设备品质参差不齐，存在劣币驱逐良币现象。一方面，充电基础设施运营商大多采购、运营关联企业生产的充电桩，设备制造商为降低产品价格，导致关键元器件的耐久性和可靠性得不到保障。另一方面，随着近两年行业准入门槛的降低，很多社会资本进入充电桩运营领域，企业通过政府补贴即可收回大部分成本，充电桩设备得不到稳定运维，更无完善的售后保障。

（3）充电桩企业盈利模式单一。对充电基础设施运营商而言，收取充电服务费是其单一的盈利模式。《中国充电服务市场如何健康发展研究报告》显示，2018 年全国公共充电基础设施充电量约 24 亿 kWh，各月份公共充电基础设施平均小时利用率都不足 10%。从调研情况看，运营商能获取的平均充电服务费在 0.4～0.6 元/kWh，较各地政府制定的服务费上限有较大增长空间，但由于竞争激烈，充电服务费水平较难提升。

5.3.2 基于区块链的电动汽车充电解决思路

构建基于区块链的电动汽车充电服务平台，如图5-10所示，连接电动汽车分时租赁商、充电桩运营商、停车场、充电设备供应商、电力供应商、电动汽车用户等多个节点，不同规模的充电运营商通过简单的接口方式与

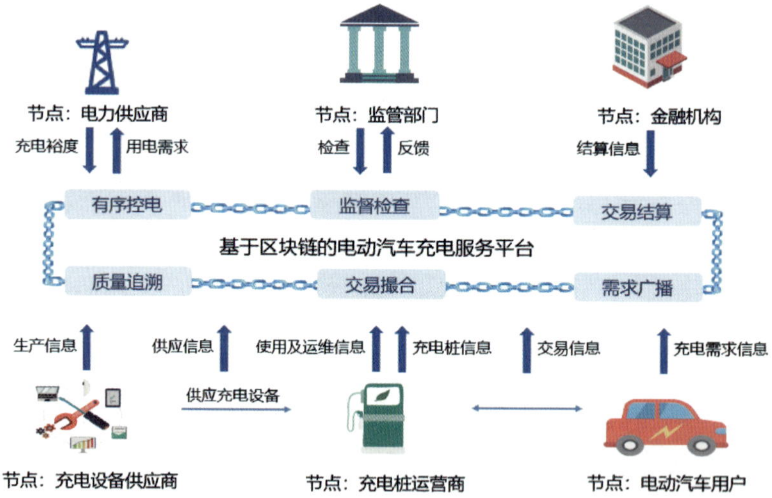

图 5-10 基于区块链的电动汽车充电服务平台总体解决思路

平台对接，实现充电桩信息的高效共享。平台对充电交易进行公开透明的实时记账，资金快速流转，实现秒级资金划拨，且由于区块链各节点之间的共识机制，可确保每一笔资金无法抵赖的划拨到指定账户，进而构建多方参与、安全互信、有序交易的电动汽车充电运营模式，解决充电难问题，提升服务质量和用户体验。

1. 充电桩信息共享

在基于区块链的电动汽车充电平台上，完成充电桩信息的共享，如图 5-11所示，用户申请加入平台需要身份认证，充电桩运营商或个人充电桩投资者在平台发布充电桩信息，平台将共享信息记录在链上。

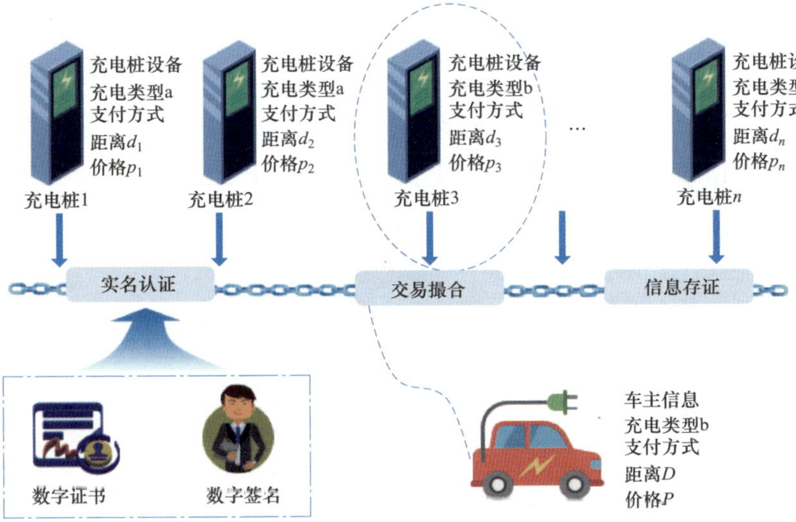

图 5-11　基于区块链的充电桩信息共享

当电动车用户有充电需求时，将自己的位置信息和需求信息发布在平台上，平台基于预设的智能合约，按照需求方和供给方的匹配条件进行交易撮合，当满足智能合约触发条件时，将电动车用户与对应的充电桩设备实施一对一“锁定”，电动车用户可前往相应充电桩位置进行充电。同时，该条撮合信息以交易的形式存证在平台上。区块链以规则信任（算法）取代传统信任中介，使得交易双方快速确立信任关系成为可能，减少了充电桩运营商间因竞争形成的不信任，提高了交易可信度和交易效率。

2. 充电设备质量追溯

基于区块链的充电设备质量追溯如图5-12所示，将采购、物流、供应、使用、维护以及售后等环节的关键数据上链存证，记录和共享各环节的最新业务状态，可穿透式掌握质量评价、服务评价等所有环节的情况，形成质量管理全闭环，同时通过与金融机构、质检机构进行数据共享交互，实现充电设备质量的可信存证，完善对充电设备制造商的监督管理及评价机制，为充电桩运营商、个人充电桩主提供产品质量追溯服务。

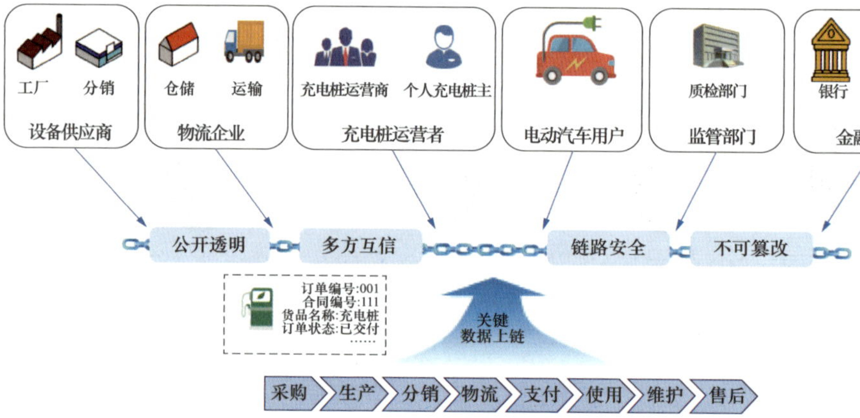

图5-12 基于区块链的充电设备质量追溯

3. 电动汽车充电交易

基于区块链的电动汽车充电点对点交易如图5-13所示，交易主体通过平台客户端完成交易发起、合约执行、交易验证的线上全过程。首先电动车用户根据服务评分情况选择充电站进行充电，使用充电客户端向平台中的背书节点发送调用充电服务操作。背书节点接收到请求消息后验证客户身份，通过执行智能合约模拟交易并进行充电服务评价。背书节点输出智能合约结果，带有背书签名的交易申请响应将被发送回客户端，客户端将其广播到排序服务节点。排序服务节点将有序交易作为块传送到这个通道上的所有节点，完成链上的所有节点的共识。

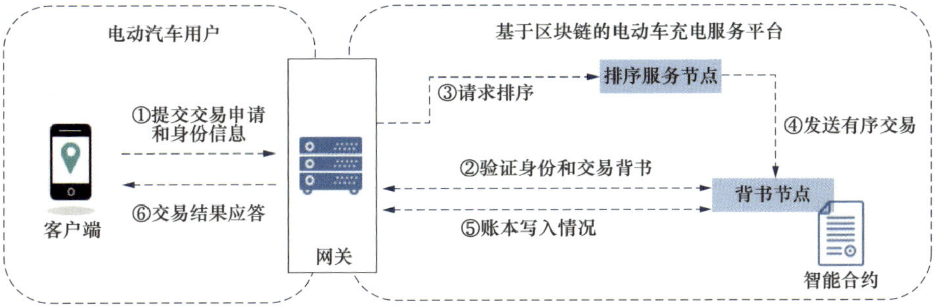

图 5-13　基于区块链的点对点交易线上存证

5.3.3　基于区块链的电动汽车充电应用成效

区块链与电动汽车充电服务的结合应用，宁波永耀电力集团有限公司正在开展试点应用，截至 2020 年 7 月，已完成平台的架构和功能设计。预计平台投运后，可支持秒级资金划拨，有效加快了点对点交易频率，提高发用电负荷竞争调控，减少弃风弃光率 1%。

5.4　需 求 侧 响 应

从广义上讲，需求侧响应是指电力市场中用户针对价格或者激励机制的变化做出响应从而改变其电力消费的市场参与行为。需求侧响应作为供需互动的重要手段，能够优化发电侧和需求侧的电力资源配置，有效缓解尖峰负荷对电量的需求，有助于提高电力系统运行效率、延缓电源电网投资。

随着能源革命深入推进，能源供需格局发生深刻变革，需求侧响应规模迅速增长。依据国网能源研究院相关数据预测，2025 年我国需求响应规模有望达到 7000 万 kW，占最大负荷的 4%左右，需求侧响应作为“削峰填谷”的重要措施，在保障电网安全运行和居民生活用电的可靠供应方面将起到非常重要的作用。国家也出台了多个政策支持需求侧响应工作的执行，2020 年 1 月 6 日，国家能源局在北京召开“十四五”电力规划工作启动会议中，提出要重点在充分调动需求侧响应资源、合理推动支撑性基础性电源项目规划建设、统筹优化全国电力潮流、完善电网结构上做研究；注重提升电力系统整体效率，推动电力绿色转型升级。

5.4.1 需求侧响应业务现状及特点

许多国家已从能源战略高度将需求侧响应资源置于与发电侧资源同等甚至优先的地位，已经开展了多项需求侧响应的试点工作。我国虽于 2012 年开始开展了一系列电力需求侧管理城市综合试点，但由于市场价格激励机制尚未健全，需求响应方面的实质性工作并不多，实施效果也并不尽如人意。具体问题如下：

(1) 激励机制相对较弱，且执行流程烦琐。国内部分电力省市电网制定了需求侧响应机制和开发了响应的运行平台，但是一方面峰谷电价差距较小，用户节省的电费不足以补偿其调整作息时间而产生的成本，很难激励电力用户改变其用电方式实现移峰填谷；另一方面，用户需要经过多个线下线上流程交替执行才能完成需求侧响应，电网评估为有效的响应后才能获得相应补贴。流程相对烦琐，用户体验不佳，不便于需求响应的申请和执行。

(2) 需求响应数据精细化管理水平不高。电力用户只关注电力消费总量，而对具体的电能使用情况了解甚少，用户无法通过自主分析消费信息、主动开展需求侧响应工作。而电力企业对用户的用电信息进行了实时记录，但并未对具体使用情况进行精细化分析、为用户提供用电诊断服务和负荷调整方案。

(3) 需求侧响应管理信息互联、数据共享难。用于需求侧响应管理的平台、重点用能企业用电在线监测平台以及双向电力负荷监控系统独立存在，并未互联互通，形成信息孤岛。转移负荷潜力的用户在激励机制不到位的情况下，不愿意参与需求响应，需求响应实施机构由于掌握的用户实时数据有限，无法找出需求响应潜在资源，无法确定哪些企业适合参与需求响应，影响了需求侧响应的执行。

5.4.2　基于区块链的需求侧响应解决思路

针对需求侧响应过程中遇到的问题，利用区块链技术建设基于区块链的需求侧响应平台如图 5-14 所示。以电网为响应核心管理部门，连接政府、电网公司、用户、监管机构，共同参与平台建设部署，实时进行数据共享。平台将需求侧响应策略发布、响应确认、即时执行、成效评估、补贴发放等业务数据全部上链，固化存证，可实现响应数据有据可查、核算有据，补贴发放可追，结合数据挖掘技术，挖掘数据的价值的应用到需求侧响应策略制定。

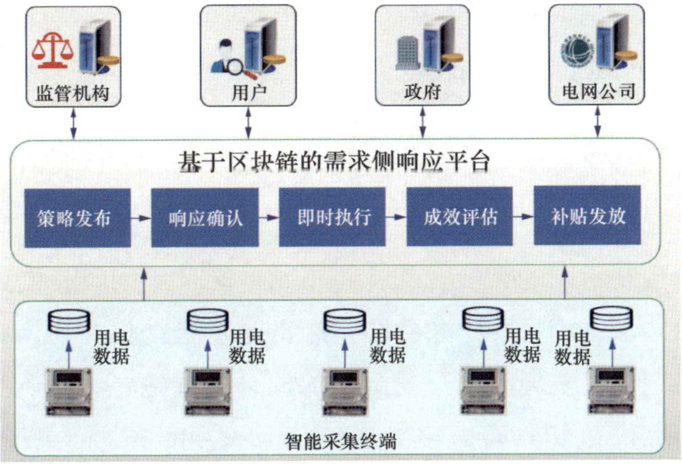

图 5-14　基于区块链的需求侧响应平台

1. 用户线上审核、确认

响应用户通过手机完成基于区块链的身份认证、线上响应申请，电网公司通过连接用电信息采集平台，完成用户相应能力的评估与审核，将满足能力的用户进行响应能力确认并报备上级，与用户完成线上签约，如图5-15所示。用户通过手机 APP，可以实时查看全部流程与当前进度，积极地配合完成操作。

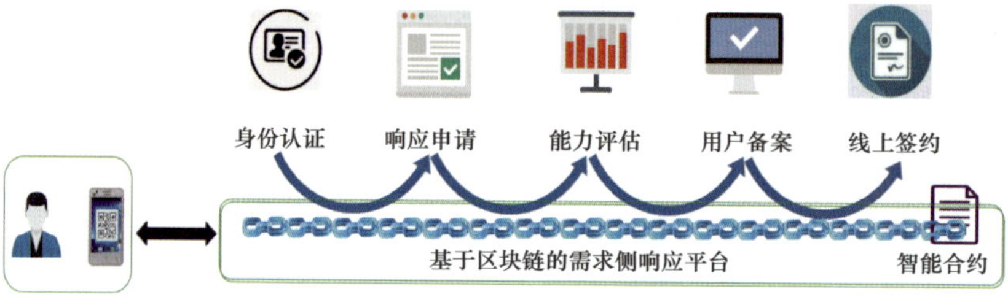

图 5-15 用户线上审核、确认

基于区块链的需求侧响应平台，将用户身份确认信息、响应能力评估、资质审核、签约等关键信息通过隐私保护技术和安全加密算法进行上链存证，链上传输，实现电子证据即时产生、即时固化、权威背书、快捷采信等。一方面可以实现对身份信息隐私保护、敏感信息加密存储传输，另一方面实现了用户线上审核、确认，简化了复杂的签约认证流程，实现了具有法律效力的线上签约。

2. 响应流程自动执行

响应流程自动执行（见图 5-16），在智能用电设备单元节点和分布式电源节点预制不同的智能合约，将不同地区及不同设备的供求关系信息在平台中共享，满足既定条件即实施点对点自动化交易，并在区块链中保存交易记录，实现能源交易数据的验证、传输、存储、维护、结算等。智能用电设备和分布式电源间的信息交互，实现了响应的自动运转，减少了信息传递环节、提高了响应运行效率，可实现计划与实时响应相匹配。

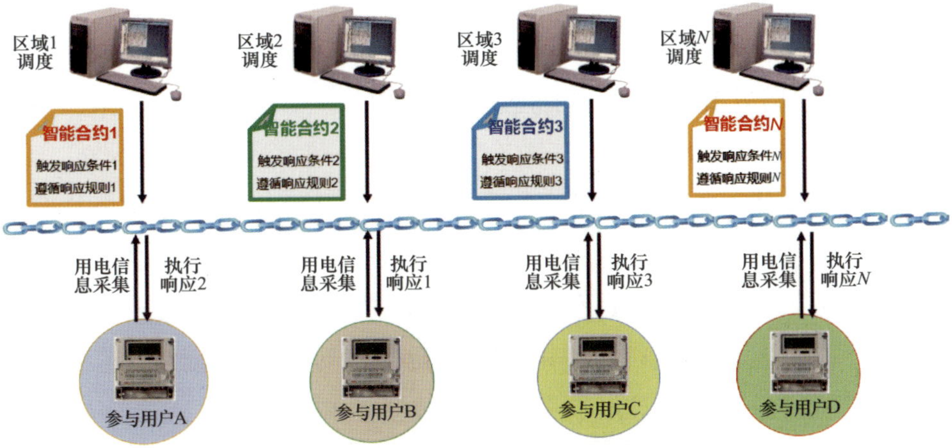

图 5-16　响应流程自动执行

3. 成效评估有据可查

响应成效的评估分为削峰需求响应评估和填谷响应评估，两个时段的评估标准不一样，用户对成效评估可能存在疑惑。基于区块链的需求侧响应平台，通过连接用电信息采集平台、可靠可信地记录了不同时段的响应电量数据，供电企业可以通过这些数据来完成用户需求响应评估，用户可以通过手机来查看响应相关数据（见图 5-17）。

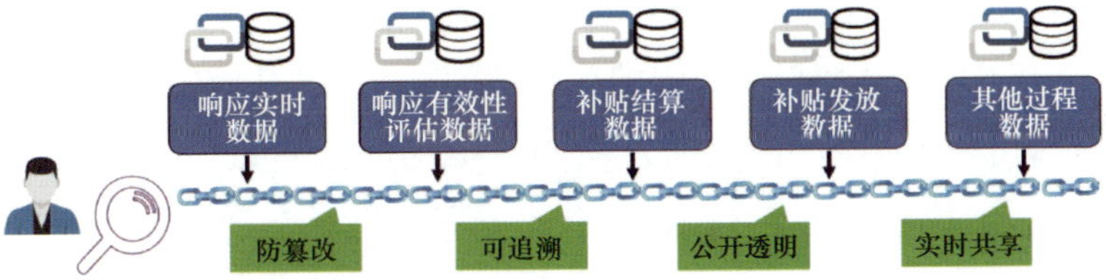

图 5-17　基于区块链的需求侧响应平台

4. 补贴精准计算、及时发放

补贴的精准计算及时核发是提高用户参与度的激励机制，利用区块链技术可解决需求侧响应执行过程中业务流程长、线下工作量大、用户体验差等问题，可实现响应业务流程全过程公开透明、补贴精准计算、及时发放。

5.4.3 基于区块链的需求侧响应预期成效

基于区块链的需求侧响应平台国网北京市电力公司、国网浙江省电力有限公司（简称国网浙江电力）正在开展基于区块链的需求侧响应平台试点应用实施计划，平台预计到 2021 年将正式投入使用。平台投入使用后，将实现无纸化、自动化、全部流程自动执行，大大节省资质审查、能力测算、补贴计算发放等业务工作量，减轻人员工作量、节约人工成本，提高工作效率，海量数据智能分析，指导需求响应策略的制定，引导用户优化用电负荷。

5.5 物 资 采 购

从全球来看，美国、日本、德国等发达国家已经建立了社会化现代供应链服务体系和供应链公共服务平台，在全球供应链竞争中占据领先优势。欧美国家已经将全球供应链竞争从企业微观层面提升为国家宏观战略层面。

2016 年 3 月 5 日，李克强总理政府工作报告中提到，“运用信息网络等现代技术，推动生产、管理和营销模式变革，重塑产业链、供应链、价值链，改造提升传统动能，使之焕发新的生机与活力。”这是供应链首次在政府工作报告中被提到，供应链是生产及流通过程中，涉及将产品或服务提供给最终用户所形成的网链结构，供应链将极大改变产业发展，推动新旧动能转换。

5.5.1 物资采购业务现状及特点

分析当前电力企业的物资管理现状，存在的问题主要表现如下：

（1）尚未形成智能化物资采购运作机制。在电力企业物资采购管理中，选择产品供应商、保证物资采购的性价比、对供应商强有力的监督管理等方面，仍存在大量人工干预、手动操作的情况，信息化、智能化能力仍待提高。这就影响对供应商进行合理地精准地分类分级管理，与供应商之间的合作关系并不稳定。在一定程度上不利于电力企业物资管理水平的进一步提高。

（2）物资采购管理体制仍需迭代优化。就当前的电力企业的采购部门实行物资采购咨询的实际工作状况来看，整个电力企业的采购、购买过程中已基本建成较为合理的物资购买、监督管理体制，但在实际采购中仍存在设备质量难追溯等问题。要实现电力企业物资管理过程的真实可信、防造假防篡改，就需要电力企业在其物资管理工作中通过信息化、数字化手段，迭代优化物资采购管理体制。

5.5.2　基于区块链的物资采购解决思路

建设基于区块链的物资智能服务系统，将物资结算一体化协同、结算支付申请自动化作业以及结算单据电子化处理 3 个智慧供应链场景进行融合，可实现物资供应服务智慧运营，推动现代（智慧）供应链体系在物资领域的落地生根和高效应用。

基于区块链的物资智能服务系统，采用“平台＋APP＋终端”的系统架构，应用区块链和“大云物移智”等新一代信息技术，可实现物资供应可视化、单据流转电子化、业务办理智能化、信息存储加密化，将供应计划、到货验收、物资交接、履约结算等业务进行有机融合，推动物资供应链管理工作全面转入线上，实现“数据多跑路，人员少跑腿”，让供应商业务办理至多“跑一次”，大幅度提高办事效率。基于区块链的物资智能服务系统总体思路如图 5-18 所示，系统将从物资生产、物流、销售等环节应用大数据、区块链等技术进行全流程管理，构建物资采购全生命周期管理体系。

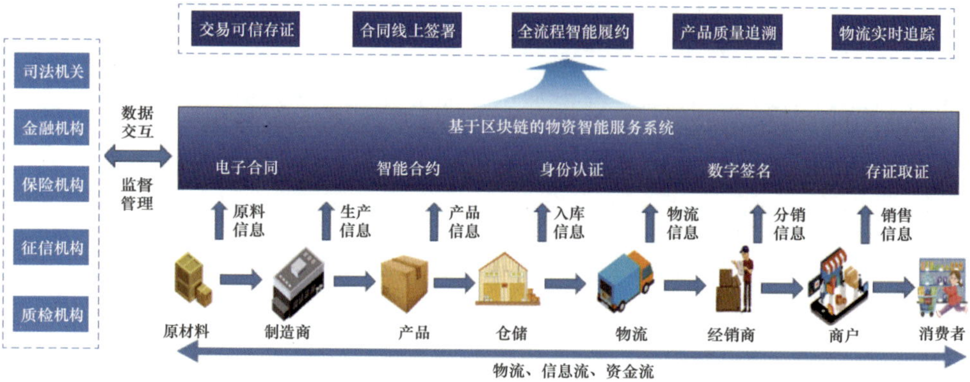

图 5-18　基于区块链的物资智能服务系统总体思路

1. 基于区块链的物资采购业务流程

物资采购流程涉及原材料供应商、制造商、物流、仓储、分销商、经销商、消费者等多类型主体，采购流程具有企业地域分散、交易流程复杂、业务环节众多等特点。基于区块链的物资采购业务流程如图 5-19 所示，一方面将寻源采购、下单选购、配送供货、支付结算等各环节的关键数据上链，可实现业务线上办理、数据可信存证；另一方面，通过构建采购专区、管理平台、运营平台、供应商中心、数据智库以实现数字化物资采购管理能力，同时通过区块链接入互联网法院、保险机构、银行等机构进行跨链

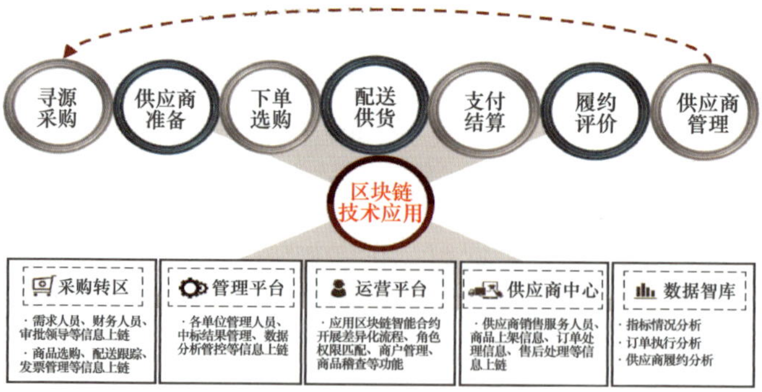

图 5-19　基于区块链的物资采购业务流程

互信，业务环节无需再引入第三方权威机构进行信任背书。

2. 基于区块链的采购订单可信存证

基于区块链的采购订单可信存证功能如图 5-20 所示，将采购过程中发货信息、配送信息、支付信息、用户评价信息、订单数据、身份数据等上链存证，实现物资及非物资采购订单审批通过后的司法存证，同时支持采购订单收货确认、发票校验的可信查询功能。

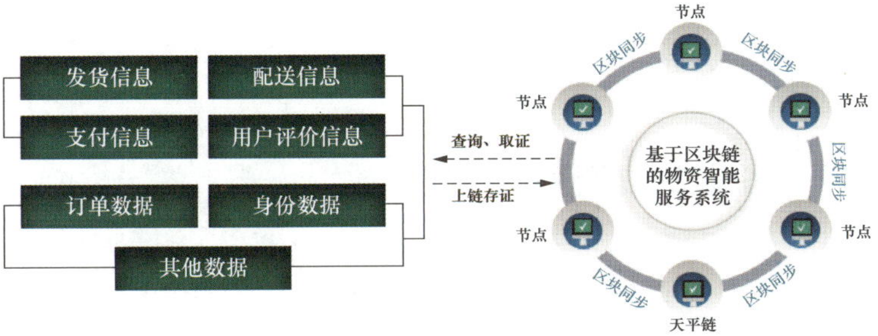

图 5-20　基于区块链的采购订单可信存证

3. 基于区块链的物资采购合同履约

基于区块链的物资智能服务系统（见图 5-21），提供电子签名技术+电子云盾服务，可实现合同签署、合同验证、合同管理及合同保全，符合国家关于电子签名法要求，具备法律效力，可降低管理风险和法律风险。同时，无需引入第三方权威机构进行信任背书，降低了每年的身份认证成本，减少合同签署过程中签订双方的费用成本和等待时间，大幅度提高物资采购审批签署效率。

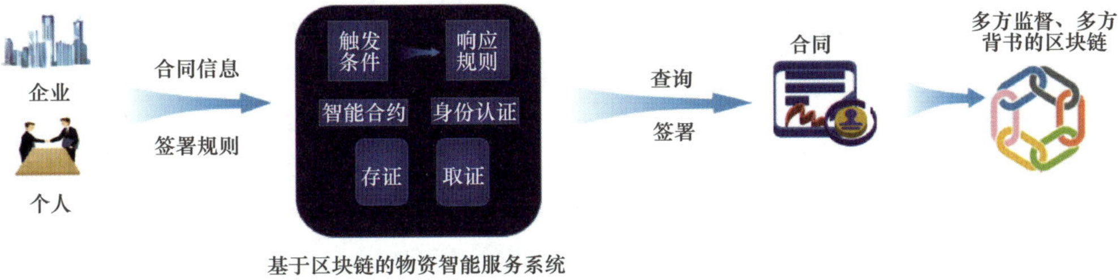

图 5-21　基于区块链的物资采购合同履约

在电子合同签署过程中，采购方与供应商通过数字证书方式进行身份认证，由负责发放和管理数字证书的权威机构向企业、个人颁发数字证书和介质，并收取一定费用，建设费用较高。区块链技术将用户实名信息审核后，通过安全认证介质生成公司钥对，并完成用户信息的哈希值在可信区块链平台上链，实现上链前和上链后身份唯一性的安全加固，可完成整个身份认证的全生命周期管理，无需引入第三方权威机构进行信任背书，降低了每年的身份认证成本，减少合同签署过程中签订双方的费用成本和等待时间，可大幅度提高签署效率。

5.5.3 基于区块链的物资采购应用成效

基于区块链的物资智能服务系统在 2018 年年底通过第三方安全测试，并于 2019 年 5 月在国网辽宁省电力有限公司（简称国网辽宁电力）基建项目中开展试点应用，11 月开始全面推广运行。截至 2020 年 6 月，共有 439 家供应商完成了注册，并已在鞍山、营口、盘锦、锦州等 8 个地市公司开展了订单角色分配工作，系统内注册用户达到 673 人，供应商通过系统办理了 7.5 万余笔订单，并实现了上链存证，累计涉及款项金额约人民币 12.79 亿元。

基于区块链的物资智能服务应用可以提升物资采购办理效率。国网辽宁电力通过应用的使用，将物资供应周期由原来的平均 45 天/订单，缩短至 30 天/订单；传统结算业务办理需要在日常工作时间内完成，即 5×8 小时，而新场景下可以实现 7×24 小时办理；单笔订单办事效率提升了 3 倍；人工窗口也可以由 10 个窗口精简至 2 个窗口。按照省内年均 5 万笔订单进行计算，基于区块链的物资智能服务系统的使用每年直接可产生经济效益 450 万元，同时每年可为供应商节省差旅成本 700 万元，切实降低了国网辽宁电力及供应商的运营成本，形成双赢的局面。

5.6 优质服务

优质服务，指在符合行业标准或部门规章等通例的前提下，所提供的服务能够满足服务对象的合理需求，保证一定的满意度。电力行业是公共服务行业，优质服务是供电企业生存和发展的生命线。

随着《电子商务“十三五”发展规划》《网络交易管理办法》《国务院办公厅关于加快电子商务发展的若干意见》等政策出台，进一步明确了电子商务及电子商务服务业的战略新兴产业地位，这将持续激发电子商务服务业的发展潜力，未来前景可期。

自2016年以来国家电网公司积极利用新技术推动业务模式、服务模式转型发展，打造“互联网型、主动贴心、高效精准、增值绿色、民生均衡”的供电服务新模式，以区块链技术为基础，以“一网通办”作为业务聚合平台，电子发票和电子合同为服务创新抓手，积极开展服务创新，推动电网向服务政府、服务地方、服务客户的创新服务型企业转型。

5.6.1 电力行业优质服务业务现状及特点

随着能源体制改革的不断推进，电力行业市场化程度也随之加深。面对不断变化的市场需求和国家监管、公众关注度的持续提高，近年来，电力企业不断地深化服务意识，提升服务水平。经过不断的努力，电力行业的服务水平已经得到一定程度的提高。但就当前服务现状来看，仍然存在提升潜力，具体表现在：

(1) 业务协作成本高。不同的客户业务往往需要在不同的系统办理，在不同的业务系统之间进行切换降低了业务效率，影响了客户体验。企业之间的协作，存在信息系统覆盖不全的情况。比如不同类型的机构进行在对账时，往往要从信息系统中导出电子表格，并用邮件发送。甚至需要打印表格、盖章后邮寄，对方收到后再与系统数据进行比对。整个业务流程并不复杂，但是消耗了很多人力物力，成本较高，而且制约了业务运行效率和用户体验的提升。用传统中心化的数据库建设，沟通与信任成本相对较高，授权机制复杂，可扩展性较差，在数据传输过程中，信息安全难以有效保障。

（2）数据共享程度低。大多数企业还在使用传统的数据共享手段，普遍存在数据接收方无法判断数据真实性和合法性的问题，数据真实性得不到保证，直接影响数据决策支持的准确性。数据类型复杂、标准不一，数据交换缺乏信任源、安全难保障，数据控制权缺失等诸多问题造成数据交换难、共享难。比如在电子发票领域，由于电子发票具有可复制性，无法彻底回收的特点，致使有不法企业或人员利用这种特点恶意开具电子普通发票并作废，受票方开出的电子普通发票打印后作为扣税凭证，如果不能及时对这种企业进行票据有效性核实，将造成国家税款流失。

5.6.2 基于区块链的优质服务解决思路

利用区块链高效协同的技术优势，以网上国网作为业务聚合平台，电子发票和电子合同为服务创新抓手，在提升优质服务方面开展应用研究。

1. 基于区块链共享协同的“一网通办”

根据国家电网公司以业务协同发展和问题消除为出发点，推动常用办电业务线上数据共享和业务协同体系建设的发展目标，考虑通过区块链技术建设客户聚合、业务融通、数据共享的业务服务平台，可实现交费、办电、能源服务等业务“一网通办”。加强与政府部门数据互通互享，将能源业务的“一网通办”与政务“一网通办”服务联动，可实现从不动产、工商、公安获取客户办电主体证明和产权证明电子信息，免去客户上门办电提交证明材料之烦琐。

基于区块链的“一网通办”解决思路如图 5-22 所示，连接政府、电网、企业、不动产中心、工商部门、金融机构等多方主体，构建身份信息统一管理模式，打破身份壁垒，同时，将用户的营业执照信息、产权信息、用电信息等上链存证，实现数据共享，提高与政府多部门的协同办公效率，提升用户使用体验。

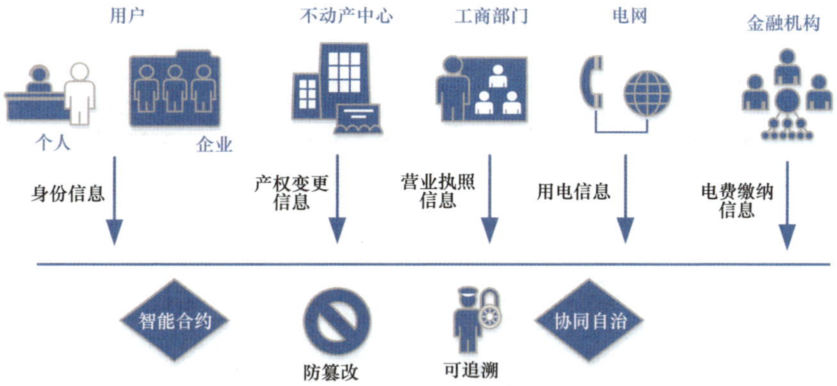

图 5-22　基于区块链的“一网通办”解决思路

2. 基于区块链的电子合同

区块链技术纵向贯穿整个电子合同的签订和管理流程，横向链接多方参与机构，可实现电子合同的安全签约、数据可信、同步存证、永久保存和追踪审计等。基于区块链的电子合同系统可随时调用、查验、管理已签各类合同相关文档；支持上链电子证据存取服务，实现证据的永续存在、永久固化，从而可为企业提供高安全、高可靠性的服务保障；通过与司法级区块链平台的对接互信，直通司法鉴定中心，链接全面司法服务，实现一键快捷举证。

区块链电子合同解决思路如图 5-23 所示，使用区块链技术对数字证书验证、签名签章查验、电子合同存储、司法服务连通进行全流程数据存证，应用区块链技术并结合物联网标识技术或者生物识别技术，根据不同的应用场景，可快速完成签约人身份认证（包括移动端认证和 PC 端认证），从而保障电子合同用户的真实性和可信性，确保用户自数据使用、浏览及转发的权限。将区块链技术应用于电子合同签名，可以更有效保护交易和电子合同的可靠性，检测并防止对信息的篡改。除此之外，将区块链技术应用于电子合同举证，可以非常有效地解决可信、存储、追溯问题，极大提高电子合同举证的可用性。

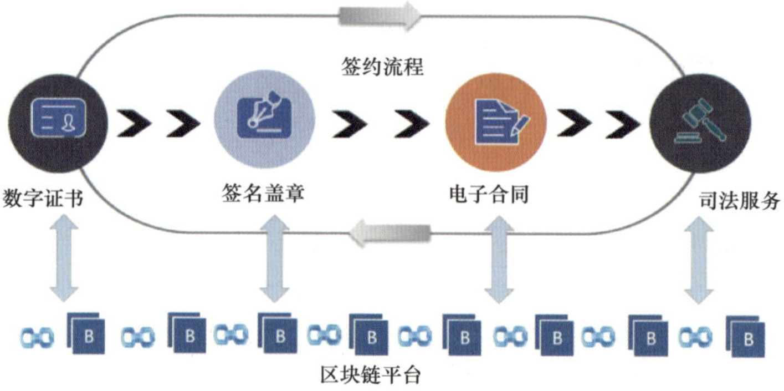

图 5-23　区块链电子合同解决思路

3. 基于区块链的电子发票查验

国网电商公司打造的区块链电子发票查验平台，为电子发票验真和防止重复报销，提供了一整套解决方案，如图 5-24 所示。平台记录了电子发票的关键要素和报销状态，电子发票通过此区块链查验平台，将会重新生成一个查验二维码，财务人员只需要扫码查看二维码就能查验发票的真实

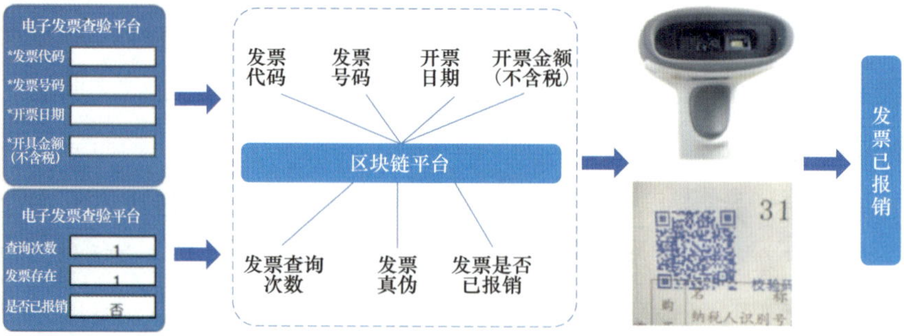

图 5-24　区块链电子发票查验平台

性和报销状态。从报销流程上节省了财务人员和待报销员工的时间成本，提高了工作效率。

5.6.3　基于区块链的优质服务应用成效

国网河南省电力公司（简称国网河南电力）构建了基于区块链的“一网通办”平台，截至 2020 年 7 月，已完成平台设计的需求调研，平台的功能设计正在进行中，平台投运使用后，将实现电力过户与不动产过户联动办理。

基于区块链的电子合同、电子发票业务，直接降低了企业的人工成本、时间成本和经济成本，每家企业每年可节省的打印耗材、快递寄递及人员管理成本约数十万元。以国网电商公司为例，利用智能合约技术，结合区块链身份认证机制，为企业、个人提供线上合同全流程管理与存证、取证服务。截至 2020 年 6 月，国网电商公司电子合同上链数据累计 1485 笔，合同总额 8.6 亿元，合同数量 450 份。同时，2017 年 12 月上线的区块链电子发票系统，很好地解决了电子发票重复报销问题。2019 年一年累计开票 2000 余万张，共节约逾 50 亿份纸张，相当于 7 万棵树木，每年直接、间接经济效益达数百万元。

5.7　线　损　管　理

线损是电能通过输电线路传输而产生的能量损耗。线损率反映电力系统运行的经济性，与输电距离、电网技术水平、电网管理水平等密切相关。我国国土面积大、资源与负荷分布不均衡、需要远距离输电，电力企业承担着优化能源资源配置的重要职责，担负着满足国民经济发展和人民生活用电需求的基本职能，在建设节约型社会的进程中，发挥着重要的基础性作用。因此，需要加强电力企业的电能损耗管理尤其是线损管理。

随着电网建设发展及城乡电网的大规模改造，电网的网络结构趋于合理化。国家电网公司非常重视线损治理，研发了一体化电量与线损管理系统，开展国家电网内部各级供电部门按同一时段内供、售电量计算得出的线损率治理，线损率大幅下降，取得了非常显著的经济效益。

5.7.1 线损管理业务现状及特点

现有线损管理业务存在以下特点：

(1) 跨专业异常问题缺乏有力的管控手段。台区经理使用线下工单管理线损治理问题，对于需要跨专业治理的线损问题，线损分析人员将问题整理到 Excel 内，然后通过电话、邮件或者微信派发问题，其他部门反馈后再记录治理结果。各专业之间协调配合依赖线下工单的流转，沟通效率低，沟通成本高，实现多专业的联动比较困难。

(2) 数据可靠性不高。同期线损系统集成营销业务应用系统、用电信息采集系统、电能量采集系统等七大业务系统数据，数据传输链条很长，数据传输过程中如运维人员不能及时发现漏传、错传问题，将影响同期线损系统计算结果准确性，若通过人工核验数据一致性，则需要耗费大量人力物力。

(3) 数据传输、存储和计算压力大。同期线损管理系统采用档案、表底全量上传，数据统一存储，线损统一计算，再进行四分线损结果发布。这样的技术路线给数据传输、存储和计算带来极大的压力，造成大量数据传输和存储浪费，并且传输过程中基础数据容易被篡改。

(4) 数据运维缺乏有效的责任定位机制。线损管理实行“本部统筹、属地公司负责”的模式，受线损专责、线路管家或者台区经理自身技术水平、现场运维经验、内外部环境的制约，部分疑难问题无法精准定位或者已定位问题不能有效解决。

5.7.2 基于区块链的同期线损管理解决思路

构建基于区块链的同期线损基础服务平台，打造发展、设备、营销、调控、互联网等多专业共建、共维、共享、共赢的同期线损生态圈，促进跨专业协同。应用区块链技术可高效的核查数据传输一致性，保证线损计算数据的可靠性；为线损计算提供可信、安全、隐私、低成本的数据交互通道。基于区块链的同期线损基础服务平台如图 5-25 所示，将线损管理设备档案、运行数据、图形拓扑、现场操作人员等关键信息上链存证，可对降损有效性连续跟踪，保障降损责任有效落实。

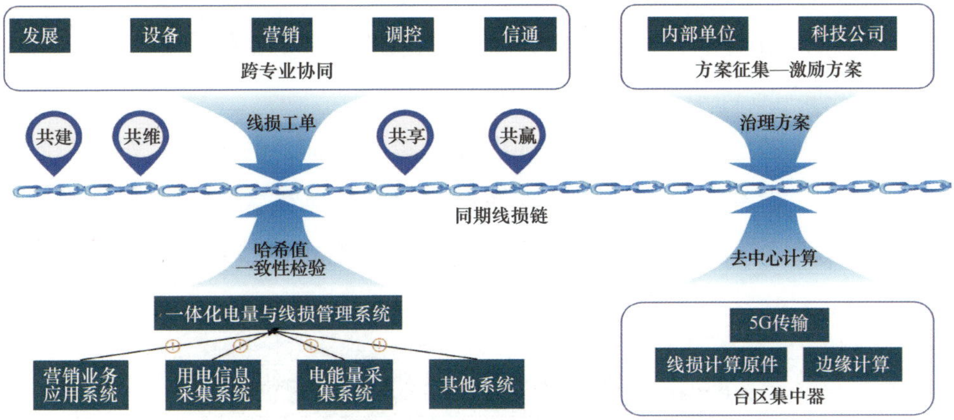

图 5-25 基于区块链的同期线损基础服务平台

1. 工单链上协同流转

基于区块链管理同期线损工单，多专业操作人员和操作内容全过程可追溯、不可篡改，全过程透明。基于区块链的同期线损治理协同过程（流程见图 5-26)，首先，线损分析人员定位到具体问题，整理线损工单，建立工单后发布到同期线损链；然后，各专业接收工单，结合本专业系统数据，反馈发现的问题；其次，治理责任人检查和治理线损问题，在同期线损链上反馈治理情况，记录反馈时间；再次，台区经理核查问题解决情况，选择是否关闭工单；最后，线损分析人员比对各类问题、各环节治理时间，治理效果，优化业务管理流程。

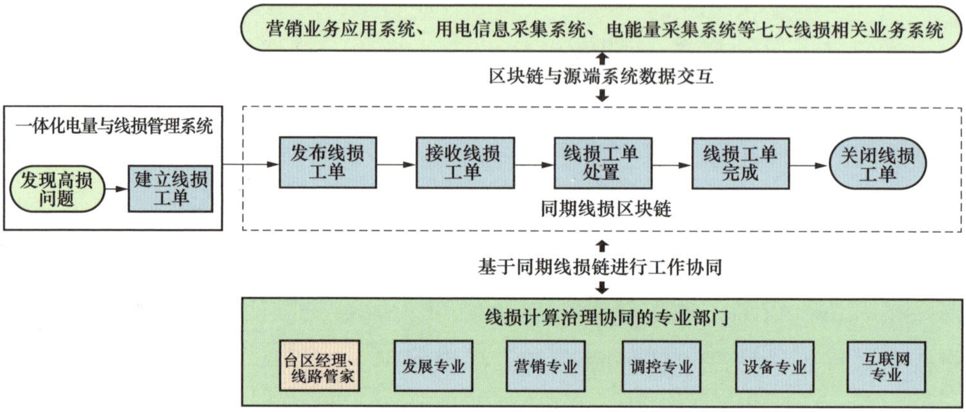

图 5-26　基于区块链的同期线损治理协同流程

2. 数据一致性校验

利用区块链技术在数据传输时生成哈希值存证，数据接收方生成哈希值进行验证，哈希值相同数据校验通过，否则数据传输存在问题，重新传输数据。图 5-27 中黄色叹号位置是应用区块链哈希值技术进行数据核查的传输通道。

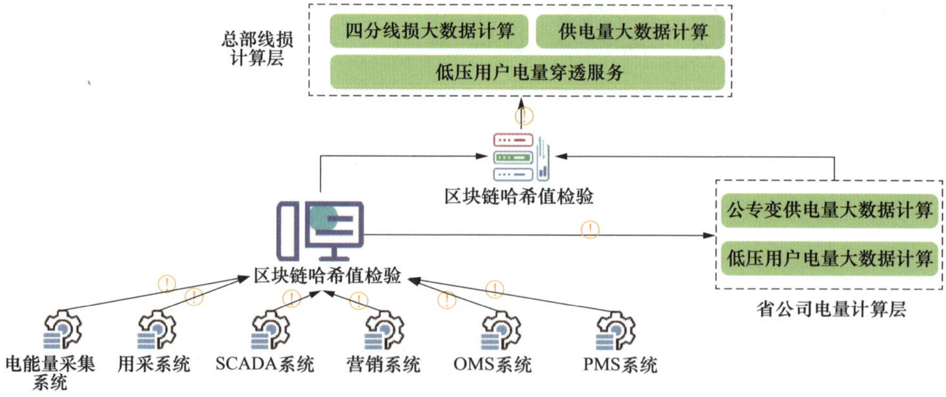

图 5-27　基于区块链的同期线损数据一致性检验

3. 线损去中心化计算

基于区块链技术推动线损计算去中心化流程如图 5-28 所示。首先，线路管家和台区经理在试点台区集中器上部署线损计算、数据通信组件，铺设边缘计算和 5G 通信的基础设备；然后，在设备层进行边缘计算"四分线损"，传输到采集系统，并在同期线损链上存证；最后，线路管家和台区经理根据设备层计算的"四分线损"开展线损治理。通过台区集中器内原件计算线损，基于区块链技术实现线损计算值的同步，各级单位共同监督线损治理情况，减少大规模数据传输的成本和风险。

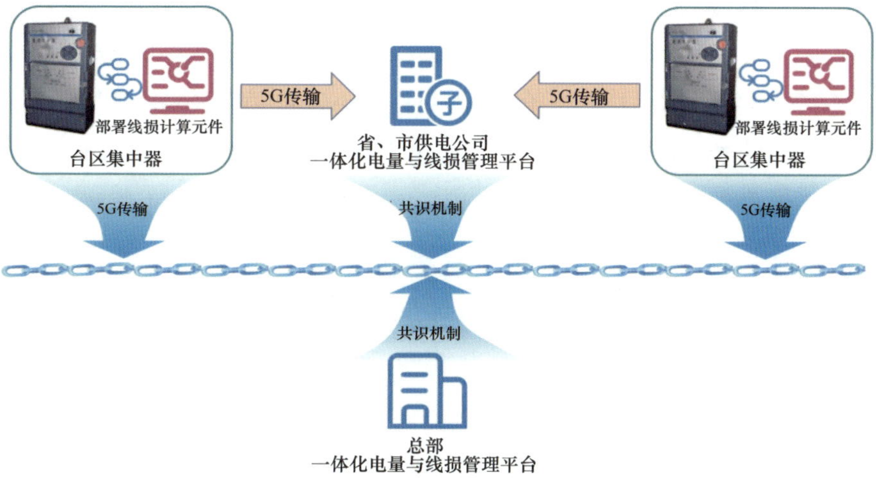

图 5-28　基于区块链的同期线损去中心化计算流程

4. 线损责任定位

充分应用区块链技术落实线损治理责任，其流程如图 5-29 所示，为每位存证记录人员配置区块链地址，高损治理过程中将降损成效、设备档案、运行数据、图形拓扑、现场操作人员等关键信息上链存证，对治理过程进行全过程跟踪存证，确保问题销项可控、在控，治理任务按期完成。对于已经治理的问题，再次出现高损状态，可排查区块链上存证的问题治理工作是否执行，追究存证人员和现场操作人员责任。同时，向全体治理人员公开治理过程，逐渐形成同期线损治理的海量典型案例库。

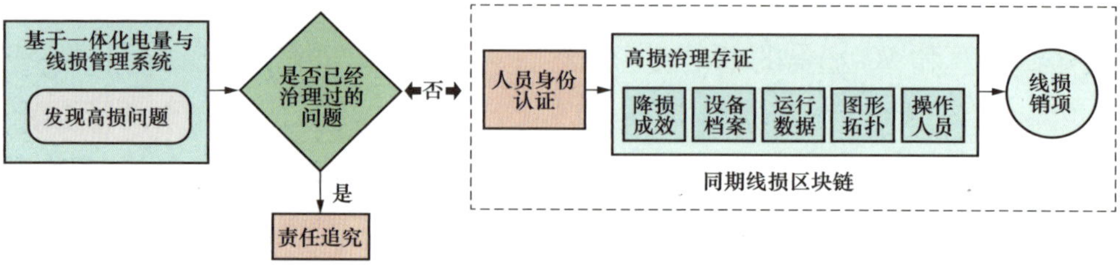

图 5-29 基于区块链的同期线损责任定位

5. 征集线损治理方案

通过区块链技术开放一部分线损治理疑难问题，引入公司内部其他单位或者外部科技公司参与治理。基于区块链的同期线损征集线损治理方案流程如图 5-30 所示，首先，台区经理和线路管家整理疑难线损情况和奖励内容，发布到区块链上；然后，方案提供方查证线损情况，或者进行实地调研形成治理方案，将治理方案在区块链上进行存证；其次，方案评审专家对治理方案进行评选，选择优秀方案；再次，台区经理和线路管家执行选中的方案，并将执行效果上链存证；最后，对于优秀方案提供者和选对方案的评审专家进行奖励。台区经理和线路管家向方案提供者和评审专家提供物质奖励，通过智能合约部署在区块链上，自动触发奖励发放。

5.7.3 基于区块链的同期线损管理应用成效

国网北京电力联合国网电商公司，开展基于区块链的同期线损管理应用。经测试，同期线损跨专业协同问题解决时间由原来的平均需要 7 天，缩短至 3 天，业务协同效率明显提升；数据传输一致性验证时间，仅需要 5 分钟，大幅度缩减了一致性验证周期，线损治理能力将全面提升。

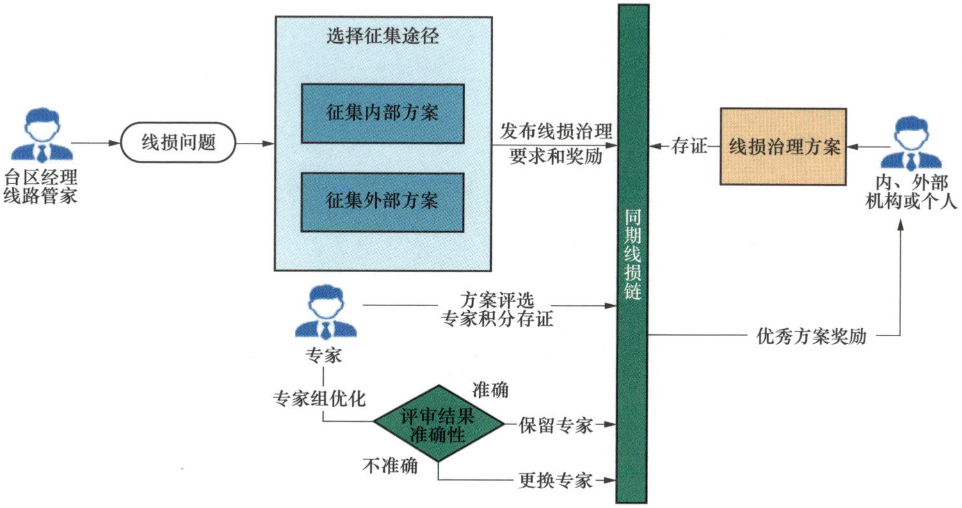

图 5-30　基于区块链的同期线损征集线损治理方案流程

第 6 章

区块链在能源金融领域的应用与实践

能源金融是能源实体金融与能源虚拟金融的有机统一，核心在于满足能源信贷资金并有效解决能源金融安全，能源产业的资本密集型特征决定了能源金融与其他金融形态相比规模大、周期长。因此，区块链技术在能源金融领域具有天然的应用优势，在能源金融行业发展中可以帮助规避能源市场风险，建立公平开放的市场机制，更好地服务于其他能源金融衍生品的形成。区块链技术防篡改、不可复制的唯一性，可以提升能源数据安全和数据可靠性，解决能源金融中存在的信息不对称以及融资信用问题，推动经济数字和能源转型融合发展，赋能能源新型基础设施建设。

本章通过阐述供应链金融、能源积分、停电保险、电费金融、跨境电商五个方面的区块链技术在能源金融的应用实践来展开具体讨论。

6.1　供应链金融

金融是指货币的发行、流通和回笼，贷款的发放和收回，存款的存入和提取，汇兑的往来等经济活动。随着社会的不断发展，供应链金融作为新型的融资方式，其理论和模式也在不断的完善中，中国人民大学商学院宋华教授的相关研究成果对供应链金融的界定为：以核心客户为依托，以真实贸易背景为前提，运用自偿性贸易融资的方式，通过应收账款质押登记、第三方监管等专业手段封闭资金流或控制物权，对供应链上下游企业提供的综合性金融产品和服务。在能源电力领域，供应链金融是银行等金融机构将电网公司等核心企业和上下游企业联系在一起提供灵活运用的金融产品和服务的一种融资模式。

20 世纪末以来，供应链金融模式经历了四个发展阶段，即供应链金融 1.0，围绕核心企业信用服务上下游企业，人工审批一事一议；供应链金融 2.0，围绕核心企业以银企直联为核心实现批量获客；供应链金融 3.0，以平台为核心，整合商流、物流、信息流、资金流“四流合一”；供应链金融

4.0，利用区块链等金融科技，供应链核心企业向供应链上下游提供融资服务，实现供应链金融系统去中心化。供应链金融作为一个金融创新业务在我国迅速发展，该业务为供应链上的核心企业、上下游企业提供新的融资渠道，已成为银行和企业拓展发展空间、增强竞争力的重要领域。

6.1.1 供应链金融业务现状及特点

供应链金融的参与者已经囊括了银行、行业龙头、供应链公司或外贸综合服务平台、B2B平台、物流公司、金融信息服务平台、能源金融科技公司等各类企业。供应链金融在保证供应链上下游企业数据流真实性、透明性和流通性发挥了重要作用，但传统供应链金融发展中存在着供应链体系上中小企业融资难、供应链数据割裂、资金端风控成本高、融资工具流通难度大等局限性问题急需解决。其主要问题如下：

1. 供应链上存在信息孤岛

同一供应链上的各个企业之间的ERP系统相互独立的现状，导致企业间信息割裂，全链条信息难以融会贯通，上下游企业的信息不透明会增加银行等金融机构风控难度，供应商等中下游企业融资的渗透度也会大大降低。

2. 核心企业信用不能传递

传统的供应链金融工具传递核心企业信用能力有限，信息孤岛导致上游供应商与核心企业的间接贸易信息不能得到证明，出现银行承兑准入条件比较高、商业汇票存在信用度低等问题，导致核心企业的信用只传递到一级供应商层级，不能在整条供应链上做到跨级传递。

3. 缺乏可信的贸易场景

在供应链场景下，核心企业为可信的贸易背景做背书，银行通常只服务核心企业及其一级供应商的融资需求，而供应链上的其他中小企业缺乏实力来证实自身的还款能力及贸易关系的存在，以至于在现存的银行风险控制体系下，难以获得银行融资，银行也很难渗入供应链获取客户和放款。整体来讲，可信的贸易场景只存在于核心企业其一级供应商之间，缺乏丰富的可信贸易场景。

4. 履约风险无法有效控制

供应商与买方之间、融资方和金融机构之间的支付和约定结算受限于各参与主体的契约精神和履约意愿，尤其是涉及多级供应商结算时，不确定性因素较多，时常出现资金挪用、恶意违约或操作风险等现象。

5. 融资难、融资贵

在目前赊销模式盛行的市场背景下，供应链上游的供应商往往存在较大资金缺口，如果没有核心企业的背书，他们难以获得银行的优质贷款，而民间借贷利息成本往往很高，这些问题的存在是导致其融资难、融资贵的主要因素。

6.1.2　基于区块链的供应链金融解决思路

供应链金融以围绕服务实体经济、整合产业上下游资源、促进中小微企业健康发展的总体思路，基于“物资采购”“新能源”“综合能源服务”三大场景，针对行业发展中的痛点及难点问题，推出应收账款保理融资、物资电商化采购融资、存货类融资等系列金融产品。

基于区块链技术通过智能合约、资产数字化、共享账本、数据存证等方式，利用上链存证、数据加密、信用确权、追踪溯源等功能，确保供应链金融交易中票据上的应收账款、应付账款以及合同上的重要信息得到验证和企业信用有效传导，进而实现上下游供应链金融业务有效畅通。在供应链金融全业务流程中（如图 6-1 所示），首先，上游供应商与核心企业确定了产品需求并签订合同后上链存证，下游经销商与核心企业发生交易产生电子发票等信息后进行上链存证；其次，上下游企业分别向金融机构进行融资申请；再次，金融机构从核心企业处获取上下游企业的上链交易信息和征信查询，确认各交易主体的信用信息；最后，金融机构进行授权放贷，为产业上下游相关企业提供全面的金融服务，降低整个供应链运作成本，提升金融资本和实体经济的协作，构筑金融机构、企业和供应链的互利共存、持续发展的产业生态。

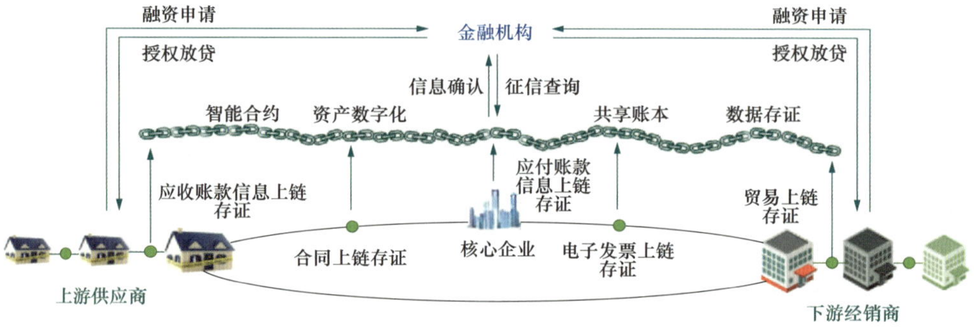

图 6-1　供应链金融全业务流程

1. 应收账款保理融资

供应链金融服务中的一个重要的解决途径是利用应收账款保理融资，其主要流程如图 6-2 所示。首先，供应商有融资需求时，登录区块链平台提交融资申请；然后，金融机构会通过区块链平台查验应收债权信息、签署业务协议，通过平台将应收债权转让给金融机构指定回款账户，并把债权转让信息同步给核心企业；最后，由金融机构向供应商放款，用于供应商偿还债务。

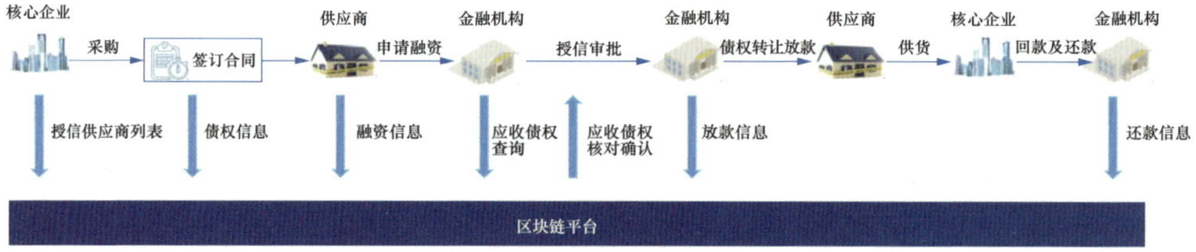

图 6-2　应收账款保理融资流程

在能源电力的交易中，可通过构建线上产业链金融平台，在与上下游企业签订合同后，实现债权信息自动上链，并利用区块链分布式记账的特性，多个节点保持企业数据一致。另外，打造的区块链数字票据，来提高企业信息准确性，提升协同效率，实现精准化数字金融和普惠金融服务，帮助上下游企业实现低成本、高效率融资，优化营商环境。

2. 物资电商化采购融资

物资电商化采购融资是一种基于交易数据的融资产品，以供应商在物资电商化采购业务中获得的合格订单为基础，以订单对应的应收账款为第一还款，为供应商提供不高于订单总金额的融资。

物资电商化采购融资流程如图6-3所示（以国网商城平台为例）。在流程中，核心企业通过采购订单在国网商城进行商品采购，国网商城将形成的采购订单提交给供应商，此时供应商与核心企业产生了债权信息；为了完成采购订单，供应商有需要融资来完成商品的生产，便向供应链金融平台发起融资申请；供应链平台接收到供应商的申请后，为了降低风险，会从核心企业方进行收集授信供应商列表，然后为供应商寻求合适的资金供应方；资金供应方根据供应链金融平台的信用保证，放款给供应商，并将

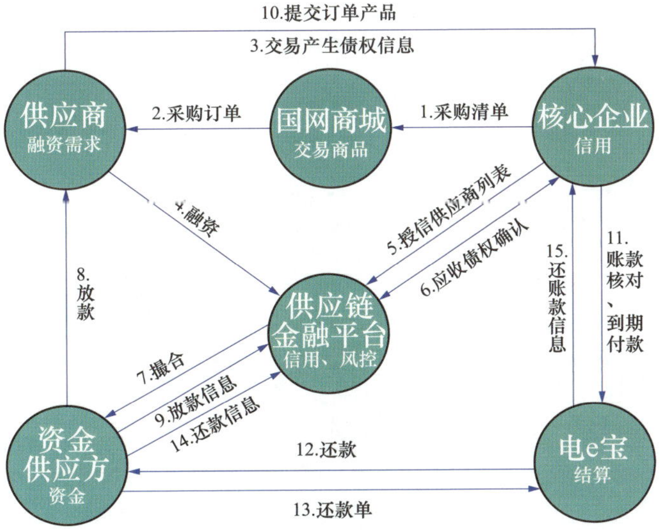

图6-3　物资电商化采购融资流程图

放款信息反馈给供应链金融平台；供应链平台通过资金供应方的放款信息与核心企业进行核对和确认应收债权；供应商融资成功后开始生产产品，将订单产品按照交易合同中的日期提交给核心企业，核心企业接收到产品后进行产品和账款核对，并到期付款；最后，电 e 宝向资金供应方还款，产生的还款信息会反馈给供应商金融平台以及核心企业，进而有效传导各方的信用，提升交易效率和经济效益。

3. 存货类融资

在供应链业务环节中，借款人通过质押货物或有效期的期货商品所对应的标准仓单，获得用于满足其短期流动需求的资金，或用于满足其进行标准仓单交割所需资金的融资模式，典型的产品包括动产质押融资、仓单质押融资等。

基于区块链的存货类融资业务流程如图 6-4 所示，基于与仓储方生产系统的对接，有效聚集货主、仓储方和资金提供方等融资参与方，实现货物质押指令的实时传递、质押物状态的实时查看与权属信息的实时

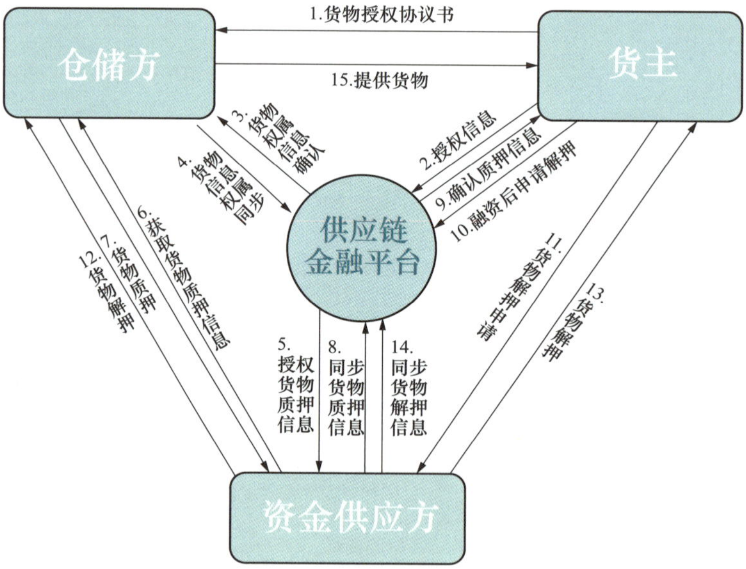

图 6-4 基于区块链的存货类融资流程

变更等核心功能。基于区块链的存货类融资过程中，一是经过货主授权，资金提供方在获取质押权之后，可查看仓储方生产系统中货主的历史库存信息的权限，并可在质押业务存续期间实时查看质押物状况；二是存货质押的指令将通过供应链金融平台和货主方的审核和批准传递至仓储方的生产系统，实现货物上权属状况等信息的同步变更，从而有效缓解融资各方信息不对称等问题。进而将存货资产化，记录存货入库、出库、货权转移等资产的全生命周期流转过程，实现融资过程透明，同时方便后续审计。

6.1.3　基于区块链的供应链金融应用成效

国家电网有限公司在供应链金融领域已经取得阶段性的成效，该业务于 2018 年在国网湖南省电力有限公司（简称国网湖南电力）试点单位落地应用。截至 2020 年 2 月，国网湖南电力在供应链金融业务上已经服务中小微企业超 1 万户，授信金额达 16.18 亿元，有力支撑供应链金融产品“物资电商化采购订单”“应收账款保理”融资放款额超过 1 亿元。下一步，国家电网有限公司将联合上下游企业进一步基于区块链核心技术自主创新，构建更加完善的可信融资体系。

6.2　能　源　积　分

商户为了维护客户而在客户消费的同时给予一定的积分奖励，当这些分数累积到一定额度时，可以换取一些奖品或者抵扣商户的消费金额。当前，国内绝大多数服务领域企业均推出了积分计划，尤其是电信、电子商务、银行、餐饮、航空等行业，这些行业领头企业的积分不管是在发行还是兑换上已经形成了一套较为成熟的体系。

各种传统的积分形式在我国的消费市场已存在多年，不可否认，它们确实为商家与消费者带来一定的利益，但是与商家投入的巨额成本和消费者所耗费的精力相比，传统积分的回报率并不高。数据表明，消费者对目前传统积分模式满意度极低，根据专项调查显示，许多消费者抱怨现在积分卡种类太多，携带不方便，而且大多数消费者手中的积分太分散，兑换礼品的分数又太高，所以他们很难将积分兑换成礼品。长此以往，积分营销对消费者的影响力也越来越低。

世界上许多发达国家都建立起“通用积分计划”，英国的 Nectar、德国的 PayBack、韩国的 OKCashbag、加拿大的 Airmiles、新加坡的 MoreReward、美国的 Clubdlm 和 BabyMint 等积分项目，吸引了众多消费者和商家的加盟，“通用积分计划”成为积分营销方式的发展趋势。

6.2.1 能源积分业务现状及特点

当面临着日趋激烈的市场竞争，包括电力、石油、天然气在内的能源企业都越来越重视对能源消费黏性（或者说消费者的忠诚度）的培养。这类企业会根据消费者消费额向其发行一定数量的积分。用户或消费者可以用将这些积分折算成一定价值的货币金额，用于支付消费账单。

2017 年 4 月，为进一步提升公司优质服务水平，创新客户服务体验，规范供电服务积分应用，国家电网有限公司营销部（简称国网营销部）印发了《国家电网公司供电服务积分总体实施方案》给予参与公司供电服务活动的客户一定积分奖励作为回馈，培养客户良好用电习惯、增强客户价值体验。

然而，能源积分同传统积分一样，在实际使用中，消费者对积分的使用过程满意度不高，总的来说有以下几个方面：

(1) 积分查询极为不便捷。消费者要查询自己的积分数量，需要登录官网，如果有多种积分，需要分别登录不同企业网站，时间成本太高。

(2) 积分种类太多导致兑换烦琐。据研究数据表明，中国人均拥有积分种类超过 20 种，其中知名积分 6 种，如此多种类的积分会让消费者宁可过期也懒得去兑换。

(3) 积分太分散、封闭，无法换取心仪奖品。各大积分平台兑换礼品的分数都比较高，普通消费者很难将积分兑换成心仪的商品，积分换礼品往往流于形式。

因此，打造跨行业、跨系统、跨区域的通兑通用平台，实现多个企业或者行业间积分的互认，共同建立和维护整个积分系统，是积分营销发展的必由之路。如何打破企业间信息壁垒、协调各企业成员关系、提高积分管理的透明度、保证积分使用的安全性与便捷性，这成了最值得服务行业关注的问题。

6.2.2　基于区块链的能源积分解决思路

基于区块链技术可以在各企业间建立一种不可篡改的信任登记机制，为不同积分的互通互换提供支持，从而能够盘活积分，促使各家消费服务手段的升级，共同打造互信共赢的协同商圈。通过区块链搭建各个商家参与的积分联盟链，用户将联盟中不同商户内的自有积分，在区块链通用积分交易平台兑换成通用积分，通用积分可在联盟内任意商户进行消费结算。用户在系统内以账户地址形式存在，不同商户间无法获取用户信息。数据存于区块链中不可篡改，积分操作记录存于本地可被溯源，避免用户积分数据造假。商户自有体系内的积分可以通过兑换成通用积分流通起来，提升用户获取积分积极性。

国网电商公司打造的基于区块链的能源积分通兑平台（见图 6-5）为例，简要说明能源积分通兑解决方案。首先，积分发行主体将积分发行规则写入智能合约之中，智能合约获取发行主体的客户管理系统的相关数据，按照合约中的规则向满足要求的用户发行积分，并记录于联盟链之中；

其次,通过跨链技术和结算技术，实现不同积分发行主体之间的积分兑换；最后，根据积分兑换业务的特性，采用能够满足交易安全与速度的共识机制。

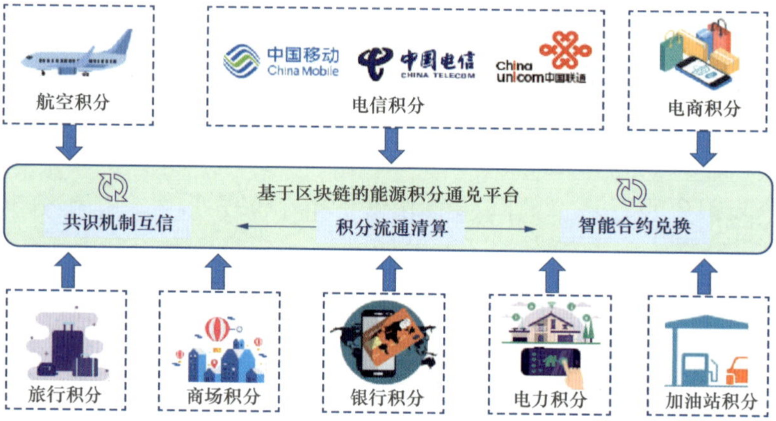

图 6-5　基于区块链的能源积分通兑平台

1. 积分生成

利用区块链技术将积分数字化，区块链上不同平台共用同一套积分账本，通过在区块链配置表中进行设置积分比例，积分通兑平台通过调用不同机构的积分系统，同步用户积分数据至用户的区块链地址下；利用智能合约将积分数据资产化，将积分数据以数字资产的形式同步至此用户的区块链账户下，不同机构的积分都对应定义一种能源积分数字资产，同一区块链账户下允许持有多种积分资产。

2. 积分兑换

所有用户的区块链账户默认开通能源积分通兑平台积分资产；系统用户在积分录入模块中导入其他机构积分资产，通过调用积分兑换模块将区块链账户下某种积分资产按照比例兑换为相应数额的平台积分。用户或企业可将其区块链账户下持有的积分资产转让给他人。

通过分布式网络替代原支付网关及第三方支付网关与积分系统间的交易转发及路由功能，结合业务数字信息流，构建去中心化的能源积分的发行、流通、交易体系，实现积分联盟行业、企业之间免对账，交易公开透明，结算积分实时划拨，促进能源积分的价值充分实现。相较传统积分系统节省了烦琐的结算过程。使用区块链技术能大大简化商户与结算银行之间的对账手续，实现快速清算。

6.2.3　基于区块链的能源积分应用成效

截至2019年年底，国网电商公司建立的区块链积分联盟，已实现与能源、金融、航空、电信、民生、服务等六大行业，与中国移动、中国联通、国航、京东、万达网科等30余家知名企业积分平台的集成互通，成为全国最大的跨行业积分通兑平台。该平台自上线以来，累计交易达1900万笔，交易积分近36亿，每年为相关企业节约了大约10%的经济成本，节省了60%的对账时间成本，为积分发行主体的客户群实现了10亿元以上的权益价值，同时亦促进了发行主体业务的发展。

6.3　停　电　保　险

从业务属性上划分，停电保险是电力企业推出的一种全新的产融结合的区块链金融保险类应用。面向全体电力客户，依靠“区块链”技术，可支持投保电力客户故障停电自动快速理赔，打造保险公司新业务拓展、供电企业服务升级、客户损失降低等多方共赢的商业模式，是构建互联网金融生态圈的重要尝试，对区块链技术在电力行业的应用具有示范意义。在技术层面上，通过应用客户用电属性及终端停电信号精准计算保费与理赔款，运用区块链技术搭建互信高效的应用平台，创新实现了停电客户损失的有效避险，为电网公司及保险公司双方打造盈利增长点，对构建互信、互利、共赢的电力金融生态圈具有样板意义。

6.3.1 停电保险业务现状及特点

当前，大量工业类用电客户寻求故障停电损失补偿的需求迫切。故障停电对工业级用电客户损失大，且无保险补偿渠道，不同类型、不同行业的电力用户因为异常停电将遭受不同程度的经济及附带损失。同时供电企业对缓解停电衍生的服务需求也十分迫切，针对故障停电客户的服务工作通常占用大量的服务资源，因而处理上述客户诉求投入的人力、物力等服务资源较大。在售电侧市场开放形势下，寻找新业务拓展需求迫切。故障停电险范围涉及全口径电力用户，客户群庞大，供电公司与客户发生业务往来频繁，在保险业务推广上具备先天优势。

与此同时，金融机构对供电服务提质增效及业务拓展方面需求迫切。保险行业需在寻求新业务增长点、压减运营成本两方面寻求突破。目前市场上包含停电损失保险的仅有“三停”损失保险，且仅指客户设备损坏赔偿，因覆盖面窄、理赔手续复杂导致市场渗透率低，保险运营成本高。传统的保险推行模式对这类新业务明显的不适应，主要表现在三个方面：一是信息不对等，投保双方信息不对称，导致理赔不信任；二是理赔手续复杂，需投保人申请，提交索赔单证，保险公司人工核损、理算、核赔，周期长；三是理赔监管难，因基础信息不透明，监管部门监督手段受限。因此，亟须通过新技术手段开拓保险业务的范围和模式。

6.3.2 基于区块链的停电保险解决思路

基于区块链技术的保险是市场上保险业的一种全新探索。因区块链技术具备智能合约、数据共享及可追溯、不可篡改等属性，可实现自动触发理赔程序，降低理赔全环节人工成本，减少理赔纠纷，实现保险公司的运营成本及保险产品价格的降低，提升保险理赔效率。

建立涵盖供电企业、保险公司、电力客户、银保监会、政务云、共识服务六个节点的区块链停电保险平台，促进参与方共享数据、信息对等。利用区块链的数据共享技术，链上节点各方共享同一个数据库，解决了由保险公司单独决定理赔的弊端。同时，平台自动触发智能合约，理赔便捷，通过停电数据自动触发区块链的智能合约，理赔无须第三方审核，客观、便捷、快速。基于区块链数据可追溯及不可篡改的特性，可避免保险全过程各环节作弊行为，理赔公平。其整体解决思路如图 6-6 所示。

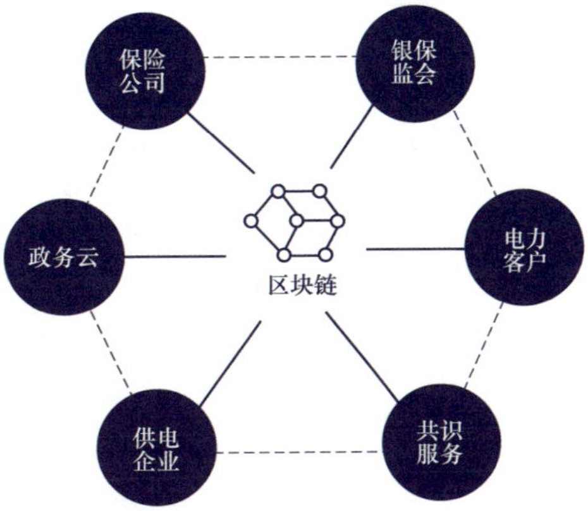

图 6-6　基于区块链的停电保险整体解决思路

1. 智能合约下的自动理赔

电力故障停电险利用区块链的智能合约技术，创新保险行业传统赔付

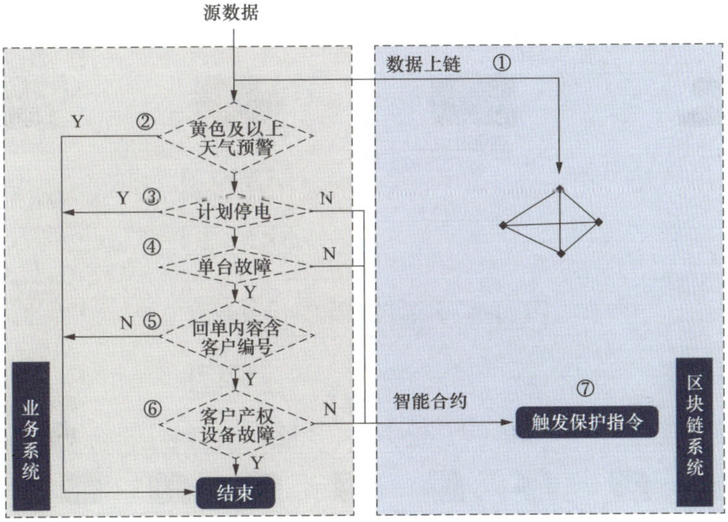

图 6-7　自动理赔业务流程图

模式，不需要第三方审核，实现自动理赔。自动理赔业务流程如图 6-7 所示。将保险合同设置为代码形式，平台每 15min 接收一次来自云平台的停电数据，筛选出属于投保客户的数据后，一方面以密文形式将这些数据上链；另一方面，进行理赔条件判断，符合理赔条件的触发智能合约，自动按保险合同进行理赔，减少理赔申请和现场查勘环节。基于区块链的投保系统能够保证用户投保信息的可靠性，避免理赔作弊行为。

2. 保单自动化安全推送

基于区块链的推送保单服务将投保用户的保单号、客户名称、用电户号、联系电话等相关信息推送给公司侧系统，同时也将相关信息上链，发送至区块链上的所有节点存储，公司侧区块链停电保险系统接收到该数据信息后自动验证和推送服务信息。推送流程既实现了数据共享，又保证了数据不被篡改，同时避免了数据泄露。

3. 停电保险理赔

停电保险理赔流程如图 6-8 所示，当用户发生停电后，通过系统标记判断停电用户是否为投保客户，筛选出投保的停电用户。将营销系统中打过投保标记的停电用户的信息推送至平台。通过理赔研判计算模型得到研

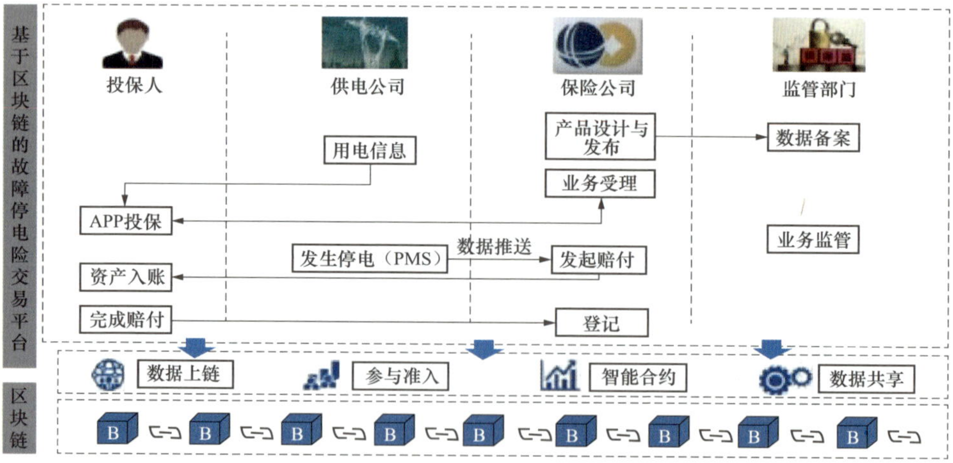

图 6-8　停电保险理赔流程图

判结果，平台将该结果共识给到保险公司侧，同时上链存储。保险公司侧系统收到推送的研判结果信息后完成出险报案，反馈报案号给区块链平台，并给停电用户发送提示短信，投保用户可通过登录平台网页查询自己相关的停电理赔信息，也可手机扫描二维码登录 APP 查询，完成停电保险理赔。

6.3.3　基于区块链的停电保险应用成效

区块链停电险的应用大幅简化了保险流程，有效破解了理赔低效问题，同时将交易永久记录，并通过严格控制访问权限来保证其安全性和可信性，规避保险欺诈。目前，已在国网湖南电力公司开展试点应用，具体成效如下。

1. 供电公司降本增效

区块链停电保险的实施将帮助客户得到停电理赔，降低客户损失，其满意度提高，投诉风险下降。截至 2020 年 4 月，平台自推广以来，降低停电投诉工单 50%以上，故障报修后二次致电 95598 工单降低 80%以上，大幅降低相关服务的人力资源投入。同时作为平台搭建方，供电公司可收取区块链停电故障险平台使用方的佣金，按照 10 元 /户的标准核算，随着投保用户的增加，也将带来显著的佣金收益。区块链停电保险提高了用户黏性，多途径实现了供电公司的降本增效。

2. 电力客户损失最小化

通过购买停电保险，客户可有效缓解因故障停电带来的设备损坏、停电瞬间生产线产品报废以及劳动力成本等损失。在发生故障停电的情况下，投保客户每百元保费平均可获得大约 1200 元的赔偿，平均杠杆率为 10 左右，有效地分散了客户风险，将客户损失最小化。

6.4 电 费 金 融

电费金融就是一种基于用电费用的经济活动。20 世纪 70 年代石油危机爆发以后，各国把解决能源问题提上日程，开始进行节约能源的各种尝试。

为了减少能源消耗，激活能源市场发展潜能，提升能源行业的供应效率，各国都不断推进电力市场的改革。以英国为例，目前，英国主要有两个电力交易中心，分别是英国自动化电力交易交易所（Automated Power Exchange，APX）和英国国际石油交易所（International Petroleum Exchange，IPE），其中 APX 以互联网方式进行 24h 连续交易，并提供匿名竞价、信贷管理、结算和价格发布等全套服务。在企业用电交费方面，国家电网有限公司开设“线上＋线下”一体化服务渠道，为企业用户提供更灵活、更方便、更快捷的交费服务。同时，随着大数据、移动网络等技术的快速发展，国家电网有限公司还可以依据企业用电大数据，形成多维的企业用户画像，为用电企业提供更精准的客户服务。

6.4.1 电费金融业务现状及特点

根据国家统计局官方数据，截至 2018 年年底，我国工业企业数量为 378440 个，其中大型工业企业数量 9103 个，中型工业企业数量 49778 个，小型工业企业数量 319559 个，中小企业占企业总数为 97.59%，工业企业的用电量占我国电力可供量的 70%以上。国网企业服务于全体电力客户，所以服务好工业企业是国家电网有限公司的责任和使命，而服务好中小型工业企业更是国家电网有限公司义不容辞的责任。目前，电网企业面临着电力市场改革的重大考验，电力市场的痛点主要有以下几个：

1. 中心化资源分配机制，导致交易成本较高

电力交易属于一种能源交易，能源交易一般在交易所内进行统一规划和管理，除了需要支付一定费用给第三方（如评级、信托和融资公司等机构）来保障交易安全外，中心数据库的日常维护以及清算信息在跨部门间的反复校对也需要一定成本，高昂的成本大大降低了能源交易效率。此外，我国的能源交易也可以在交易所场外（如中国天交所）通过电话和计算机进行协商完成（即场外交易 OTC），该交易方式灵活，不显示数量和单位，但会承担信用风险和额外成本，并需要从其设定的买卖报价差中得到一定补偿。同时，信息不对称也加大了市场失效的可能性，使交易的达成存在较大风险。

2. 用电企业面临巨额保证金，缴费方式落后

用电企业在传统交费时面临着“企业保证金无收益、传统交费不便捷”的问题，巨额的保证金的不到理财收益，即造成了资金价值的浪费，又增加了用电企业的负担。此外，电力营销风险的管控，用户交费方式的改善有待解决。

6.4.2　基于区块链的电费金融解决思路

电费金融业务解决思路，是建立电费金融服务平台，提供票据保存、链上审核、票据溯源、流转管理等电费金融类应用功能，做到票据全程可查、可验、可信、可追溯。基于区块链的电费金融平台，连接用电企业、供电企业、收费企业、金融机构及监管机构，为用电企业提供安全可信、公开透明的金融服务。

国网电商公司已建成基于区块链的电费金融服务平台（如图 6-9 所示），该平台打造了“1+3”的金融服务模式，即 1 个底层服务平台+3 款电费金融服务产品。3 款电费金融服务产品分别是：电 e 票、电 e 贷和电

e盈。

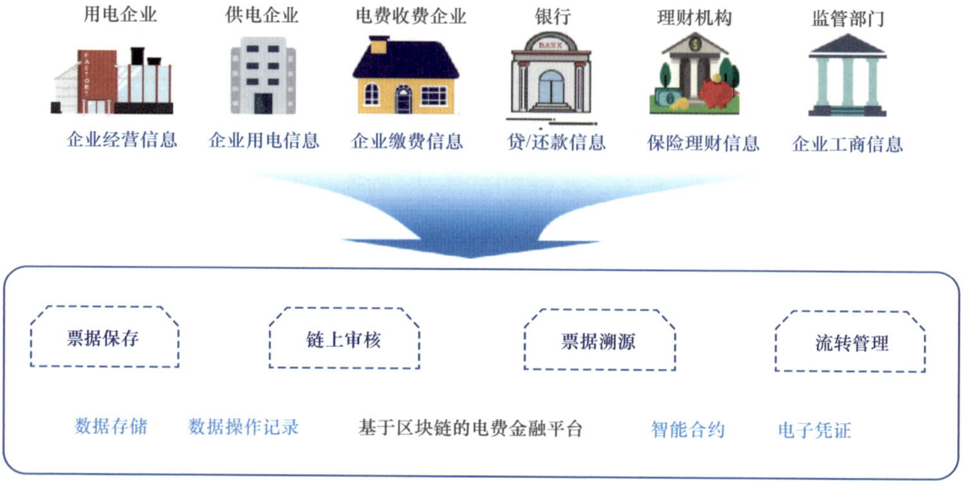

图 6-9　基于区块链的电费金融平台

1. 电费交纳业务——电 e 票

“电 e票”是专门面向高压用电企业推出的结合电费交纳场景的极具电网特色的票据融资方案。企业可通过基于区块链的电费金融平台办理承兑汇票贴现，银行再将贴现款通过互联网平台交至供电账户，全程在线流转、时间短、效率高、利息低，降低了实体企业电费财务成本。企业用户通过登录国网商城官网，可实现自行验票和利率查询，在商城创建电 e票交费订单，每张票据对应一个订单，然后通过企业网银将票据背书转让给电 e票平台账户，用户向银行指定账户支付贴现利息。银行在收到用户贴现利息后，办理贴现放款，平台在收到银行放款后，及时为企业代交电费。基于区块链的多方维护、不可篡改等特性，保证了票据数据的来源、真伪和入账信息的不可更改，解决了票据的一票多报、虚报虚抵、真假难验等问题。基于区块链的电费交纳业务——电 e票流程图如图 6-10 所示。

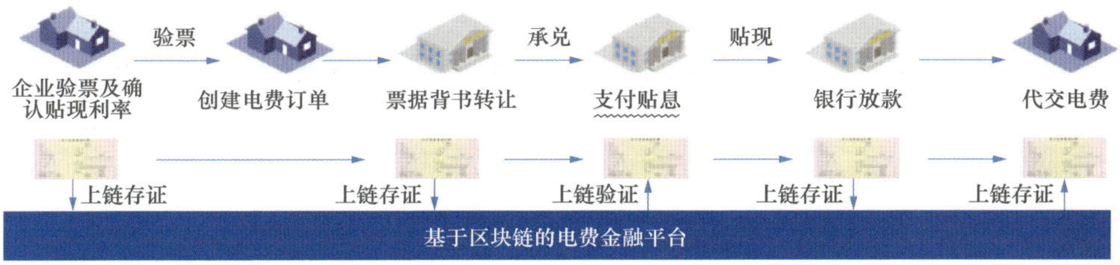

图 6-10　电费缴纳业务——电 e 票流程图

2. 电费金融贷款业务——电 e 贷

“电 e 贷”是银行与电力企业合作，推出的基于电力大数据的网络贷款产品。“电 e 贷”提供的电费金融贷款业务以电力大数据解决中小微企业贷款难题。“电 e 贷”前端是智能电能表，通过智能电能表采集企业用电数据，并将数据通过网络传送到区块链电费金融平台。金融机构则依据企业电费信息和多维度信用情况开展线上评价、额度测算和信贷审批。基于企业的电力数据信用可有效降低金融机构的风控风险，进一步健全银行等金融机构对企业信用评价的指标体系，实现更精准、完善的征信。用电企业也可以通过平台的信用背书，降低融资贷款难度，加速融资贷款进程。基于区块链的电费金融贷款业务——电 e 贷流程图如图 6-11 所示。

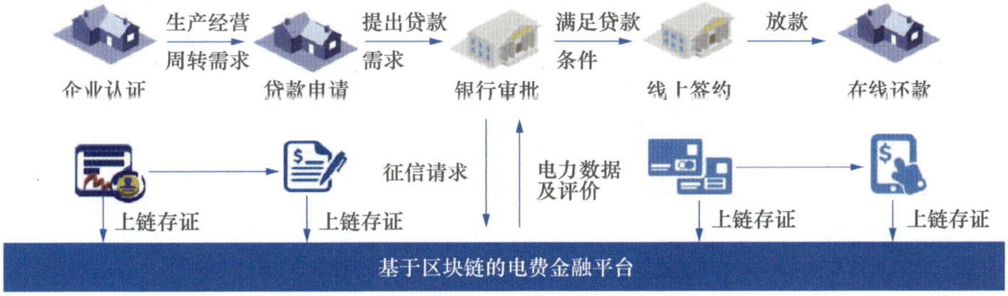

图 6-11　电费金融贷款业务——电 e 贷流程图

3. 企业预存电费理财业务——电 e 盈

“电 e 盈”是供电公司、国网电商公司、金融机构三方合作，为广大用电企业提供的一款“智慧理财＋智能交费”的电费金融产品。电费金融理财业务主要流程为：用电企业在平台上办理该产品后，基于智能合约技术，交纳的电费在月底扣除前将被自动理财，收益稳定。同时，依托北京互联网法院建设的“天平链”为产品合约和交易做司法存证，大幅度提升了用电企业对平台的信任，消除了用电企业的购买顾虑。该产品纯线上的创新业务模式，一方面能够有效解决用电企业在传统缴费时面临的“企业保证金无收益、传统缴费不便捷”的痛点，并且同时享受理财收益，为用户创造价值。另一方面有效管控电力营销风险，优化用户缴费方式。基于区块链的电费金融理财业务——电 e 盈流程图如图 6-12 所示。

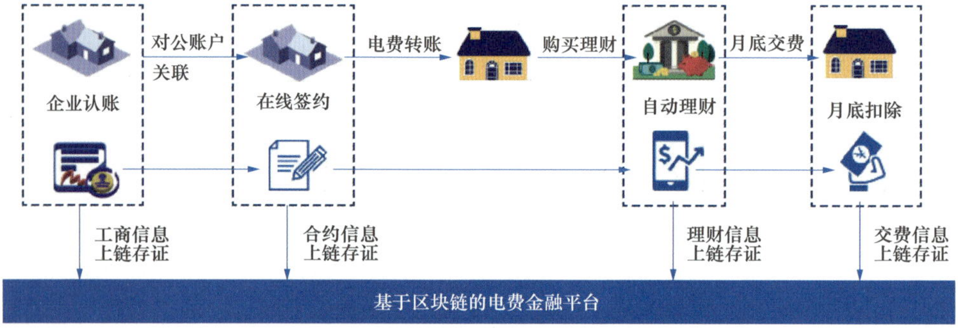

图 6-12　电费金融理财业务——电 e 盈流程图

6.4.3　基于区块链的电费金融应用成效

国网电商公司已成功将区块链落地应用于电费金融业务领域，截至 2019 年年底，完成电费金融产品“电 e 贷”交易订单数据上链存证 2.6 万条，服务中小微企业超 1 万户，授信金额达 16.18 亿元。基于区块链的安全可信认证以及智能合约等技术，降低了金融机构审批的人工成本和实践成本，同时减少了金融机构的业务风险。平台安全、多样的服务类型，缓解企业用电的费用压力，推进了电网公司电费回收力度，加快企业电费特别是陈欠电费资金的及时归集。

6.5　跨　境　电　商

跨境电子商务（简称跨境电商）是分属不同关境的交易主体，通过电子商务平台达成交易、进行支付结算，并通过跨境物流送达商品、完成交易的一种国际商业活动。跨境电商业务具有全球性、无形性、即时化、无纸化、交易多方等特点，涉及国际供应链的流程复杂、单证繁多、涉及参与方众多，整体通关时间较长且费用不菲。提高通关效率、推动跨境贸易便利化已成为各国海关的首要目标。

为配合国际贸易便利化趋势，国务院印发《优化口岸营商环境　促进跨境贸易便利化工作方案》（国发〔2018〕37 号），明确提出四字关键目标为"减、优、提、降"，即"减"少单证、"优"化流程、"提"升时效、"降"低成本。我国 2019 年交易规模达 10.8 万亿元，并继续快速增长，根据艾媒咨询数据显示，2020 年中国跨境电商交易规模预计达 12.7 万亿元。就贸易总量及增速而言，中国贸易规模已达到大国水平。

6.5.1　跨境电商业务现状及特点

在跨境电商业务中，数据和信息是贯穿整个业务流程的重要要素，数据流的打通至关重要。具体业务现状及特点总结如下：

1. 数据孤岛与信任缺乏问题

跨境贸易中的数据产生自不同业务环节上的各个不同参与方，具有数据产源多、数据流复杂、数据零散、高度商业机密等特点。一方面参与方出于信息安全及自身商业利益的考虑，分享数据的意愿很低。另一方面业务数据私密性阻碍数据共享，难以通过统一技术标准和规范统一数据，数据可能因多次传递降低可信性。不同流程、不同参与方之间的协同配合烦琐，参与各方协同效率低。

2. 隐私保护问题

跨境电子商务在贸易融资及供应链金融等业务中，商品流、资金流和数据流势必都将跨越至少两个不同国家或地区的管辖主体，供应链上的任何一个主体出于对自身数据流的控制权和拥有权的保护，以及商业机密的隐私保护，会减少与其他主体的信息共享互通，因此如何解决各个企业间的隐私保护问题是区块链面临的一个挑战。此外，不同交易跨越的主体具有非常强的多样性与非规律性，从而使类似局部协议或联盟的方案设计也增加了难度。

3. 支付方式问题

我国跨境支付方式包括银行汇付、信用证支付、专业汇款公司支付、国际信用卡支付以及第三方支付五种，均需要由多个交易主体相互协调，通过层级代理的结算方式完成。每笔交易都需要在层级的代理银行间取得授信，每个交易主体都需要进行独立记账，每种货币都要不断地进行转换，同代理银行间都需要收取高昂手续费，呈现效率低、支付周期长、交易成本高的特点。

4. 产品质量与物流问题

各生产销售环节无法做到信息互通，存在套用物流信息，复制防伪码等造假等现象。商品运输需要经过境内物流、出境清关、国际物流、入境清关、商检报税、目的国物流等环节，报关和清关环节又具有很强的不可控性，运输时间长且价格贵。由于运输环节复杂，在途中又无法获知货物的实时状态，当出现商品毁坏时，难以界定责任方，进而导致退换货的难度加大，时间加长。

6.5.2 基于区块链的跨境电商解决思路

为解决跨境电商业务发展中遇到的实际问题，运用区块链分布式存储技术，建立各参与方之间的信任关系，通过各层级网络以及跨层级网络间通路的建立，跨境业务数据得以在这些网络的账本中达成共识并完成同步，从而实现数据在不同系统及不同参与方间的流动，进而推动各业务流程的高效协同。各类身份认证供应商为各参与方提供身份证明，以明确区块链网络中的信任载体以及单一来源数据的可信度。同时在某一笔业务中来源于多方的数据在完成交叉验证后（如基于某笔跨境贸易业务的全套货物流、资金流、信息流的三流对碰），提升相关数据的可信度，各环节可基于所获取的数据根据特定的业务逻辑自动推动业务流程或通知相关参与方介入推动业务流程。各参与方也可在区域性区块链网络或国际性区块链网络中植入智能合约，由账本中数据或相关状态的更新来触发智能合约，从而推动业务流程，其整体解决思路如图 6-13 所示。

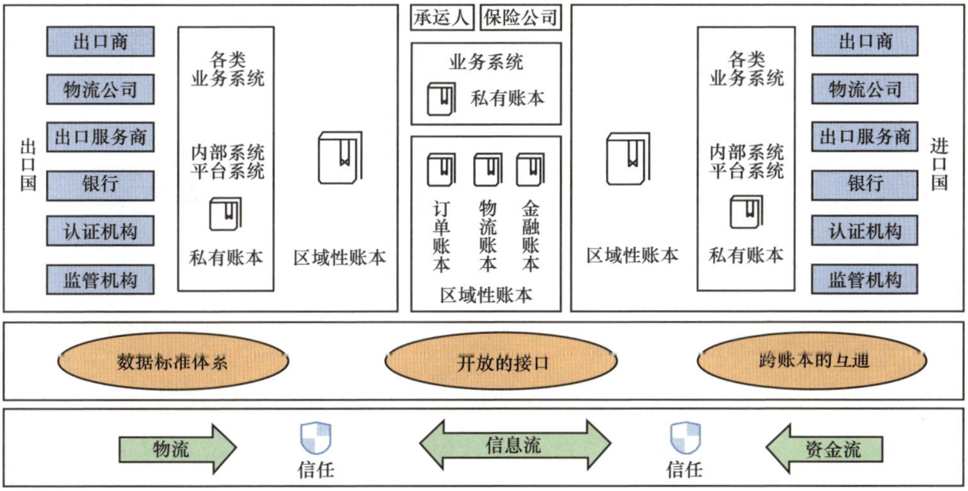

图 6-13 跨境电商业务及流程

1. 多方参与的可信任业务环境

区块链改变了传统组织之间的协作模式。区块链的核心价值在于构建可信任的多中心体系，将分散独立的各自单中心提升为多方参与的统一多中心，从而提高信任传递效率，降低交易成本。区块链的可信合约与可信记录有助于缓解多方主体间交易信任的困境，区块链技术所激发的业务流程优化以及业务模式创新将构建财富创造的新经济模式。

2. 快速通关体系

跨境电商快速通关体系如图 6-14 所示。分布式共识算法和智能合约建立数字货币，提高效率。跨境业务相关方在进行交易、贸易、物流、通关操作时，由不同主体按照区块链统一数据规范提交货物信息进行存证，通过区块链技术对比和交叉验证，实现通关数据的快速确认与认证，促进跨节点、跨部门、跨行业的数据流动与可信传递，监管机构面对多来源数据时根据区块链数据特性可快速放行，并实现零验货率，提高跨境业务效率。

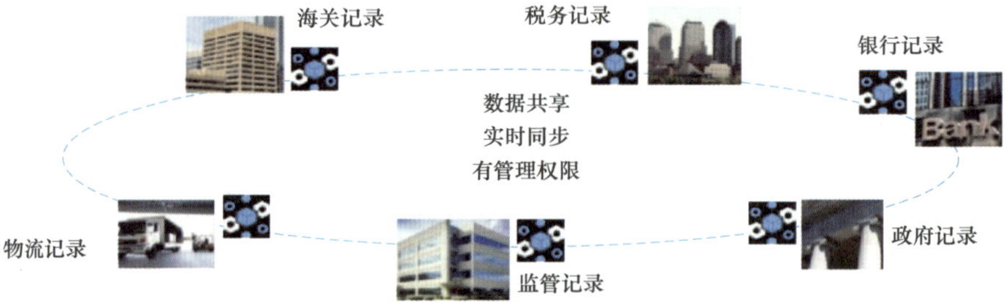

图 6-14　跨境电商快速通关体系

3. 防伪溯源体系

跨境贸易中全链条中产品状态和信息以数据形式记录在区块链共享数据账本中，并加盖时间戳不可篡改永久储存。跨境业务全流程防伪溯源体系如图 6-15 所示，跨境业务涉及的生产数据库、物流数据库、仓储数据库、销售数据库和售后服务数据库全流程数据上链，从而实现生产溯源、物流溯源、仓储溯源、销售溯源和消费溯源，通过跨境电商溯源体系满足监管部门、平台管理人员、跨境电商关联企业和消费者溯源需求，实现跨境业务全流程防伪溯源管理。

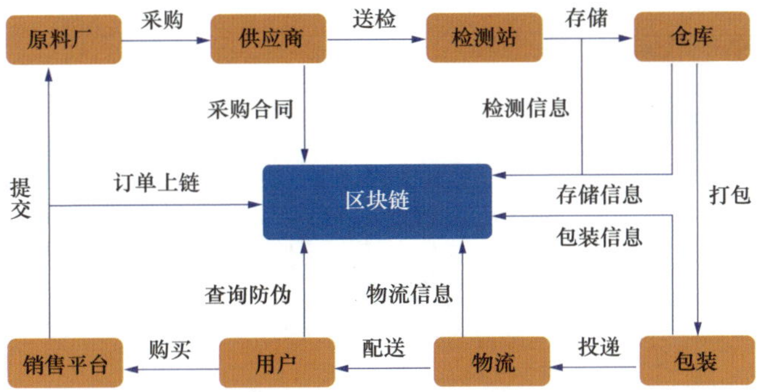

图 6-15 跨境业务全流程防伪溯源体系

6.5.3 基于区块链的跨境电商应用成效

区块链技术应用于跨境电商业务，实现各方主体数据上链存证，建立信任机制，打破数据孤岛，可实现数据互通共享，推动供应链高效协同，实现多利益主体合作共赢的跨境贸易生态，优化跨境业务营商环境。

截至 2020 年 6 月底，国网电商公司跨境电商业务已实现 326 张表单、共计 183193 条数据上链，运用区块链分布式记账、防篡改等技术，通过区块链网络将供应链上下游核心企业、供应商、买方、中间商等多方主体互联，各主体通过共识机制、时间戳、非对称加密等技术建立了可信交互的信任机制，通过各参与方共同记录并维护一个共享账本，使数据在各方进行存储、共享和流转，保证了链上所有企业能够可信、高效的同步信息，降低了欺诈和错误的风险，降低企业管理成本，推动供应链高效协同。

第 7 章

区块链在数据管理领域的应用与实践

随着信息技术的发展，政府、企业在生产、管理、服务等经济活动中积累了海量的数据，这些数据对政府、企业的高效运行起着非常重要的支撑作用。传统的数据管理方式一般采用中心化的存储方式，将数据存储在集中式的数据库或大型的数据中心，并由单一的机构对数据存储进行维护，数据的拥有者对数据进行管理和使用。这种数据管理方式的缺点是，存储数据的基础设施效率较低，扩展成本很高，在处理大量数据时性能也受到了很大的阻碍，同时存在着一定的隐私风险。近年来出现的基于区块链的数据管理具备信息难以篡改、可追溯、集体维护和高度透明等特点，可作为价值互联网的底层存储与传输协议。基于区块链的数据管理相较于传统集中式的方式，能更好地管理数据、发挥数据的潜能，为政府、企业带来更多的价值。

本章通过介绍区块链在数据安全存储、数据确权溯源、征信服务、信息公开四个方面的应用实践，为区块链应用在能源电力数据管理提供思路。

7.1　数据安全存储

随着数字经济的发展，数据对企业的安全生产、管理经营具有极其重要的意义。经常出现一些企业的数据丢失事件，对企业的利益造成了极大的损害。2019 年，印度天然气能源公司 Indane 数据库曾遭到攻击，泄露了超过 670 万用户的数据，导致大量个人信息的丢失、泄露等安全问题。2020 年，微盟等企业的用户数据被刻意删除，多达 300 万用户的数据丢失，导致了用户的业务无法开展，损失惨重。构建数据安全存储系统，提升数据的可靠性、完整性和准确性等安全保障水平，对企业具有极其重要的意义。

国家电网公司作为关系国计民生的重要企业，已经步入电网大数据时代，企业级数据呈现出分布广、种类多、数据量大、管控难等特点。每天电力系统中产生各类型的文本、图像和视频信息等海量数据，这些数据对国家电网公司的营销、人力、物资、财务、生产等具有重要的意义，必须采用合理的技术进行安全存储。传统的使用大型、集中式的数据中心存储数据的方式往往存在性能、可用性和可扩展性等方面问题，也有较高的资本或运营支出，同时集中存储数据也极易受到复杂网络攻击。

7.1.1 数据安全存储业务现状及特点

数据对企业业务的正常开展至关重要，因此必须采用各类技术手段，确保数据被安全存储。当前主流的数据库的存储方式，能够基本保障数据的安全，但仍然具有一些潜在的风险，主要的风险和特点如下：

1. 数据泄露风险

数据存储最常见的安全性问题是数据的丢失、泄露风险。当前各类应用的核心是数据，而这些数据绝大多数都存储于数据中心。由于互联网环境的开放性，存储数据的服务器会接收到大量来自外界的访问，包括正常的业务数据访问和非法的包含病毒、木马的数据访问，非法访问有可能会对数据资料进行窃取和破坏。数据在进行传输过程中，若没有采用加密的传输协议，或安全保护力度较弱，也会在传输过程中产生数据泄露。

2. 数据真实性风险

数据在进行存储时，必须保证数据的真实性，数据被篡改会造成业务系统的中断，只有真实的数据信息才具有可利用价值。多种情况可能造成数据被篡改，影响数据真实性。第一种情况是在传输过程中，因为遭到攻击使得部分数据丢失，数据的真实性受到破坏；第二种情况是在用户进行备份存储时受到非法干扰，数据无法正确存储，对数据真实性造成影响；第三种情况是，数据存储后被非法篡改。

3. 存储数据的机构的信任风险

除了一些大型公司会自建数据中心存储公司的业务数据，一般的中小企业通常会采用第三方的数据中心来存储数据，数据拥有者和提供数据存储的主体出现角色功能分离。这两者之间由于可能存在商业利益纠纷，存储数据主体的信誉难以保障，很难完全避免数据存储机构对数据进行非法操作，存在危及数据存储安全的风险。

7.1.2　基于区块链的数据安全存储解决思路

基于区块链解决传统的数据安全存储问题，利用区块链的分布式存储、多方共同维护的特点，可实现链上存储数据的防篡改、防伪造、可追溯，为数据安全存储提供保障。通过对用户身份验证、传输机制加密及一致性分布式存储，实现端到端的存储安全，并通过建立新型的主体信任机制，可加强数据存储期间的监督工作。

1. 对身份主体进行验证

通过对进行存储的主体以及存储机构使用身份认证功能，对数据进行安全存储。引入电子签名技术实现对主体身份、主体行为的认证，能够避免非法分子对存储数据进行篡改操作，破坏数据的完整性、真实性。基于区块链的身份认证与传统的身份认证流程有所不同，如图 7-1 所示，与传统的使用 CA 数字证书的身份认证流程相比，多方监督、多方背书的区块链代替了传统的中心化的 CA 机构，通过区块链链上数据的不可更改、多方共识完成了身份认证。区块链分布式记账模式的建立，解决了 CA 中心的中心

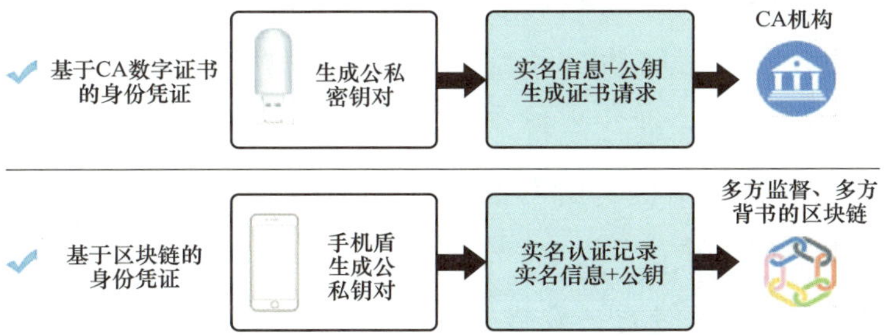

图 7-1　基于区块链的身份认证与传统身份认证流程对比

化的陷阱问题，对于企业来说，基于区块链的身份认证将节省大量的第三方认证费用。

2. 提升数据传输和存储使用加密等级

加密是保障信息不受到恶意攻击的重要手段，当用户将数据传输和存储到服务器后，会因恶意攻击或植入等行为，导致数据被泄露或更改。所以，系统将上传的数据内容重新进行整理与加密，能够保障恶意攻击行为无法得到完整的数据内容，不法分子也无法对数据进行利用。基于区块链的非对称加密算法如图 7-2 所示，在进行数据存储时，通过 SHA256 等加密算法将原始数据进行加密，加密后无法逆向计算出加密前的数据，加密前的数据即使有极微小的变动，也会带来加密后的数据的较大变化，不对称加密算法保障了数据的安全性。目前，我国的加密算法 SM2、SM3 等已开始广泛使用，增强了数据传输和存储的安全性。

图 7-2　基于区块链的非对称加密算法

3. 建立新型主体的信任机制

由于数据拥有者和存储机构之间的信任风险，导致了存储机构可能会对数据进行非法操作。区块链通过建立新型的信任机制，让链上的各主体均可对数据存储的过程进行监督，通过技术手段对存储机构的行为进行监督，可以有效降低存储机构的非法操作的风险，实现了存储过程的透明，从而保障数据存储安全。

4. 强化分布式存储的一致性

区块链通过使用分布式存储的方式，将数据存储在多个主体机构的位置，实现了数据的多重备份，增强了数据的安全性，减少了数据被篡改的风险。同时引入一致性算法共识机制，加强对分布式存储结果的检查，实现数据分布式存储的一致性，从全局的角度实现了数据的安全存储。图 7-3 对区块链共识机制进行了描述，多个节点 A、B、C、D 上的数据，经过共识机制后，这些节点上存储的数据会变得一致。区块链通过引入共识机制，实现了全局数据存储的一致性。

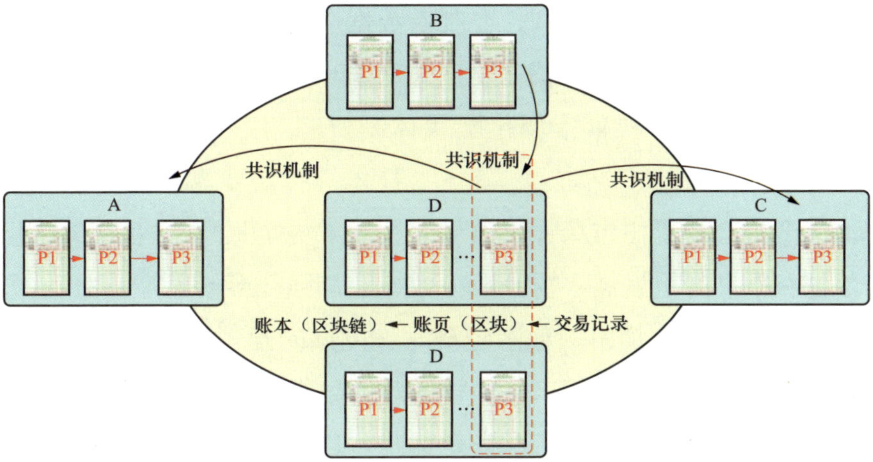

图 7-3　区块链共识机制

7.1.3　基于区块链的数据安全存储应用成效

区块链技术为数据的安全存储提供了全新的解决方式，相比传统的数据中心等方式，具有安全、透明、隐私保护等成效，保障了数据的储存安全。目前，已在国家电网有限公司大数据中心（简称国网大数据中心）开展试点应用，取得的具体应用成效如下：基于国家电网公司数据中台建设，将数据资源目录、数据访问过程、数据服务目录等加密上链存储，截至 2019 年年底，已完成 22 个专业、50 多套核心业务系统内部资源数据的汇集，近 20 万张数据表的全域接入，对接 57 家单位，实现近 800 个数字产品的上架服务，有效验证了数据存储、数据服务和数据安全保障能力。

7.2 数据确权溯源

习近平总书记 2017 年 12 月 8 日就实施国家大数据战略主持中共中央政治局第二次集体学习时强调，要制定数据资源确权、开放、流通、交易相关制度，完善数据产权保护制度。2020 年 4 月 9 日，《中共中央国务院关于构建更加完善的要素市场化配置体制机制的意见》（简称《意见》）发布，将数据与土地、劳动力、资本、技术等传统要素并列为生产要素，并提出健全生产要素由市场评价贡献，按贡献决定报酬的机制。这是对近年来数据在推动经济发展、提升政务效率、加强社会治理等方面发挥重要作用的充分肯定，也是引领数字经济时代发展的开创之举。《意见》明确提出，要加快培育数据要素市场，推进政府数据开放共享、提升社会数据资源价值、加强数据资源整合和安全保护。这些举措体现出《意见》重点关注政府数据和社会数据两大类数据，而在现实操作中这两大类数据从根本上来说主要是公民个人数据，那么，这些数据使用权、归属权的确权问题以及使用过程中的溯源问题，是落实《意见》过程中迫切需要解决的问题。

数据确权溯源是指一种追溯到数据最初的使用权和归属权的技术。目前"数据驱动未来"已成共识，但是数据流通市场的现状并不理想。一方面，数据提供方卖出的数据面临被无限次盗卖，市场价值不断损减的风险，严重制约了数据市场的规模与发展。随着能源互联网发展，尤其是能源领域物联网和工业互联网的迅速发展，网络数据资源正在向相互渗透融合的数据价值去中心化对等共享方向发展，因此在能源互联网升级转型中的数据确权和溯源需求愈加强烈。

7.2.1　数据确权溯源业务现状及特点

数据确权一直是大数据交易面临的挑战性之一，传统大数据交易所的确权手段主要是采用提交权属证明和专家评审的模式。当前数据确权溯源系统大多采用中心化存储方式，数据库中存储、维护的是数据的当前状态，数据的历史信息和处理过程通常存储在数据库日志中，用于故障恢复，并不直接提供查询服务。在系统无故障、正常运行的情况下也不参与查询的处理。这种存储方式的缺陷是：这类系统内生性地受制于“基于信用的模式”，存在利益驱使导致的溯源数据造假问题。如果中央服务器受到威胁，整个数据溯源系统可能会瘫痪，即单点故障。数据的历史信息存储在数据库日志中，难以实现追溯。

同时，大数据交易所负责确权结果的保存，这个过程仍然存在篡改和不确定性风险，迫切需要设计一个操作性强的数据确权溯源方案。

7.2.2　基于区块链的数据确权溯源解决思路

基于上述现状及特点并结合区块链优势特点，区块链技术以其不可伪造和防篡改、高可靠性等特性，在多方协作、数据共享等领域具有天然优势。如图 7-4 所示，基于区块链和标识技术，对上链数据进行唯一身份标识，明确数据拥有权，利用数字标识技术的特殊安全性质，实现对大数据起源的确认，利用区块链的原生特点实现确权结果与相关证据的强一致性。同时，引入公证处、认证等第三方鉴定机构和我国最高人民法院（简称最高法）、互联网法院（简称互法）电子诉讼平台的司法鉴定服务，可实现电网数据确权结果的司法存证。

基于区块链去中心化、隐私保护等技术特性，创建可信的共享数据账本，以低成本、高效率、透明对等的方式，提供数据可信共享服务，实现

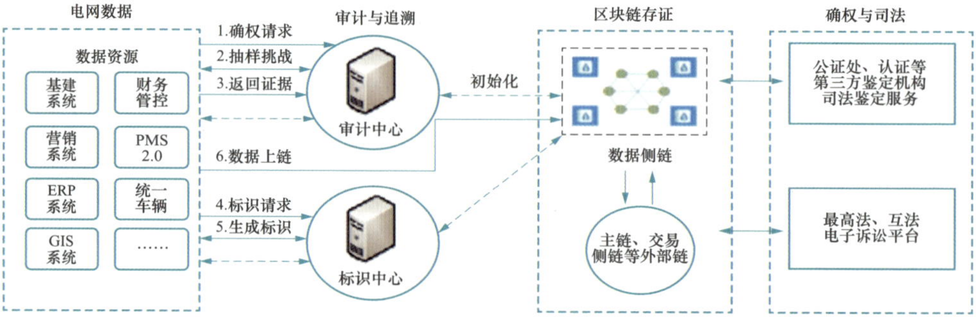

图 7-4　电网数据确权溯源整体思路

数据流、业务流、能源流等数据的融通共享和确权溯源。企业使用分布式存储并附加防篡改校验机制以及可溯源的分布式账本技术，将数据资产目录数据、审批和交换共享流程文档数据、关联合同数据等加密后得到的哈希值存储上链，完成数据存储和标识。基于标识体系的数据确权溯源机制如图 7-5 所示，包括 4 个主体单元：数据源供应商 P，审计中心 T，标识中心 C，数据权属登记网络 B。

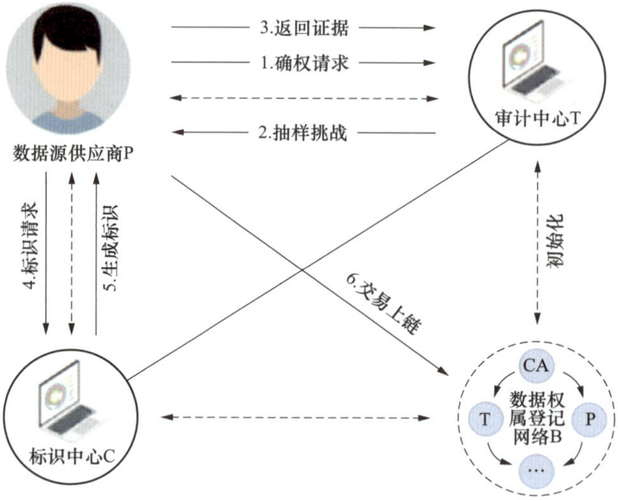

图 7-5　基于标识体系的数据确权溯源机制

首先，各主体单元向证书机构 CA 申请公钥数字证书（同时完成认证接入）。其次，数据源供应商 P 对数据进行分块，并把数据块数、能源数据 ID 的签名等与能源数据确权相关的确权请求信息发送给审计中心 T。再次，审计中心 T 利用数据源供应商 P 的公钥验证签名的正确性，若验证通过，则审计中心 T 会向数据源供应商 P 发送证据挑战请求。最后，审计中心 T 收到证据后，进行验证，若验证通过，则数据源供应商 P 向标识中心 C 申请生成标识并完成标识嵌入。审计中心 T 和标识中心 C 将相关确权信息、标识以及相关元信息封装成一笔交易并发送给数据源供应商 P，待数据源供应商 P 签名以后再将其发送到数据权属登记网络 B。网络中的共识节点按照共识算法的要求最终将权属信息写入区块链，最终完成对数据的确权和溯源动作。

1. 目录存证

目录存证功能实现了对标识目录数据包括标识数据资产目录身份（identity，ID）、数据源供应商编号、标识哈希值、时间戳等存证上链，链上所有标识节点可记录、可查询、可验证、不可篡改。同时，系统提供数据资产目录存证接口与基础的目录存储、检索接口。接口的设计能实现系统全文检索，允许用户按数据名称、数据标签或数据类别等进行全面搜索来定位特定的数据集或实体。

2. 数据溯源

数据追溯功能实现了对系统数据交换流转过程中流转信息和状态的追踪，使得数据从流转源头到流通环节全周期都追溯可查，有效地解决了数据信任问题。通过权威机构的信任背书，可以保证数据的真实性；数据交换服务系统在实际运营过程中联盟成员节点可以共同监督，可有效防止数据篡改；在联盟内，数据全部上链后，更有利于工业互联网领域企业资产的数字化，节省成本，为数据溯源提升效率。

7.2.3 基于区块链的数据确权溯源预期成效

基于区块链的数据确权溯源保障了数据交易过程中的完整性和不可欺骗性，为数据的共享和增值变现提供了有效支撑。国网四川省电力公司（简称国网四川电力）正在开展试点应用，截至2020年7月，已完成平台的功能设计。预计平台投运后，相比传统数据确权溯源的流程，将明显缩短数据确权的时间周期，减少数据确权溯源的运营成本，同时，将为电网数据增值变现提供了新的技术方法和有效支撑。

7.3 征信服务

征信服务是依法采集、整理、保存、加工自然人、法人及其他组织的信用信息，并对外提供信用报告、信用评估、信用信息咨询等服务，帮助客户判断、控制信用风险，进行信用管理的活动。信用评级作为市场经济条件下信用关系发展的产物，可以为投资者提供客观、公正的资信信息，为企业开拓市场创造相对安全的投资环境。2013年国务院出台的《征信业管理条例》（国务院令第631号）对整个征信行业做出了纲领性的规定，明确了监管部门、监管模式、参与者权利与义务等诸多内容，弥补了征信行业法律监管的空白。截至2019年6月，征信系统累计收录了9.9亿自然人、2591万户企业和其他组织的有关信息，个人和企业信用报告日均查询量分别达550万次和30万次。

大数据对征信数据的来源、形态、处理方式进行了全面重构，利用数据统计模型来计算和评估信用，强化了信用风险管理，极大地推动了征信行业快速向前发展。电网企业在进入信息化时代后，通过企业的升级改造，逐渐形成了自己的规模化数据信息。电力数据资源和银行金融服务资源的充分融合，完善了电力市场的客户信用评级体系，为客户提供了有效精准的优质化服务。同时也提升了中小微企业投融资的便利性，有效促进征信行业的持续健康发展。

7.3.1 征信服务业务现状及特点

以电力大数据为依托和支撑构建征信体系，可提高信用评价的准确性、实时性和授信效率，推进电力征信服务业务的快速发展。但当前征信服务存在信息不对等、数据隐私保护困难、数据真实性难以保证等问题，给电力征信服务业务带来了严峻挑战，具体表现在：

1. 数据缺乏共享，信息孤岛问题严重

当前各征信机构为确保数据的所有权，相互之间较少开展有效的共享合作，征信数据难以实现高质量流通及交易。因此，海量信用数据无法发挥实际应用价值，造成了征信机构之间用户信息不对称，相关业务协同成本增加，征信系统的业务运营效率大幅度降低。

2. 数据采集渠道有限，信用资源争夺损耗大量成本

传统征信机构通过自爬、合作、购买等方式，主动对接相关部门与机构，从有限的场景中整合数据，导致数据源的竞争尤为激烈。多数征信机构在数据采集上耗费了大量成本，造成资金比例严重缩水，导致数据分析及产品研发的支出占比减少。征信机构无法过多关注征信产品的质量，进一步影响了征信机构的服务水平与整体信誉。

3. 隐私保护问题突出，传统技术架构难以满足新要求

大数据时代下的征信服务对隐私保护和数据安全的要求更高。中国人民银行征信管理局明确指示要加强隐私保护，要求征信机构采集使用用户信息应当经信息主体同意，并明确告知可能产生的影响等事项，信息主体有权要求征信机构将其纳入拒绝用于营销的范围内。然而，传统征信系统技术架构对用户的关注度较低，并没有从技术底层保证用户数据，难以达

到数据隐私保护的新要求。

7.3.2 基于区块链的征信服务解决方案

针对传统企业信用模式存在的信息维度缺乏、信用信息孤岛、数据隐私保护困难等问题，提出了基于区块链的电力数据征信服务总体思路，如图 7-6 所示。利用区块链技术将企业的工商信息、财务信息、地理信息等数据上链存证，利用共识机制建立开放式的信用体系，实现多机构、多平台之间在不泄露重要信息的前提下的数据多源交叉验证与共享，建立信用共享联盟，提升信用数据应用价值，提高征信服务水平。

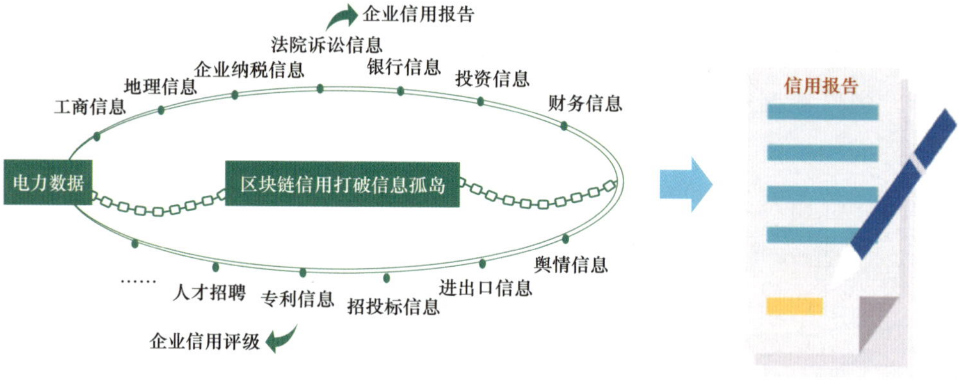

图 7-6　基于区块链的电力数据征信总体思路

1. 多源信用数据共享

基于区块链的信用数据共享流程图如图 7-7 所示。依托区块链技术在不同机构间建立联盟链，实现多源信用数据共享，在区块链的区块中保存了参与数据共享联盟的机构或企业关于共享数据的摘要信息、价格、数据打分评分、供应商评论等信息。通过区块链解决机构与机构之间的信任问题，利用价格机制鼓励共享联盟中的机构或企业融入平台并乐于共享数据，并通过打分机制来表征体现数据能够创造价值的能力。征信机构各方可以查到外部机构的海量征信数据，可充分保障自身核心商业数据的安全性、发挥了据的潜在价值、提升数据的流转效率。

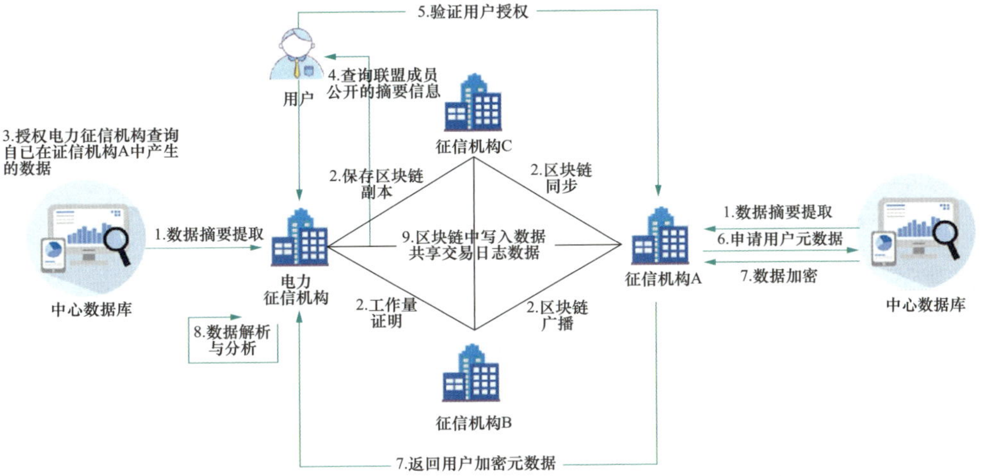

图 7-7　基于区块链的信用数据共享流程图

2. 数据采集效率提高，信用评级全流程自动化管理

基于区块链技术，征信机构能够以低成本方式拓宽数据采集渠道，并消除冗余数据，规模化地解决数据有效性问题。同时，可去除不必要的中间环节，提升整个行业运行效率。区块链可以使信用评估、定价、交易与合约执行的全过程自动化运行与管理，降低人工与线下运营成本，大幅提高征信机构信用业务处理规模。

基于区块链的信用评价机制如图 7-8 所示，区块链的技术特性重构了现有的征信系统架构，将信用数据作为区块链中的数字资产，有效遏制数据共享交易中的造假问题，保障了信用数据的真实性。在不泄露数据资源的情况下，大幅度降低了数据交易成本和组织协作成本，并融合人工智能技术，高效实现了信用评级的全流程管理。

3. 数据隐私安全防护

面向征信业务建设联盟链，链上的每个节点共同参与系统的维护，单个节点出现问题或遭遇恶意袭击不会影响系统的全局。另外，在大数据征

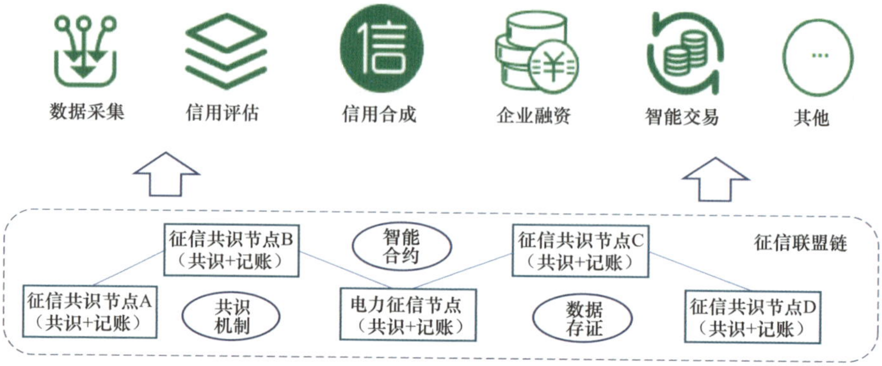

图 7-8　基于区块链的信用评价机制

信业务中，并非所有数据都存证在“链”上，也并非所有数据都公开透明，除数据共享交易参与的各方，任何的第三方机构都不可能获得数据，有效地保障了链的稳定运行，保护了信用数据隐私。

基于区块链的数据隐私安全防护如图 7-9 所示。将区块链技术和链外数据库结合，利用密码学算法构建适合多主体的数据管理模式，进行数据和权限的管理。数据交互过程中联盟链节点可以在不知原始数据的情况下完成对加密交易信息的验证，得到加密结果，交易发起方对运算得到的加

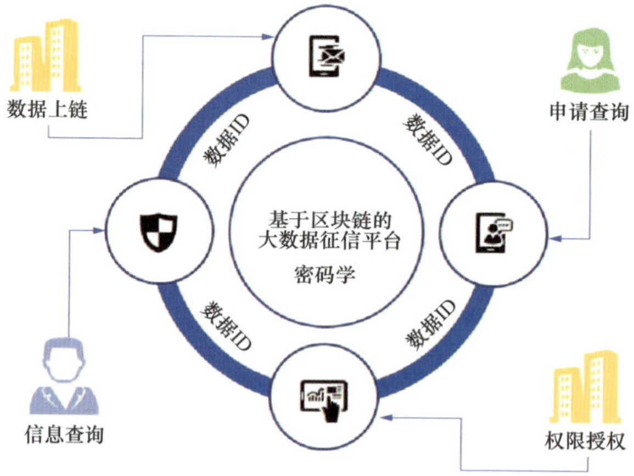

图 7-9　基于区块链的数据隐私安全防护

密结果进行解密，进而得到原始运算结果，有效解决区块链的隐私保护问题。

7.3.3　基于区块链的征信服务应用成效

国网征信有限公司（简称国网征信公司）已在个人征信业务上进行了试点应用，优化了征信业务流程，实现了数据的融通共享，提升了中小微企业的融资效率，高效助力电力征信业务的更好更快发展。具体成效如下：截至 2019 年年底，国网征信公司已经融合国家电网公司系统内部电力数据、电子商务数据，以及工商、司法等 12 大类 108 小类外部行业数据，以加密的方式存储和共享黑白名单数据 1 万余条，有效实现了信用数据资源的共享共通、共建共用。2020 年上半年，国网征信公司为 5000 余家联盟供应商免费提供企业征信报告，评标专家通过使用企业征信报告在商务资格审查过程中快速评出商务得分，工作量大大减轻，仅 1 天便完成全部供应商的评审，助力中小微企业获得更低成本、更高质量和更快效率的信用服务，为复工复产排忧解难。

7.4　信息公开共享

信息公开共享是指国家行政机关和法律、法规以及规章授权和委托的组织，在行使国家行政管理职权的过程中，通过法定形式和程序，主动将政府内部多部门的信息进行共享和整合向社会公众或依申请而向特定的个人或组织公开的制度。在当今“互联网＋”时代，随着社会各部门、各行业、各领域的深度融合，社会发展越来越趋向网络化、数字化和智能化，社会网络环境也逐步成型。在这一背景下，推进信息公开共享，不仅顺应社会信息化发展的新形势，还符合智慧中国建设的新要求。自 2008 年《中华人民共和国政府信息公开条例》颁布施行起，各级政府在信息公开方面投入了大量的精力，信息公开共享的范围越来越广，公开力度不断增强，所取得的效果也越来越好。

电力行业作为社会公共事业，与国计民生的关系十分密切，需要科学严谨地处理好保密与信息公开共享的关系。随着电力企业改革不断深化，电力企业在经营过程中会产生大量的信息，需要企业在准确辨别的基础上，做好信息公开共享与保密。升级和完善电力数据的公开共享与保密机制，在保证企业数据隐私的条件下，有效实现信息的公开共享，可以加快数据资产的流转，促进社会数据资源的共享，推进社会发展和运行的高度智能化。

7.4.1 信息公开共享业务现状及特点

智能时代的到来使得大数据竞争日趋激烈，企业或国家政府之间进行大数据的开放与共享已成为大数据竞争的战略核心及发展趋势。能源企业若有效实现能源大数据的公开共享，以数字资产推进能源生产和消费革命，对加速能源转型，促进能源消费清洁、可持续具有重要作用。但是，数据公开共享面临数据体系多样化、数据安全难以保证、数据泄露风险高等诸多问题。如何在信息公开共享的同时确保数据安全，已成为当前电力企业面临的重大课题。当前，信息公开共享面临的难题主要表现在以下几个方面：

1. 数据体系存在差异，信息难以有效统一

数据体系的多样化与差异化特性阻碍了数据共享的运行。不同维度的数据留存在公司的各个业务主体之中，各个公司的业务主体都有自己构建的数据格式、数据表维度等，造成了统一的数据共享存在形式上的困难。此外，数据的存储及管理形式也是分散的，公司各个业务主体都有着自己的数据设施，公司内部缺乏统一的数据集散设备与数据平台，导致数据难

以汇集。

2. 数据安全性难以保证，数据泄露风险高

传统方案中，由于通过第三方平台进行数据交换，可能存在被第三方平台复制、留存、转卖的风险，数据资产权益得不到有效保障、安全性得不到保证，数据泄露风险高。

3. 数据隐私敏感度不一，信息公开共享界限模糊

信息公开共享需要将数据进行分类，并需要对数据可公开的范围、对象、保密等级以及信息保密年限等进行严格的定义和区分。根据不同数据安全需求的数据管控级别进行区分，建立数据安全标准及数据使用安全等级迫在眉睫。

7.4.2　基于区块链的信息公开共享解决思路

区块链技术与物联网技术相结合，使得数据确权和数据交易简单透明。企业产生的或拥有的数据就像汽车一样，也被打上类似铭牌的标识，这样就知道数据是谁的，什么时间产生的；而分布式超级账本又像给数据建立了一个档案，就像车管所里的车辆档案一样，记录着什么时间进行的交易，数据给了哪些企业使用。区块链让数据变得可信，数据质量有了保障，就像给了数据一张合格证，取得授权的企业可以放心使用，不用再担心数据不可靠或者诸多的法律风险。能源行业信息通过区块链技术实现信息公开和数据共享，使得发输变配环节的数据流、业务流、能源流实现价值流转。基于区块链的信息公开示意如图 7-10 所示。

1. 异构多链数据交互

能源行业主体多元，在业务运行过程中，存在多方身份互信的问题。基于区块链的特性，构建支持异构多链交互的架构体系，通过跨域多层网络转发技术，允许多链节点通过中间节点进行通信，提高网络的整体可用性，降低整体网络复杂度，通过并发确认，支持不同区块的并发一致性确

图 7-10　基于区块链的信息公开示意图

认，同一区块内的交易并发执行，不同区块间并发执行，提高区块处理的整体效率。异构多链数据交互示意图如图 7-11 所示，通过跨链网关进行数据交互的方式，将企业信息公开共享的内容通过跨链网关，实现公开共享信息与主链、数据侧链、安全侧链的数据流通。

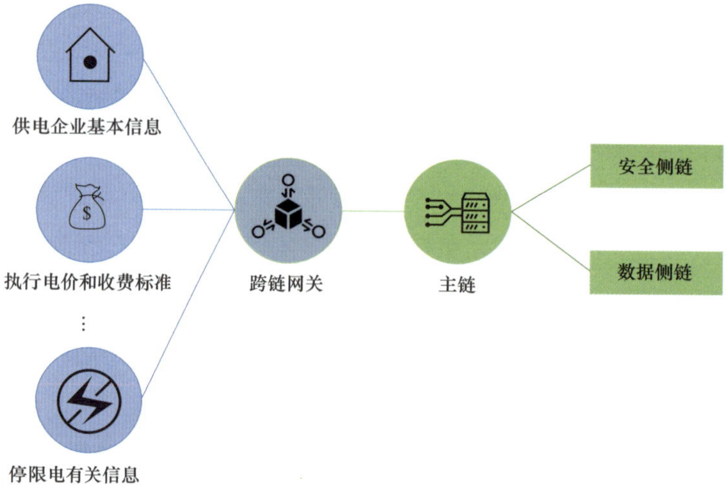

图 7-11　异构多链数据交互

通过制定标准接入体系，包括节点接入、应用接入、跨链接入，从技术架构到设计标准，规范区块链建设应用，解决跨链接入与数据的互信传递问题，充分保障多链环境下的接入安全和数据安全，具有优秀的可扩展性及数据处理性能。能源电力行业上下游企业积极参与区块链建设，有助于提升新型能源业务模式数据可信共享能力，构建共赢共享能源区块链体系。

2. 信息共享全流程管理

通过基于区块链的数据共享安全技术，可达到共享数据在存储上不可篡改、在流通路径上可追溯、在数据管理上可审计的目的，保证数据在存储、共享、审计等环节中的安全，实现真正意义上的信息共享全流程管理。信息共享流程如图 7-12 所示，基于公司数据中台建设，可将数据资源目录、数据访问过程、数据服务目录等加密存储，开展基于区块链技术的数据确权、溯源、隐私保护、可信计算等，实现多方交互的电力大数据安全共享，完成信息共享的全流程管理。

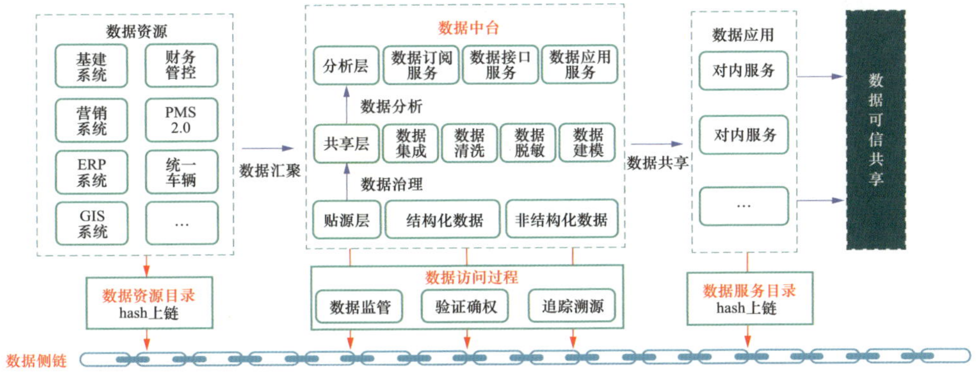

图 7-12　信息共享全流程管理

3. 一体化数据超市

基于区块链的数据超市主要对接各数据存储分系统，在平台的数据入口处部署数据标准化网关，进入数据超市的数据经过标准化与数据身份 ID 的处理和构建。后端平台采用区块链平台保证交易过程的数据确权与数据交易信息的追溯。数据购买者在数据超市的结算平台用数字货币申请购买数据通证，用户获得数据通证后在数据超市内使用该通证购买相关数据及服务，数据拥有者定期通过数据超市结算其拥有数据的通证收入，再通过平台的结算中心兑换数字货币。

区块链基础平台采用联盟链技术，包括节点认证、共识服务、智能合约和账户体系等主要模块，涉及数据拥有者、数据购买者和区块链三个实体。数据拥有者用不同的密钥加密不同的售卖的数据，数据购买者将生成哈希链的哈希值作为支付凭证，来换取自己想要的数据。数据超市共享流程如图 7-13 所示，主要包括数据准备、Merkle 根上传、哈希链生成、预存资金、链下数据传输通道和资金结算六个步骤。

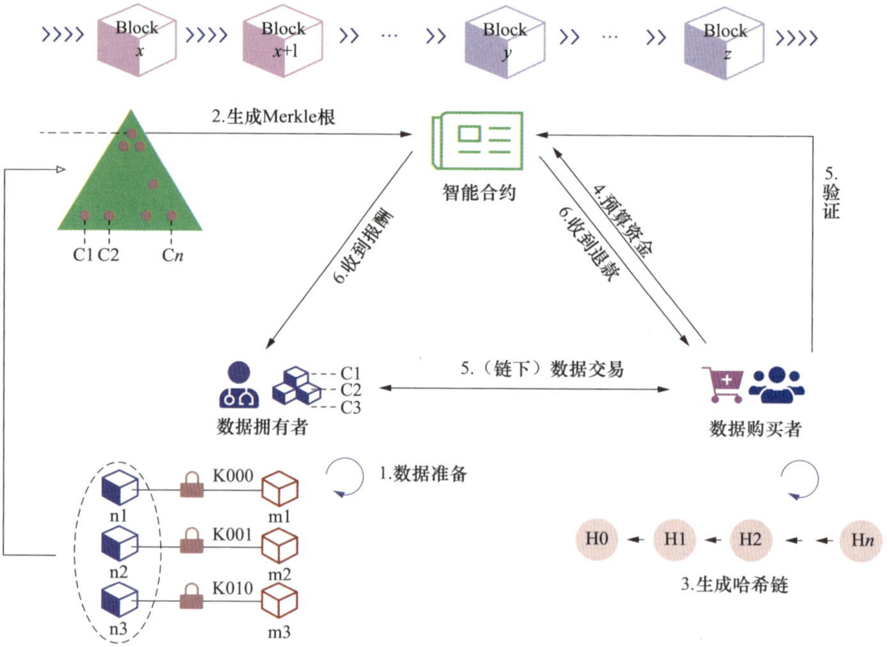

图 7-13　数据超市共享流程

7.4.3　基于区块链的信息公开共享应用成效

能源电力企业加紧区块链系统建设，构建基于区块链的多方互联协作体系，实现能源机构企业内外、不同监管机构间的多方数据共享和使用。在国家电网有限公司客户服务中心（简称国网客服中心）已开展试点应用，具体应用成效如下。

国网客服中心按照国民经济行业用电分类营销应用标准，监测统计国家发展改革委重点关注的企业复工情况，覆盖全部一、二、三产业的 11 个行业 500 余个子行业。国网客服中心开展数据侧链建设，对外面向能源、政务、金融提供可信数据服务。2020 年上半年，该中心每天对国家发展改革委重点关注的 300 万家企业开展用电情况分析，综合计算复工率和复产率，形成全网复工电力指数，服务各相关部门直观了解客户实时复工情况，为政府、企业提供更全面、更快速、更精确的大数据支持。

第 8 章

区块链在能源安全领域的应用与实践

现有的能源安全防护体系包含的各信息系统由于彼此独立，无法做到资源共享和防护技术的实时更新，且当前中心化的安全防护模式，容易因为单点故障或被攻击而瘫痪，继而波及能源服务，引发巨大的连锁反应。区块链技术为能源安全生产提供了新的思路。利用区块链的不可篡改、可追溯等特点，实现能源供应链中的交易确权、防伪追溯等功能；利用区块链的分布式、匿名性等特点，提升能源安全的监管能力；利用区块链的分布式存储特性，保障能源行业数据安全共享；利用区块链与密码技术的结合，可有效解决能源领域面临的网络威胁、隐私保护等问题。

本章将从能源供应链、安全监管、电网安全运行和网络安全四个方面展开具体阐述。

8.1 能源供应链

能源供应链是围绕核心能源企业，通过对信息流、物流、资金流的控制，从采购原材料（如煤炭、石油、天然气等）到最后由销售网络把能源产品送到消费者手中的整体功能链结构。

利用新兴信息技术改善当前能源供应链产业现状将成为确保能源安全的重要保障。以电力行业供应链为例，电力设备成本高，投资建设周期长，同时电能的生产和消费需同时完成且不易储存，因此相较于其他行业，电力行业对供应链的即时性与高效性有着更高的要求。

8.1.1 能源供应链业务现状及特点

近年来，电力供应链的建设和发展水平不断提高，有力保障了电力行业的高速健康增长。但随着产业信息化建设的快速发展以及能源电力改革战略的整体推进，电力供应链还存在一些问题需要改进。

1. 供应链管理数字化程度较低

当前电力企业关注于供应商的选择、成本的降低、质量的控制以及保证供应商的连续性与经济性等问题，通常采用传统的供应链管理手段，在提高数字化程度与平台化建设方面还存在较大改进空间。企业内部存在管理范围重叠或模糊，同时核心电网企业对外部供应链企业的管理缺乏有效的制度化手段，从而造成供应链成员之间缺乏协调性，使电力供应链的发展受到限制。

2. 供应链管理缺乏信息传递平台

虽然目前我国电力企业内部物流资金周转基本上实现信息化方式，但整个电力行业的数字化转型仍处于发展的基本阶段。另外，不同供应链条上不同企业的信息管理方式差距较大，无法实现信息资源共享。

3. 供应链成员之间缺乏信赖感

由于电力供应链内企业成员之间利益取向不同，相互之间容易产生利益冲突，导致各企业成员之间无法协调一致应对市场供求。此外由于担心己方的商业机密被外泄，各企业经常会采取各类不利于互相合作的保护与防范措施，进而导致电力企业供应链各方信任程度不断降低，极大地影响了整个电力供应链的运行效率。

8.1.2 基于区块链的能源供应链解决思路

区块链是一种按照时间顺序将数据区块以顺序相连的方式组合成的一种链式数据结构，基本可以形成定义能源供应链中产品流转模型。其次，能源供应链上信息更新具有低频特性，回避了当前区块链技术在数据处理性能方面的局限性。区块链技术可以依靠其优势，广泛适用于强连接、弱信任的能源供应链网络。将区块链技术与能源供应链相结合，既可以简化交易流程，优化供应链结构，提升供应商与电网企业的管理运行效率，又可以增强企业间互信，促进信息安全高效地传递与共享，显著提高电力供应链的协同性和抗风险性。

通过供应链信息协同机制，电力企业与供应商、银行能够建立良好的信任系统，减少因信任缺失而增加的业务成本。基于区块链的去中心化的认证模式可以减少中心化模式中篡改数据、交易欺诈等弊端。智能合约能够简化供应链合同签订，建立安全可靠的合作关系。

1. 供应链信息协同机制

区块链技术保障供应链上的参与主体都有各自的节点，进行分布式记账，同时参与者拥有所有节点全部存证信息，保证了不可篡改性。在此基础上，核心电网企业的信用可以通过系统向供应商传递，在参与主体共同认可业务的基础上，作为资金方的金融机构也不需要单独去授信某一个企业，只要供应商提供核心企业开具的票据，金融机构便可以直接兑付。这使得供应链信用变得透明，供应链上的业务流程也得到简化。

基于区块链技术的供应链信息协同机制促进了各节点企业的数据融通，在一定程度上，实现了信息管理方式的统一，有效提升了对存量数据的挖掘能力与使用效率，供应链信息协同应用流程如图 8-1 所示。在安全方面，

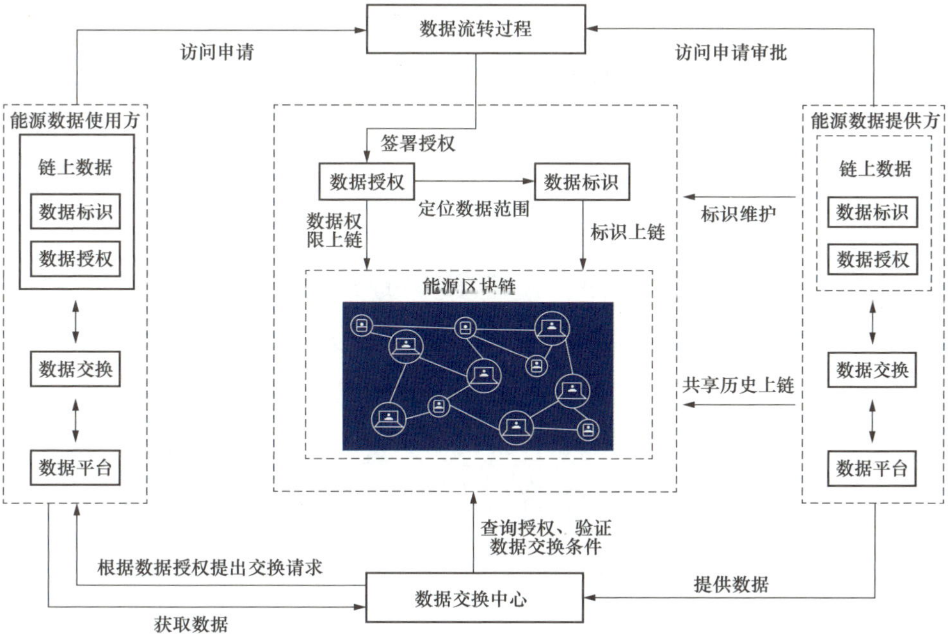

图 8-1　供应链信息协同应用流程

能源区块链平台实现了权限管理、身份认证、账户服务及平台集成等功能，完成了能源供应链数据的可靠监管和可信共享。

2. 多主体参与监控、审计

在传统的能源交易中，通常使用单一的中心机构实现交易行为的认证，中心化供应链认证机构模式如图 8-2 所示，中心化机构需要较高的运营、维护成本，获取的数据受限，并存在数据被不法分子篡改、盗窃、破坏的可能，对企业进行数据共享有一定阻碍。

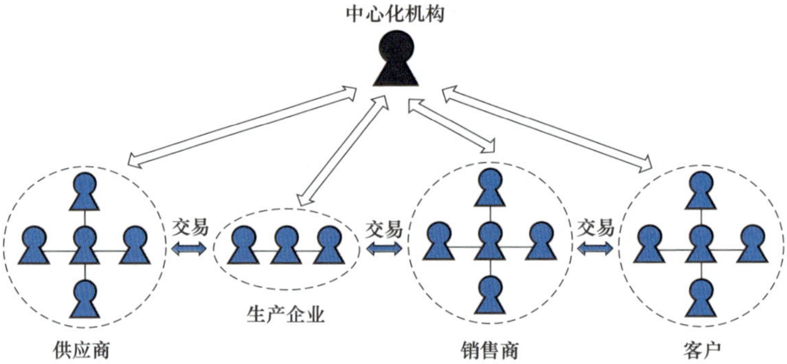

图 8-2 中心化供应链认证机构模式

与传统的独立中心认证相比，基于区块链的供应链多中心协同认证体系不需要委托第三方作为独立的认证中心，由各方交易主体作为不同认证中心共同来认证供应链交易行为，其认证模式如图 8-3 所示。供应链上下游企业共同建立一个“联盟链”，仅限供应链内企业主体参与，由联盟链共同确认成员管理、认证、授权等行为。通过把生产、物流、交易等信息记

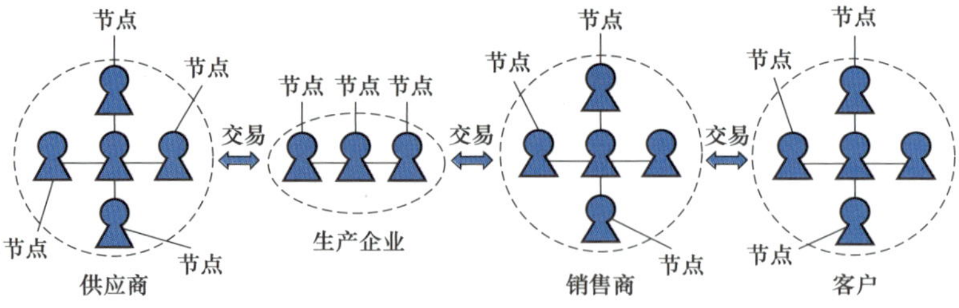

图 8-3 去中心化供应链认证模式

录上链，促进供应链上下游信息在各企业之间的公开。这样一来，各个节点之间竞争记账、权力平等，由多交易主体构成的认证机构可有效防止交易不公、交易欺诈等问题。如果某一个交易主体单独或者联合其他交易主体试图篡改交易记录，其他交易主体可以根据自己对交易的记录证明其不法行为，并将其清理出供应链。

3. 供应链合同签订和结算

传统的合同及结算管理存在合同签订时间较长、供应商差旅成本较高、资金周转缓慢等缺点，应用区块链技术可以助力电力物资合同和结算管理的智能化。以国家电网公司为例，其供应链合同签订与结算流程如图 8-4

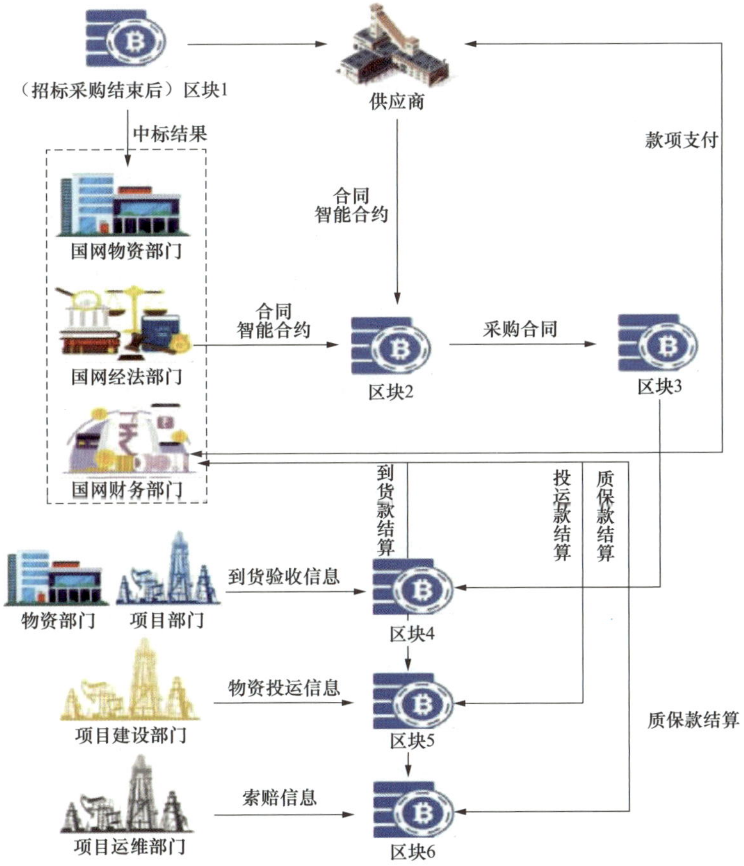

图 8-4 供应链合同签订与结算流程

所示，在该流程中，首先，物资部门、经法部门、财务部门在招标采购结束后，将甲方合同条款用公钥加密形成智能合约，同时，供应商将乙方合同条款用公钥加密形成智能合约，双方的合约按照预先设置的协定自动匹配，打包存入区块2，并最终形成采购合同。物资到货后，物资交接、验收人将到货验收信息打包存入区块4，财务部门得知到货验收结果后依据采购合同相关条款付款给供应商。类似的，项目建设部门将物资投运信息打包存入区块5，项目运维部门将质保期索赔信息存入区块6，财务部门依据相关条款支付投运及质保等款项。

8.1.3 基于区块链的能源供应链应用成效

基于分布式存储技术与共识机制，区块链技术能使供应链管理各方数据变得透明公开，有助于供应链节点企业及时处理供应链各环节出现的问题。系统可在保障每个账户匿名性的同时找出效率低下处，帮助审计人员能够以经济有效的方式完成工作，增强供应链管理时效性。国网电商公司面向能源电力产业链，应用区块链、标识解析等技术，构建能源工业云网。截至2020年5月，能源工业云网平台已接入制造企业2000余家、设备10万多台，交易规模达到近10亿元。基于区块链构建多方协同参与机制，打造的能源设备订单协同功能，可有效降低企业生产成本6%，利用区块链的智能合约，自动触发款项支付，缩短结算周期25%。

8.2 安全监管

电力工业的特点是高度自动化，由许多发电厂、输电线路、变配电设施和用电设备组成，各生产系统有所关联、联合运行，构成一个十分庞大、复杂的电力生产、流通、分配、消费网络。在这个网络中，任何一个环节发生事故，如不能及时排除，都可能带来连锁反应，导致主设备严重损坏或大面积停电，甚至可能造成全网崩溃的灾难性事故。目前，我国电力工业已经步入了以“大机组、大电厂、大电网、高参数、高电压、高度自动化”为主要特点的新阶段，这给能源电力行业安全生产提出了更高、更新的要求。如何进一步提升安全监管业务能力，适应当前电力工业发展的需求，保障电力行业的发、供、用电安全，已成为电力行业的共识。

8.2.1　电力企业安全监管业务现状及特点

近些年，我国电力行业高速发展，工程现场的数量和规模不断增多，这对现场监管的力度提出了更高的要求。传统的电力生产工作现场目前仍未达到数字化、智能化的安全监督，如部分违章行为得不到及时的制止和纠正、现场存在监护缺失，很可能造成工作现场事故。以纸质的工作票为例，存在查询统计不便、留存维护成本高、执行过程难规范等问题。因此，可通过应用区块链技术结合大数据、移动互联、人工智能等新技术提升安全监管能力，消除盲区，有效防范控制危险因素，保障安全生产平稳运行。

8.2.2　基于区块链的安全监管解决思路

通过利用区块链技术自身分布式、共享性、防篡改、可追溯特性，与大数据、云计算、人工智能、物联网等相结合，构建可信数据共享环境。安全监管业务中，支撑存证验证、身份认证、违章监督以及责任追究等方面的应用，实现数字化、智能化的应用要求，增加安全监管类业务的管理深度，电网企业的安全预警监督体系架构如图 8-5 所示。

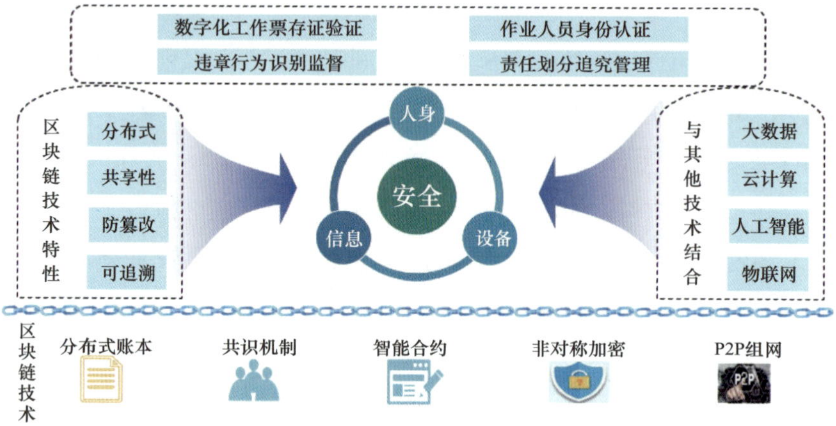

图 8-5　电网企业安全预警监管体系架构

结合数字化工作票系统，在实名认证环节为工作票的业务人员和审批人员提供基于区块链的身份认证服务。在工作票的业务全流程中，将关键信息加密上链存证，达到作业全流程的防篡改和可追溯。

结合安全风险管控系统，利用区块链智能合约技术，将以往安全生产事故进行集中、统计、分类，根据安全生产要求，预置预警智能合约条件。一旦触发合约，则区块链反馈至安全风险管控系统，发送预警通知，提升安全预警能力。在事故违章方面，会及时记录告警，并利用区块链可追溯特性实现事故查证。

1. 数字化工作票存证验证

数字化工作票存证验证如图 8-6 所示，在工作票整个流程各关键环节通过区块链平台存证，将相关记录与操作行为执行人的身份信息对应。通过区块链身份认证体系，确保操作人身份可信，并把身份信息和对应的操作信息上链存储，保证操作记录中操作人和操作行为的一致性，确保相关操作责任人的有效记录真实可信、不可篡改、全流程可追溯。并利用智能合约对是否存在时间冲突、开工前安全措施是否完成等问题执行合规检测，实现了上链前和上链后身份信息、操作信息唯一性的安全加固。

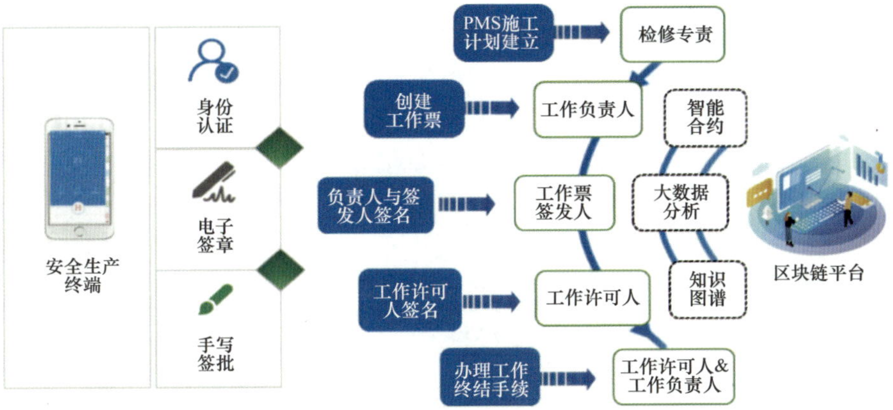

图 8-6　数字化工作票存证验证

2. 作业人员身份认证

针对工作票流程中对身份认证便捷、可靠、安全的需求，设计基于区块链技术＋非对称加密技术＋数字身份认证服务＋生物识别技术的"安监云盾"身份认证体系，作业人员身份认证如图 8-7 所示。"安监云盾"身份认证体系可实现作业人员身份的认证及登录记录存证，确保工作票签发人、负责人、许可人等人员身份信息真实可信，有效降低身份认证费用成本。同时应用区块链数据融通特性将身份认证系统与人员资格考试成绩相结合，对人员资格认定进行判别，从而实现对人员行为操作权限的控制。

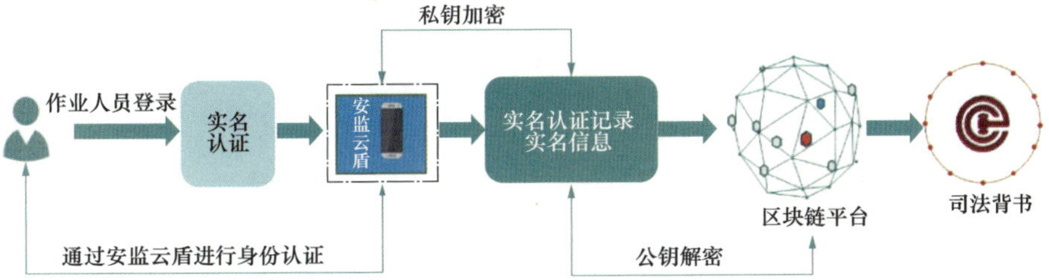

图 8-7　作业人员身份认证

3. 责任划分追究管理

安全风险管控系统作为电力行业统推系统，涵盖了各省市县级公司，系统包括安全事故管理、安全隐患管理、综合业务管理、安全监察管控、安全培训考试、班组安全建设等安全监督管理业务。

在安全事故管理方面，责任划分追究管理如图 8-8 所示，应用基于区块链技术的共享知识图谱，可实现对电力生产事故（事件）责任明确划分与追究；通过区块链数据融通、不可篡改等特征，在保证事故（事件）信息的真实性的前提下，将省市县级公司各类事故（事件）统一收集，应用大数据分析技术更新知识图谱，进而实现对事故类型的分析、责任主体的判定和阶段性频发事故（事件）预警能力；利用智能合约技术对各级责任主体的责任追究和奖励惩罚实现程序化的管理，并通知相关部门。最终建立责任划分追究管理的一站式、全流程、透明化的服务流程，有效解决安全隐患及其责任划分不清晰、追责流程复杂、责任人之间相互推诿等诸多问题。

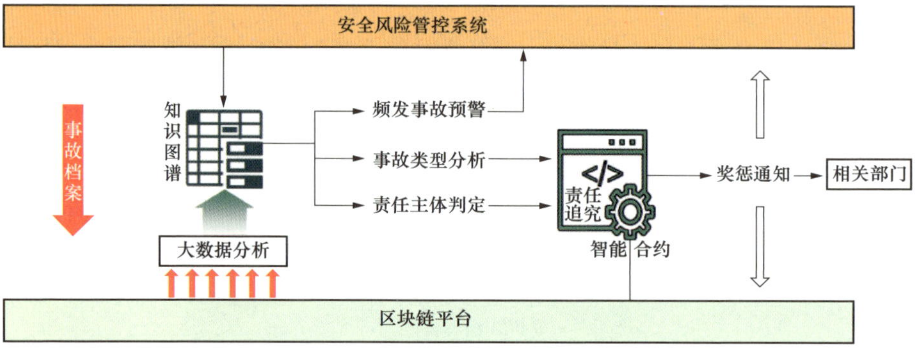

图 8-8　责任划分追究管理

4. 违章行为识别监督

在安全监督管控方面，工区违规行为管控如图 8-9 所示，利用目标检测、人体姿态识别等技术，对进入工区的工作人员进行身份认证、人脸识别、个人信息验证等用户登录的操作，防止工区人员混乱、无关人员混入等现象的出现；在作业过程中，利用摄像头、温度检测器等传感器，对工作人员的操作行为进行检测，识别违规、危险行为，并及时进行警告和上链记录；对操作设备的温度、电压等数据进行边缘计算检测，保证安全隐患及时被发现，并将流程中设备数据进行实时上链记录存证；应用智能合约对作业全流程各环节进行管控，实现工区操作行为的智能化、规范化管理，杜绝一切违章及危险行为，保持良好的安全生产局面，减少因违规操作带来的隐患及事故损失。

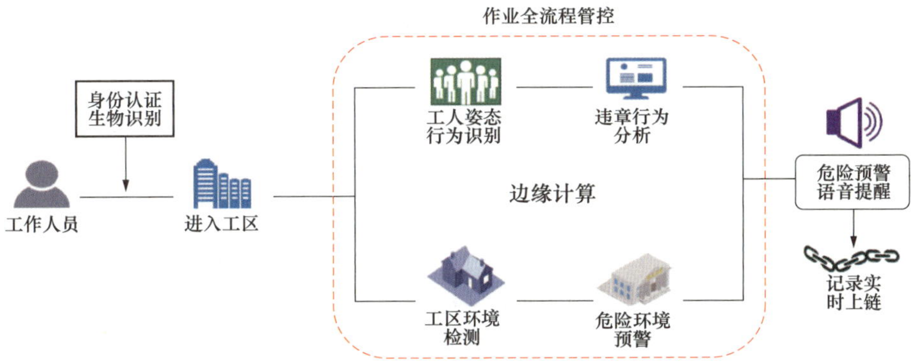

图 8-9　工区违规行为管控

8.2.3　基于区块链的安全监管应用成效

国网甘肃电力公司（简称国网甘肃电力）应用区块链结合数字化工作票系统，成功实现了安全生产业务的数字化、智能化转型。其安全生产管理系统，结合区块链、身份认证、生物识别等先进科技，实现了安全作业全过程穿透式监督，作业人员监督覆盖率达到了100%，从源头上提升了安全工作的治理能力。将基于区块链的安全生产管理系统应用于每年例行的全方位春检作业中，成功贯彻了“一人一票”的工作票机制，避免了传统纸质工作票管理漏洞而导致的“人票不一致”等违规现象，大大降低了事故发生率，事中存证机制实现了高效规范化监督，减少了作业流程本身的时间消耗。以 2020 年春检工作为例，国网甘肃电力凭借基于区块链技术的数字化工作票，在 2020 年“春检”工作中平均缩减时间 18%。

8.3 电网安全运行

随着社会经济的不断发展，对电力供应可靠性和电能质量的要求越来越高，电网故障对社会生产的影响越来越大。停电或电能质量不高，会给人们的生产、生活造成巨大的损失。主要表现为：一是重要客户对持续供电要求高，电力中断会造成重大人身伤亡和重大设备损坏等事故；二是随着社会公用设施及商业用电集中度越来越高，人员密集，停电容易造成重大社会事件；三是随着社会经济的发展，人均用电量及负荷快速增长，人民生活对电力的依赖程度提高，对电网停电的忍耐度逐步降低，如炎热的夏季，停电将极大影响人民生活质量；四是随着科学技术的发展，微电子器件与电力电子技术的广泛应用和各种“高精尖”设备的大量使用，使得医院、芯片、钢铁等电力用户对电能质量提出了更高的要求。综合利用新技术手段提升电网安全运行水平，是电网信息化建设的核心内容。

8.3.1 电网安全运行业务现状及特点

近年来，电网企业信息化建设不断发展，发、输、变、配、用等各环节均具备了良好的信息化水平。这为电网的安全运行提供了有力保障。但在实际运行过程中，电力安全业务依然存在一些问题。

1. 电网运行控制难度不断增大

为加快清洁替代和电能替代，近年来，我国新能源开发利用水平不断提高，远距离输电规模不断增大，电网呈现出大规模高压交直流混联、新能源大量集中接入等特点，然而，新能源出力不确定性、波动性强，风电、光伏发电功率预测难度大，加之跨大区大容量输送，导致电网运行控制难度增大，急需从技术和管理角度提升电网安全运行管控力度。

2. 电网各环节数据共享不足

电网企业已建设能量管理系统（energy management system，EMS）、生产管理系统（production management system，PMS）、调度管理系统（operation management system，OMS）等覆盖各环节的信息化系统，为电网的稳定运行提供重要保障，提升了对大电网驾驭和管理的能力。但是，各级电网企业建设的信息化系统大多采用“独立建设、定制开发、目标单一”的模式，存在各专业应用系统不能互联互通现象，超大规模、多种类的海量数据信息无法集中共享和应用，数据质量无法得到有效管控，不能满足电网运行信息全面共享的需要。

8.3.2 基于区块链的电网安全运行解决思路

电网运行穿透式管控是指公司为了增强电网安全运行管控和指导力度，对基层单位调控机构实施直接管理与间接管理相结合，形成多层级穿透、多专业协同分析的管理模式，将公司管理“一竿子插到底”，实现“横向到边、纵向到底”。

基于区块链理念的电网运行穿透式管控就是将去中心化思想应用于电网安全运行穿透式管控。这种管控应用分布式储存记录电力大数据，依托多系统信息记录相互印证，构建多专业协同评价的穿透式管控机制。这将实现对电网运行全过程的定量化管控，最大限度还原电网运行的真实面貌，促进多专业协同管理水平提升。国网重庆市电力公司构建的电网安全运行穿透式管控体系如图 8-10 所示，当系统监测到停电事件发生，与其关联的指标都会自动变化。同时，建立的多专业横向协同机制将打破专业壁垒，这使得各专业能够主动有效应对，最终实现电网安全运行水平的提升。

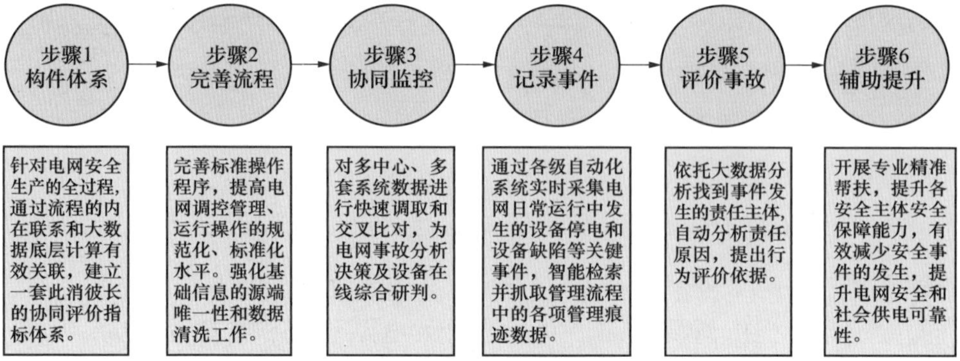

图 8-10　电网安全运行穿透式管控体系

1. 全面整合电网离散信息，提升海量数据应用能力

利用区块链数据分布式存储、不可篡改的技术特点，汇集全网离散信息，在市地（县）公司及其备用系统同步存储。这使实现数据分布式存储、杜绝单方面篡改数据成为可能。统一不同应用系统和各级电网设备命名，开展不良数据治理；在各类离散的信息数据之间建立内生关联关系，为电网运行数据的整合、共享、应用提供高效的基础支撑。

（1）汇集全网运行数据。纵向汇集电网实时数据，依托调度数据网，实时收集事故信息、断路器、隔离开关位置、遥测信息等电网运行数据，在市地（县）级调度机构同步实时数据，通过分布式存储杜绝单方面数据篡改的可能。横向汇集各专业管理数据，将分布在调度管理、生产管理等系统的电网管理数据汇集到调控云，这为集中开展分析应用奠定基础。

（2）深化数据治理。汇集全网 35 千伏及以上变电站的全部量测数据，以状态估计遥测合格率、电网设备负载率、全站数据刷新时间、量测数据和网络拓扑矛盾、积分电量和电采电量比对等。在线扫描不良数据，组织调控、设备、营销、物资等多部门协同开展设备参数和实时数据治理工作。

2. 实施关键指标穿透管理，提升电网安全运行水平

基于区块链智能合约技术，将穿透式管理关键指标纳入同业对标体系。将系统自动计算的各专业指标值转化为行业对标得分，由管理者单向发起

检查转变为被管理者结合穿透式管理体系主动分析、预判电网运行薄弱点。调控各专业的评价方式由定性评价向定量评估的转变，以此指导电网运行方式、设备巡检、消缺、技改等安全生产工作，并形成闭环管控，持续提升电网安全运行水平。

8.3.3　基于区块链的电网安全运行应用成效

基于区块链技术的电网安全运行穿透式管理体系已在国网重庆市电力公司（简称国网重庆电力）落地运行，这大幅提高了国网重庆电力供电可靠性和电能质量。在穿透式管理体系的有力支撑下，国网重庆电力经受了泥石流、暴雨等多种自然灾害考验，顺利完成2019年中国国际智能产业博览会等多项重大保电任务。同时，电网的安全平稳运行，为重庆地区社会和谐稳定、经济快速增长提供了至关重要的能源安全保障。

基于区块链的安全运行穿透式管理体系，实现了生产控制系统与各类管理信息系统的横向贯通和市、地（县）级电网运行数据的纵向贯通，通过区块链构建的多方互信，一方面，大幅提升全网应急协同处置能力和电网风险抵御能力；另一方面，大幅提高了电网供电可靠性和电能质量。以2019年重庆电力为例，系统基于静态安全分析功能完成全网集中量化评估使得事故停电同比减少20%，计划停电率、继电保护定检完成率等关键指标的管控使得对外检修停电同比减少了25%，有效保障了对外供电的连续性。

8.4　网　络　安　全

能源行业网络安全是指能源网络系统的硬件、软件及其系统中的数据受到保护，不因偶然的或者恶意的原因而遭到破坏、更改、泄露，系统连续可靠正常地运行，网络服务不中断。当前，能源行业的全面自动化和数字化热潮正在加速推进，智能系统的应用日益广泛，在使能源业务管理更加高效的同时，也为黑客提供了新的攻击机会。能源行业的安全事关国家安全，网络安全问题不容忽视，加强能源行业网络安全保护刻不容缓。

近年来针对能源行业的网络嗅探、渗透和攻击等网络安全事件越来越多。2010 年伊朗核电站的受“震网”病毒攻击，数千台铀浓缩离心机被摧毁；2015 年乌克兰电网受到“黑色能量”病毒攻击，导致乌克兰大面积停电。以上事件表明，利用网络攻击破坏能源监控系统、破坏能源网络，已成为能源安全的重大威胁，具有很强的杀伤力和破坏力。建设广域泛在、开放共享、安全可控的能源互联网是我国能源发展的战略要求。能源网络的互联互动、物联网的普及应用、数据的大范围流动，对能源行业网络安全管理、防护提出了更高的要求。我国积极部署能源行业网络安全相关工作，但面临着外部高级持续性威胁（advanced persistent threat，APT）持续增加。邮件安全意识薄弱、病毒木马屡杀不绝、移动终端违规使用高发以及内部隐患、漏洞依然严峻等诸多问题，体现出在防范攻击渗透、社会工程学攻击以及数据全生命周期管理方面仍有许多不足。

8.4.1 能源网络安全业务现状及特点

能源互联网是能源领域与自动控制、信息处理、网络通信等领域深度融合的产物，是以电力网络、热力网络、天然气网络及交通网络等复杂网络为物理实体，以能源技术与先进控制技术、智能优化技术及信息处理技术等为实施手段的一种新型开放式能源生态系统。目前能源网络安全主要有以下特点：

1. 网络风险关注度低

伴随互联网技术高速发展而来的不仅是科技进步和生活便利，而且还有网络攻击频率、复杂度和影响的增加。但目前能源行业的网络成熟度相对较低，对网络风险的战略性关注有限，只有少数能源公司将网络入侵列为主要安全风险。

2. 能源行业基础设施种类多、分布广

能源系统点多、面广、交互性强，给网络安全维护带来一定的困难，容易遭外部攻击。在能源互联网大规模建设部署的过程中，海量的现场采集终端、智能业务终端、边缘物联代理等设备直接暴露在工业互联网上。这些设备、终端在设计之初，主要考虑实时性和可靠性，大量传统企业对设备的网络安全缺少必要的布局，这导致木马病毒可能在这些暴露的设备之间以指数级的速度感染扩散，难以抵御有组织的专业黑客攻击。

3. 能源系统开放程度高

随着分布式可再生能源的快速发展，多能互补体系深入推进，以及人们对能效越来越重视，使得能源网络日益智能化，在促进绿色能源消纳、提升综合能源服务及能效利用水平的同时，能源系统也日益开放。能源互联网终端节点数量多、部署范围广，节点物理环境不可控，容易受到劫持、节点复制、中间人攻击等威胁。此外，由于其计算、存储和通信能力有限，无法部署完整的密码算法，这些都给传统的身份认证体系、访问控制机制应用于能源网络安全带来了挑战。

4. 数据安全性低

随着能源企业业务应用深度集成，业务流程全面贯通，数据和基础服务高度共享，企业承载着大量的结构化数据和非结构化数据的处理和存储，其中敏感数据的保护和管理对企业的安全、国家的安全都至关重要。但是，在多系统集成过程中，存在数据调用操作过程不可追踪等问题，为多系统交互带来了极大的困扰；在应用方面，存在所调用服务或产品过期或非授权使用的情况，为运行带来安全风险。

我国高度重视能源行业网络安全防护工作，接连发布了一系列网络安全相关文件，积极推进制定能源行业相关网络安全标准，落实网络安全评测评估工作。我国通过一系列举措进一步明确了能源行业的网络安全防护相关要求，促进能源行业健康有序发展，但是仍然存在安全体系不健全、安全投入不足、安全技术能力不足等问题。

8.4.2 基于区块链的能源网络安全解决思路

基于区块链的网络安全机制具有去中心化、不可篡改、可追溯、高可信和多方共识等特性，应用区块链技术将成为提升网络安全的重要技术手段。

1. 身份安全认证

身份认证是能源网络安全的第一道防线。目前，能源行业的身份认证以 PKI/CA 体系为主。但 PKI/CA 体系面临着中间人攻击、证书不透明、单点登录故障等缺陷，且中心化的身份认证系统在中心服务器上集中存储和管理身份信息，用户没有信息拥有权，存在隐私保护困难、跨域难度大、认证成本高等问题。

区块链能更好地解决能源网络安全中的认证问题，采用区块链技术搭建能源认证平台，为每一个企业的能源终端、能源交易、碳排放权赋予专有 ID，加盖时间戳记录在区块链中，结合公钥密码学技术可实现能源交易的公开公平认证，基于区块链的身份认证如图 8-11 所示。区块链技术可以通过智能合约实现能源终端、能源交易、碳排放权的自动计量认证，并以其特有的链式区块结果保证所有交易信息的可追溯和不可篡改。

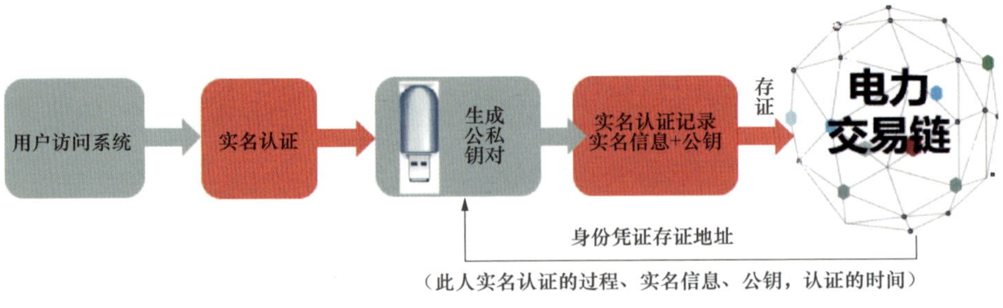

图 8-11 基于区块链的身份认证

基于区块链的电子证照认证具有如下优势：

(1) 将证照信息拆分为索引信息和证照详细信息，分别放在索引链和信息链上，实现快速检索。并通过区块链的可追溯性和共识机制，在不同数据领域建立真正的权威数据，可解决电子证照数据质量差的问题。

(2) 区块链技术应用于电子证照库，对每个证照进行单独加密，有独立的解密私钥，防止信息泄露。同时由于区块链技术的分布式账本特点，数据可分散存储在网络中各个部门的数据库中，进行有效容灾，可解决电子证照安全管控弱的问题。

2. 能源数据保护

区块链可以解决能源大数据的安全性问题，也可以保证数据的隐私性。基于区块链的数据管理如图 8-12 所示，所有数据从采集、交易、流通，到计算分析的每一步记录都可以留存在区块链上，有利于全面保障数据可信和数据使用的安全合规。针对数据在能源行业不同领域之间共享的问题，将区块链技术与链外数据库相结合，分离数据和访问权限，各企业将数据信息直接登记在区块链上，融汇到一起，可以确保数据操作过程对用户是透明、可审计的。利用区块链解决能源数据安全问题，具有可信度高、隐

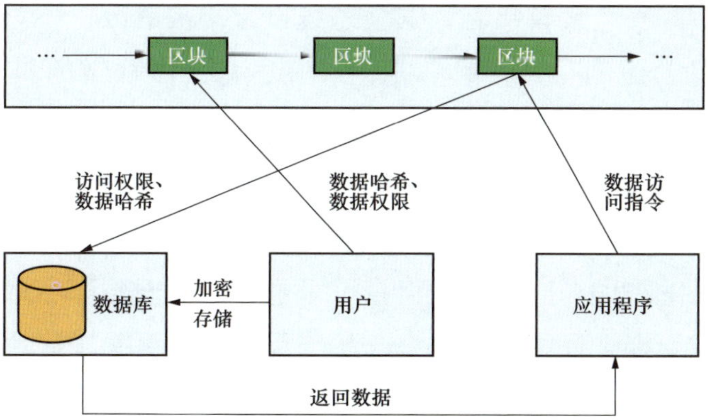

图 8-12 基于区块链的数据管理

私性好、公平公开公正的优势。

为保证整个计算过程的公平可信以及数据的隐私性，采用去中心化的分布式组织架构，避免数据向第三方泄露的风险。分布式隐私计算离不开三个维度的考虑，分别是隐私、性能和通用性。作为区块链技术的核心算法，数字签名、杂凑函数、零知识证明、同态加密等多种密码技术能够提供身份认证、数据校验、隐私保护以及公平激励等核心功能，为区块链技术的安全运行提供了关键保障。基于此，利用区块链的分布式特点，可以解决能源行业资源共享、资源交互工程中的隐私保护，主要的隐私保护技术有广播加密、安全多方计算和同态加密等。

3. 日志防篡改

网络中如防火墙、Web 应用防护墙（web application firewall，WAF）等安全设备，以及态势感知平台等安全防护系统在运行过程中会产生大量的防御日志、运行日志和行为日志。当面临网络安全攻击时，各类安全日志是安全防护、攻防反制的关键依据。目前，防护系统本身并不具备日志防篡改功能，无法有效防范攻击渗透、社会工程学攻击对日志数据的删除和篡改。当系统收集到的日志为篡改后的日志时，系统的应用价值将会大幅度降低。基于区块链技术，增加日志防篡改监察能力，确保接入区块链安全防护平台的安全设备日志、安全系统日志不被篡改，将对日志分析准确性、攻击行为追溯有效性起着重大作用，基于区块链的日志防篡改如图 8-13所示。

从各安全设备、管控平台抓取安全日志，将其哈希值上链存证，确保在安全事件发生时，各类安全日志被非法删除或篡改的情况能被及时发现并制止影响面的扩大。应急处置追查取证过程，实现由事后取证到事中存证的转变，从而提升公司整体安全防护与反制能力。基于区块链技术可实现安全事件及日志哈希快速比对，可以在网络安全防护的各个关键环节发挥事半功倍的作用。

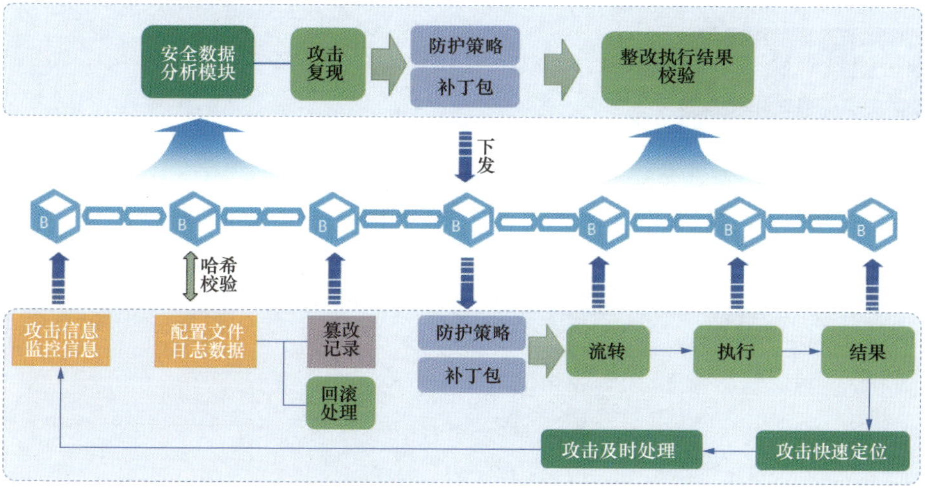

图 8-13　基于区块链的日志防篡改

8.4.3　基于区块链的能源网络安全预期成效

引入区块链，能够构建去中心化的能源信息化系统，通过区块链技术的分布式架构、P2P 网络协议、加密算法、共识机制、身份认证和智能合约等技术构建能源行业网络安全新的防护体系。其主要预期成效有：一是基于区块链建立去中心化的能源行业分布式和动态认证方式，构建可信高效的能源行业认证机制；二是将区块链技术和权限数据库相结合，分离能源数据和权限，实现去中心化的能源数据管理系统，进行能源数据和权限的管理，同时采用环签名、广播加密和同态加密技术，在保障能源数据安全的同时实现数据的隐私保护；三是基于区块链的能源系统能够提供分布式、无中心节点的系统结构，当某个能源节点被攻破，将依靠剩余的节点维持整个能源区块链系统的正常运转，实现能源系统的抗网络攻击的能力。

第9章

能源区块链的前景和展望

区块链的价值已得到全国各地政府的肯定和重视，全国 22 个省（自治区、直辖市）将区块链写入 2020 年政府工作报告，涵盖北上广等发达区域和重庆、甘肃等中西部省份，区块链被视为数字经济弯道超车的新赛道。区块链在各个领域里的应用全面推进，在能源领域的应用整体正处于蓬勃发展时期，尽管仍面临着技术自主研发、国产化、监管、合规发展等方面的挑战，总体上，能源区块链的发展前景十分广阔。

9.1　能源区块链技术落地应用面临的挑战

能源区块链的发展方兴未艾，但是区块链要在能源领域里大规模应用仍然存在众多挑战。这些挑战一部分来自区块链技术，一部分来自区块链的合规性应用。我国政府已颁布一系列推动区块链技术创新和业务应用的政策，推出相应的财政、工程、税收等优惠措施，推动区块链的加快落地。能源关系国计民生、经济社会的可持续发展，合理应用区块链技术于能源行业对实现核心技术的自主化和合规发展尤为重要。

9.1.1　区块链技术的自主可控

区块链技术应用已延伸到数字金融、物联网、智能制造、供应链管理、数字资产交易、能源等多个领域，未来区块链技术建立新型商业生态是大势所趋，分工协作、合作共赢等将是新型的生产关系最大的特征。区块链技术被称为是下一代互联网的关键技术，是未来数字经济发展的重要基础，对我国经济社会的发展具有重要的意义。因此，区块链技术不能受制于人，必须自主发展可控的区块链底层技术平台，才能为上层各类区块链应用提供坚实的支撑，能够让企业专注于自身业务的开发和应用，推动区块链应用的高质量发展，真正实现数字经济发展的弯道超车。

能源区块链技术研究应从底层平台切入，开放源代码，形成良好的区块链生态环境，吸引更多的开发者开发出更多的平台功能模块，打破国外区块链平台的技术垄断，可逐步形成国内的平台自主研发。能源区块链平台技术目前还处于发展的初期阶段，核心技术仍然存在很大的改进和完善空间，要该抓住国家大力发展区块链的大好时机，通过建立开源社区等方式聚集国内优势研发资源，促进人员优势深度协同，依托区块链开源平台项目，重点突破共识机制、加密算法、智能合约等关键核心技术，开发出具有自主知识产权的区块链平台功能组件，为上层应用提供服务。开发出适应高频率、规模大、主体多等特点的区块链组件，支撑特色能源应用。

9.1.2 链上链下数据的协同

区块链由于本身特殊的组织形式，在区块链上会拥有众多主体节点。在能源区块链上，政府、能源供给者、能源消费者、能源企业以及上下游的相关企业均作为重要的节点，参与链上交易的验证与记账。能源行业涉及的主体范围广，能源交易涉及的应用系统复杂程度高，能源区块链业务交易涉及的数据来源多、范围大、地域广。能源领域广泛使用物联网技术进行数据的自动化采集，如运行在电力系统中的海量物联网终端完成用户用电信息采集、状态监测与检修、智能调度信息等数据的收集，提供给电力资产管理、电力检修管理、用电分析等作分析参考，物联网终端对能源企业的正常运行发挥着重要的支撑作用。能源区块链上的交易，具有快速、高频率和调配范围广的特点，对区块链的吞吐量和数据的来源提出了更高的要求。能源区块链的数据必须更加准确、完整，能够准确地反映能源的使用量、网络的运行状态等。

要保证区块链链上和链下数据的协同，通过物联网等技术确保能源数据完整、准确地上传到区块链上，面临以下挑战：

（1）需要建设大规模高性能 P2P 网络。由于能源行业采用海量的物联网终端进行数据采集，采集后需要大规模 P2P 网络支撑数据传输。由于性能等因素的限制，当前的 P2P 网络节点规模有限，难以适应能源行业物联网终端的规模。

(2) 能源数据的安全传输问题。由于能源行业的特殊性，数据的错误可能造成安全生产事故，带来巨大的危害，因此物联网终端采集的数据传输上链时，有必要通过加密手段进行处理。这需要将安全密码学模块化后嵌入物联网终端，才能保障能源数据的传输安全。

(3) 高性能可编程计算引擎。能源行业关系经济社会中的生产、生活，能源行业的区块链业务分布在不同地域、不同部门、不同层级，由于性能、稳定性、安全性等因素，需要不同类型的智能合约。实现能源区块链链上链下数据的协同交互，需要高性能可编程计算引擎，快速实现数据的计算和处理。

9.1.3 能源区块链的合规发展

我国政府针对区块链出台了多项政策，中国人民银行、工业和信息化部等国家部委多次下发通知，严禁采用区块链等名义从事发售代币票券等行为。国家网信办出台的《区块链信息服务管理规定》对区块链信息服务做了规定。

由于区块链不可篡改等特性，信息一旦上链后，难以被消除。区块链内的发展必须遵守国家政策规定。

中国工程院院士陈纯认为，“当前的监管应从技术层面和制度层面进行，只有提供了可靠的区块链技术解决方案，在实际应用中才有可能加以应用。”由于能源区块链的特殊性，区块链上承载的能源业务规模大、业务受众多、影响范围广，在国内大规模应用后，必须有很好的监管技术。要通过区块链上节点的可视化，在保护隐私的前提下，实现链上内容对监管部门的公开透明，便于实施监管；建立穿透式的监管方式，对不同层级的节点进行有效监管；建立链上内容主动发现技术，及时发现链上的非法信息。

9.1.4 区块链隐私保护仍需强化

区块链技术中采用的加密算法、隐私保护机制均面临挑战。如随着数学、密码学和量子计算技术的发展，区块链技术的非对称加密机制会变得越来越脆弱，通过加密算法来隐藏交易者身份和交易的方式变得更加不安全。现有的隐私保护机制，如空间隔离、环形算法等，存在着技术漏洞，此外，能源区块链系统内各节点之间的交易并非完全匿名，可以通过算法、大数据等破解匿名信息，从而对用户的隐私造成威胁。由于能源电力的交易额十分巨大，当用户的隐私性受到威胁后，可能造成商业机密的泄露，被竞争对手所利用，从而导致巨大的损失。

因此，需要研究新的身份保护、交易行为保护模式、算法等，实现重要信息的隐藏，保障能源区块链上参与者的隐私和权益。

9.1.5 业务应用法律法规的完善

区块链从技术层面上为在各领域的应用提供了条件，可提高交易效率、解决信用问题，同时实现价值传递。在存证领域使用区块链可以验证文档的真实性，并且不需要集中授权。但是技术的发展与现有的法律体系在很大程度上形成了冲突，相关应用领域风险发生后责任问责、个人隐私权和交易安全的确保，这些在法律层面尚存在着漏洞的问题仍然需要解决。

以区块链的智能合约为例，合约是代码编写而成，当满足合约触发条件时，即可自动执行。现行《合同法》强调当事人之间的意思自治，而智能合约的普及，运用区块链技术的不可逆性，对当事人双方的意思自治以及合同的撤回都构成了一定的冲击。

9.2　区块链在能源领域的应用前景

区块链构建了一种基于算法的信任体系，打通能源行业上下游，实现各方高效协作。区块链将作为能源行业的信息基础设施，为能源转型注入创新活力，推动能源价值链重塑。

9.2.1　区块链成为新一代信息技术基础设施

1. 区块链创造了有序、规则和信任的环境

信息技术发展至今经历了数字化、信息化、互联化三个阶段，正朝着智能化方向发展。在数字化时期，数字化技术的广泛使用，使得物理世界的信息描述、存储与传递能够便捷地实现；信息化时期的代表性技术是互联网技术，基于 TCP/IP 和 DNS 协议，实现了网络的互联互通，加速了信息的传递。5G、大数据、云计算、物联网、人工智能、区块链等新一代信息技术，正在推动信息社会向着更加智能化的方向发展。

从信息技术与产业融合的发展历程看，互联网技术在推动技术创新、产业转型、应用融合等方面起到了积极作用。然而，互联网呈爆炸式增长，加之其无序、无规则、无信任的技术特点，使我们在信息领域面临的挑战逐步由信息匮乏转变为信息泛滥，互联网治理面临着巨大压力。区块链公开透明、可追溯、防篡改、去中心的技术特性，加密算法、共识机制、点对点传输、智能合约等关键技术，构建了一种基于算法的信任模式，是给互联网带来秩序、规则和信任的技术手段，将推动“信息互联网”向“价值互联网”转变。

2. 区块链推动生产关系变革

区块链将重构劳动者与生产资料之间的关系。通过区块链建立确权机

制，利用区块链的时间戳功能，对每个参与者的信息加盖时间戳，保证信息的所有权归属。区块链打通了不同参与者之间的相互协作，相互信任程度增强，大幅拓展了协作的广度和深度。此外，区块链还改变了产品的分配形式，区块链技术使得产品分配不再过度依赖中心化的企业或平台，可以通过区块链的智能合约方式，无需第三方参与，即可完成产品的自动化分配。

在数字经济中，区块链可以创造更加有序、规则和信任的环境，降低了信任成本和运营成本，大幅降低了人为干扰。基于区块链的信任基础设施，有利于建立更加公平、透明、开放的社会治理体系。

3. 区块链发力新基建

2020 年 4 月 20 日，国家发展改革委首次明确新基建的范围，清晰明确范围同时正式的入区块链，区块链将渐进实战阶段，再次提升了区块链新技术的战略高度。新基建加速了经济社会数字化转型，其落地实施需要新的信任机制作为纽带，而区块链能够在网络中建立点对点之间的可靠信任，既公开信息又保护隐私，既共同决策又保护个人权益，提高了价值交互的效率并降低了成本。因此，区块链将在“新基建”发展过程中发挥不可或缺的重要作用，成为“新基建”中的“基建”，基础设施中的“新技术”。

随着区块链技术基础设施被国家层面明确为新型基础设施，区块链也势必与 5G、物联网、人工智能、大数据等多种信息技术不断融合，相互促进，并带动生产模式、消费模式、投融资模式和商业模式的创新发展。

9.2.2 “平台+应用+生态”成为能源区块链发展趋势

1. 能源区块链公共服务平台建设将加速推进

当前，能源革命持续推进，能源供给结构不断优化、质量不断提升，形成了煤、油、气、核、新能源等多轮驱动的能源供应体系，能源消费涵盖了多样的能源形式、广泛的能源参与主体、频繁的信息交互，对公平公正的市场环境、数据安全共享、各方高效协同提出了更高的要求。然而，当前各能源企业发展区块链的程度不一致，存在着平台发展不完善、技术标准不统一等问题，开发、应用仍存在着较大的难度，制约着区块链的快速发展和应用推广。因此，有必要建立能源行业统一的区块链公共基础设施，统一提供底层通用服务，降低区块链开发和使用门槛，促进能源生产、供给、传输、消费等环节的互信互通，提升能源行业协同效率，拉动上下游产业协同发展。

2. 能源区块链的应用场景将不断扩展

基于区块链技术构建的应用体系，可以实现信息的追溯、安全共享，能源领域的供给、输送、消费等领域都可以利用区块链技术来优化流程，提高协同效率，降低成本。在能源供给领域应用区块链技术，有助于实现不同能源系统间的信息实时共享，减少能源供给系统的浪费。在能源输送领域，区块链技术能够实现多个角色之间的强制信任和角色之间交易的透明化，从而实现多种能源之间的协调和优化传输，提高系统的效率。在能源消费领域，基于分布式账本和智能化合约的区块链技术的应用，将会极大地提升能源供需的交互，从而改变区域能源系统的用能需求曲线，实现多种能源之间的合理利用，提供能源利用效率。在能源交易领域，利用区块链技术解决交易信息不对称的问题，实现点对点安全交易，降低交易成本；利用区块链技术的智能合约属性，实现交易的自动执行，提高各方协同效率。

3. 能源区块链生态将逐步完善

随着区块链技术的深入发展，区块链标准将逐步完善，这对构建和完善区块链产业生态，促进区块链技术场景落地具有积极的推动作用，区块链标准能够推动各行业对区块链的认识，推动技术协作发展创新，有助于实现在跨产业的生态系统的落地，推动形成社会级区块链大型生态系统。基于区块链建立起政府及监管机构、能源、金融等不同行业之间的全新信任体系，能够形成上下游全产业链发展的拉动力，打造“开放、共享、协同”的能源区块链生态圈。

能源行业产业链长、参与主体多，每一个环节都是区块链的潜在应用场景，应充分认识区块链的机遇和挑战，建议从政策、人才、资金等不同层面加大对区块链的支持力度，鼓励以点带面探索，加速行业应用推进。发挥区块链新一代信息基础设施的作用，构建信任、高效协同的能源区块链生态体系，进一步优化营商环境，适应能源变革趋势，在提升服务水平方面发挥更大作用。

参考文献

[1] 袁勇，王飞跃．平行区块链：概念、方法与内涵解析［J］．自动化学报，2017，043（10）：1703-1712.

[2] 黄步添，蔡亮．区块链解密：构建基于信用的下一代互联网［M］．北京：清华大学出版社，2016.

[3] 中国信息通信研究院．区块链白皮书（2019）［R］．2019-11．http：//www.caict.ac.cn/kxyj/qwfb/bps/201911/t20191108_269109.htm.

[4] 赛迪区块链研究院．2018—2019 年中国区块链发展年度报告［R］．2019．https：//www.8btc.com/library/3534.

[5] 王栋，石欣，陈智雨，等．区块链智能合约技术在供应链中的应用研究［J］．信息安全与技术，2018，9（8），8-17.

[6] 曾诗钦，霍如，黄韬，等．区块链技术研究综述：原理、进展与应用［J］．通信学报，2020，41（1），134-151.

[7] 邵奇峰，张召，朱燕超，等．企业级区块链技术综述［J］．软件学报，2019，30（9）：2571-2592.

[8] 长铗，韩锋．区块链：从数字货币到信用社会［J］．国企管理，2018（7）.

[9] 互链脉搏．区块链大规模写进中国政府决策文件背后：已度过实验期［EB/OL］．（2020-01-14）［2020-02-24］https：//www.blockob.com/posts/info/32749.

[10] CoinBI Media．世界各国区块链最新政策汇总［EB/OL］．（2019-11-26）［2020-02-24］http：//www.lianmenhu.com/blockchain-15671-2.

[11] 简书．全球各国对区块链的政策［EB/OL］．（2018-02-04）［2020-02-24］．https：//www.jianshu.com/p/18e513cafaad.

[12] 巴洁如．区块链技术的金融行业应用前景及挑战［J］．金融理论与实践，2017，000（004）：109-112.

[13] 柯建飞．区块链在金融中的实践与思考［J］．广西师范大学学报（哲学社会科学版），2020，56（1）：1-11［2020-02-23］.

[14] 罗玲玲，孙天睿．区块链金融应用场景、存在问题及合规发展［J］．企业经济，2020，1（1）：42-47［2020-02-23］.

[15] 赵延红，原宝华，梁军．区块链技术在医疗领域中的应用探讨［J］．中国医学教育技术，2018，032（001）：1-7.

[16] 王新勇，王栋．能源＋区块链：赋能新兴业务发展前景可期［N］．国家电网报，2019-05-07（008）.

[17] 中国电子政务网．“区块链＋政务”：数字政务时代“奇点”临近［EB/OL］．（2018-9-7）［2020-2-18］．http：//www.e-gov.org.cn/article-167361.html.

[18] 电子政务杂志．区块链技术在电子政务中的应用［EB/OL］．(2018-6-12) ［2020-2-18］. http：//www. e-gov. org. cn/article-166524. html.

[19] 侯衡．区块链技术在电子政务中的应用：优势、制约与发展［J］．电子政务，2018，000 (006)：22-30.

[20] 田绘，林北征．司法区块链的实践与展望［N］．学习时报，2020［2020-02-23］.

[21] 可信区块链推进计划．区块链司法存证应用白皮书 (1.0 版) ［R］．2019［2020-02-23］. https：//www. 8btc. com/library/3626.

[22] 互链脉搏．"战疫"反思：重塑公益慈善信任体系迫在眉睫，区块链应用前景广阔［EB/OL］. (2020 - 2 - 25)［2020 - 2 - 27］. https://www. hulianmaibo. com/posts/info/36676.

[23] 刘星．分布式发电市场化交易促屋顶光伏高速发展［J］．电气技术，2018，019 (001)：前插 11.

[24] 冉娜．国内外分布式能源系统发展现状研究［J］．经济论坛，2013，000 (010)：174-176.

[25] 国家能源局．国家能源局新能源司有关负责人就《关于建立健全可再生能源电力消纳保障机制的通知》答记者问［J］．太阳能，2019，000 (005)：9-12，16.

[26] 彭武元，任芳．推动我国可再生能源健康发展［EB/OL］．中国社会科学院网，2019 - 7 - 31. http://www. cssn. cn/zx/bwyc/201907/t20190731 _ 4948624. shtml?from=groupmessage.

[27] 石欣，玄佳兴，李旭．区块链技术在绿证交易市场中的应用［C］．电力通信技术研究及应用．2019.

[28] 孟早明．碳排放权交易市场现状［EB/OL］．中国碳排放交易网，2020-2-7. http：//www. tanpaifang. com/tanguwen/2020/0207/68084. html.

[29] 张琪．基于区块链的碳排放交易仿真研究［D］．北京：中国石油大学 (北京)，2018：13-14.

[30] 冀宣齐．基于区块链技术的碳金融市场发展模式初探［J］．价值工程，2019，38 (07)：199-202.

[31] 张茜．供电企业抄表核算收费中存在的问题与对策分析［J］．电子世界，2014 (22 期)：476-476.

[32] 刘霞．浅析供电企业电费结算经验探析［J］．消费电子，2014 (16)：55-55.

[33] 王妍．对电力运营管理系统电费结算实务探讨［J］．中国高新区，2018，000 (012)：244.

[34] 费圆圆．电费结算方式谈判策略的思考［J］．经贸实践，2017 (19).

[35] 叶明，王刚，周振，等．区块链技术在分布式电源电费结算中的应用研究［J］．中国电力，52 (6).

[36] 鲁静，宋斌，向万红，等．基于区块链的电力市场交易结算智能合约［J］．计算机系统应用，2017，26 (12)：43-50.

[37] 佘维，胡跃，杨晓宇，等．基于能源区块链网络的虚拟电厂运行与调度模型［J］．中国电机工程学报，2017 (13)：69-76.

[38] 高明，袁玲，李文云，等．电力调度系统信息化的几个问题探讨［J］．电力系统保护与控制，2011，39（14）：138-142.
[39] 王铁禹，马世俊，皮俊波，等．关于国调直调电厂．“两个细则”的讨论［J］．电力系统自动化，2018，v.42；No.638（16）：180-185，192.
[40] 国家能源局．国家能源局发布2019年全国电力工业统计数据［EB/OL］．（2020-01-20）［2020-2-18］．http：//www.nea.gov.cn/2020-01/20/c_138720881.htm.
[41] 国网能源研究院有限公司．中国新能源发电分析报告2019［M］．北京：中国电力出版社，2019.
[42] 姜久春．电动汽车的政策、商业模式及市场［M］．北京：北京交通大学出版社，2016.
[43] 涂因子，夏冰冰，杨震，等．基于区块链的共享充电桩平台方案设计［C］//2018电力行业信息化年会．
[44] 王浩然，陈思捷，严正，等．基于区块链的电动汽车充电站充电权交易：机制、模型和方法［J］．中国电机工程学报，2020，40（2）.
[45] 孙涵洁．融合区块链技术和智能合约的能源互联网需求侧响应分析［J］．机电信息，2017（9）：64-65.
[46] 任昊文，杨雅琪．区块链分布式技术在电力需求侧响应管理中的应用［C］//2018电力行业信息化年会．
[47] 何明珂，王文举．现代供应链发展的国际镜鉴与中国策略［J］．改革，2018.
[48] 赵军．探讨加强电力物资管理提高企业经济效益的方法［J］．价值工程，2019（23）.
[49] 国家电网办．国家电网公司关于坚持以客户为中心进一步提升优质服务水平的意见［EB/OL］．国家电网报，2018-01-18.
[50] 舒印彪．强化新时代电网企业的使命与担当［N］．人民日报，2018-05-16（10）.
[51] 中华人民共和国电子签名法［Z/OL］．（2019-05-17）http：//www.npc.gov.cn/npc/c30834/201905/1d39b3ac29144348a01ffc43212a0b39.shtml.
[52] 贾宏杰，穆云飞，余晓丹．对我国综合能源系统发展的思考［J］．电力建设，36（1）.
[53] 余晓丹，徐宪东，陈硕翼，等．综合能源系统与能源互联网简述［J］．电工技术学报，2016，031（001）：1-13.
[54] 京东集团．京东区块链技术实践白皮书（2019）［EB/OL］．［2020-2-22］．http：//www.huanjing100.com/p-5735.html.
[55] 本刊编辑部．腾讯区块链白皮书发布［J］．金融科技时代，2019（11）.
[56] 严晋．区块链技术在资产证券化领域的应用研究［D］．武汉：华中师范大学，2019.
[57] 陈绍真，王俊生，伍燕．基于古诺模型的能源互联网电能产品定价与交易模型研究［C］//2018电力行业信息化年会．
[58] 杨珂，陈绍真，王波，等．基于机器学习的分布式光伏电站投建人信用风险评估模型研究［J］．征信，000（012）：33-37.
[59] 甄平，史睿，陈绍真，等．基于智能合约的IBC密钥更新方案［C］//生态互联数字电力——2019电力行业信息化年会论文集．2019.
[60] 朱兴雄，陈绍真，何清素．基于区块链的微电网系统［J］．电子技术与软件工程，

2018，000（001）：157-159.
[61] 刘振亚．全球能源互联网［M］．北京：中国电力出版社，2015.
[62] 杨东伟，等．区块链在能源互联网中的探索［M］．北京：科学出版社，2018.
[63] 曹晓朋．互联网金融对我国中小企业融资影响研究［D］．西安：西北大学，2019.
[64] 张庆胜，刘海法．基于区块链的电子发票系统研究［M］．北京：北京机械工业出版社，2017.
[65] 胡涵．"互联网＋"背景下电子发票管理研究［D］．蚌埠：安徽财经大学，2017.
[66] 谢波峰，王子豪．区块链发票应该是什么样的［N］．中国税务报，2018-07-04（08）.
[67] 董骏，高航．区块链发票生态链的应用［J］．河北经贸大学学报，2019-06-19（02）.
[68] 艾媒咨询．2019 中国跨境电商发展趋势专题研究报告［EB/OL］．（2019-12-24）［2020-2-26］．https：//www.iimedia.cn/c400/67397.html.
[69] 罗建雄，封玉莲．大数据时代我国征信业发展及安全思考［J］．征信，2019（6）：27-33.
[70] 赵锡艺，曾茜．电力大数据在大客户信用评级服务中的应用研究［J］．电力大数据，2017，20（10）：65-68.
[71] 张宁，王毅，康重庆，等．能源互联网中的区块链技术：研究框架与典型应用初探［J］．中国电机工程学报，2016，036（015）：4011-4022.
[72] 王晓静，罗娟，宋燕飞．区块链技术促进生产方式变革［J］．技术经济与管理研究，2019，274（05）：5-9.
[73] 曹红丽，黄忠义．区块链：构建数字经济的基础设施［J］．网络空间安全，2019，10（05）：75-81.
[74] 王海龙，田有亮，尹鑫．基于区块链的大数据确权方案［J］．计算机科学，2018，45（2）：15-19.